趣聞雲南

陶犁 編著

U0091504

趣闻云南

目錄

趣聞雲南

前言

　　雲南，一片美麗而神奇的樂土。因彩雲南現而得名「彩雲之南」，故稱雲南，意即「彩雲的故鄉」。

　　雲南，中國歷史的第一頁從這裡翻開，悠久的歷史在這裡孕育，燦爛的文化在此積澱。

　　澄江縣冒天山的古生物化石遺址是當今世界生命大爆炸的源地；170 萬年前的古人類就在此生息；新石器時代，居住在滇池、洱海附近的人們，已能使用石斧類的簡單生產工具從事原始的農業生產，有些地方的人還會建造簡易木結構房，並逐漸形成較大的村落，創造出了精彩的史前文明；莊蹻王滇、漢習樓船、諸葛羈縻、唐標鐵柱、宋揮玉斧、元跨革囊、明移漢民、清平三藩……無不浸透著塵封的歷史。古老的滄源崖畫向我們展示了 3000 年前這裡的生活畫面；燦爛的青銅文明見證了古滇國的存在；有著「南方絲綢之路」之稱的茶馬古道比北方絲綢之路早了兩個世紀，至今古道上一個個深深淺淺的馬蹄窩也許還會引起人們的懷古幽思之情；金馬碧雞坊演繹著「金碧交輝」的奇觀；「天下第一長聯」聞名海內外；「西南聯合大學」和「陸軍講武堂」培育了大批的傑出人才，其本身就是珍貴的遺產；世界屋脊上的國際通道──駝峰航線是一條支撐中國反法西斯戰爭的最後通道。自古雲南人才薈萃，多少豪傑英才在這悠悠的歷史長卷中曾寫下輝煌的一筆，如開發邊疆的莊蹻，傳播中原文化的司馬相如，南詔王皮邏閣，對雲南政治經濟發展有重大貢獻的賽典赤‧瞻思丁，偉大的航海家鄭和，明代醫學家蘭茂，明代文學家楊升庵，明代大旅行家徐霞客，明末清初的愛國書畫家擔當，清代著名政治家、書畫家錢南園，大觀樓長聯作者孫髯翁；舊民主主義革命時期的唐繼堯、劉銘德、李根源、李烈鈞、羅佩金等一大批辛亥革命的英雄；人民音樂家聶耳、數學家熊慶來等……說不完的歷史，品不夠的文化，在這片紅土地上延續著。

　　雲南素有「彩雲之南，萬綠之宗」之美譽，這裡山河壯麗，自然風光優美。

　　「嶺巒湧作千傾海，峰簇栽成萬仞蔥。」從海拔僅 76 米的鎮南河口溯向高達 6740 米的德欽梅裡雪山卡格博峰，雲貴高原以平均每公里 6 米的節律抬升著，恰似一座綠蔥蔥的九百里天梯。其中，高山峽谷相間，斷陷盆地星羅棋佈，山川湖泊縱橫。金沙江、怒江、瀾滄江在這裡並流，萬里長江在這裡轉彎，形成壯麗的「長江第一灣」；這裡還有著名的「三林」——路南石林、元謀土林和彩色沙林，最神奇的景觀——白水臺，滿目蒼翠的熱帶雨林，中國最大的瀑布群——九龍瀑布群，神聖、迷人的梅裡雪山，更有人間最美的地方、夢裡的天堂——香格里拉。獨特的地理環境形成了雲南獨特的氣候條件和豐富的物產。「一山分四季，十里不同天」，一省兼有寒、溫、熱三帶氣候，實為世間罕見。絕大部分地區四季如春，一雨成冬，因此使雲南成為特色鮮明、四季皆宜的旅遊勝地。省會昆明因「天氣常如二三月，花枝不斷四時春」而被譽為「春城」，享譽海內外。獨特的地理條件和得天獨厚的氣候條件使得雲南成為「動物王國」、「植物王國」和「有色金屬王國」，同時這裡還有「香料之鄉」、「天然花園」和「藥物寶庫」等美稱。

　　濃郁的民族風情給雲南蒙上了一層神秘的面紗。

　　在這片美麗的土地上，生活著漢族、彝族、白族、壯欣族、傣族、哈尼族、回族、苗族、拉祜族、傈僳族、納西族、佤族、藏族、布依族、景頗族、瑤族、普米族、怒族、德昂族、阿昌族、基諾族、水族、蒙古族、布朗族、獨龍族、滿族等 26 個民族，其中有 15 個為雲南獨有。各民族豐富多彩的風俗民情，是一個活的歷史博物館，每一個民族的衣、食、住、行及婚戀、喪葬、生育、節典、禮儀、語言、文字、圖騰、宗教、禁忌、審美，無不體現著豐富的民族文化。納西族的東巴文化、大理的白族文化、傣族的貝葉文化、彝族的貝瑪文化等都給人一種神秘、新奇的感覺；少數民族民居建築各具特色，傣族的竹樓、哈尼族的蘑菇房、摩梭人的木楞房、彝族的土掌房等是其中的代表；雲南少數民族的服飾絢麗多彩，不僅不同地域、不同民族的服飾風格迥異，而且同一民族同一性別的著裝也有差別，如元江傣族的婦女，未婚時用毛線織成有角頭帶，兩角豎於耳旁，婚後則只包筒形帕；民族節目也豐富多彩，著名的節日有彝族的火把節、白族的三月街、傣族的潑水節、納西族的三朵節、景頗族的目腦縱歌、傈僳族的刀桿節等，莫不獨具特色，深邃而幽遠。

　　這就是雲南，七彩的雲南！

　　如此多彩的雲南應該被瞭解。鑒於此，我們編寫了這本具有知識性和趣味性的《趣聞雲南》。全書分為九個專題，分別從歷史、民族、名勝、飲食、住宿、交通、娛樂、風習、名人等方面介紹。全書由陶犂、朱鐸完成提綱編寫、統稿和審讀工作。各部分寫作分工如下：歷史雲南、娛樂雲南、風習雲南，朱鐸；飲食雲南、住宿雲南，李倩；名勝雲南中的奇山異水、名城古鎮以及名人雲南，賈雲峰；名勝雲南中的尋古問今、民族村寨，光映炯；名勝雲南中的宗教探秘以及交通雲南，黃紅山、光映炯；民族雲南以及名勝雲南中的生態奇葩、跨境風情，王瑞紅。

　　本書在編寫過程中參考了很多文獻，在此表示謝意。由於編者水準有限，書中若有不妥之處，還望讀者批評指正。

編者

趣聞雲南

歷史雲南

「雲南」、「滇」和「三迤」等名稱的由來

雲南省位於中國的西南邊陲，屬於中國中西部內陸省份；其南邊和西部分別與越南、寮國和緬甸接壤。總面積 39.4 萬平方公里，居全中國第八位。

「雲南」作為地名稱呼的說法有兩個。其一，《雲南通志》載：「漢武帝元狩間，彩雲現於南中，遣史蹟之，雲南之名始此。」《祥雲縣誌》亦載：「漢元狩元年，彩雲現於白崖，遂置雲南縣。」（上述「元狩」為漢武帝的年號之一；「白崖」為現今彌渡縣紅岩；「雲南縣」即現在的祥雲縣。）其二，新纂《辭海》註：「舊以在雲嶺之南得名。」（雲嶺為橫斷山脈南段中分佈在雲南面積最大的一列山地。）這兩種說法中，一是從史書記載，二是從地理空間範圍來說明「雲南」二字作為地名的由來。但是這裡真正作為省的稱呼卻是在元代以後才有的，元置雲南行中書省，明置雲南布政使司，清稱雲南省。

雲南簡稱「滇」。滇原是在古代西南夷地區滇池畔的部族的名稱。戰國末期，楚將莊蹻率眾到滇池附近建古滇國。事實上，滇部族和古滇國均得名於滇池的「滇」。而滇池得名有三說：其一，「高山之巔有池，而名巔池」；其二，滇池「源廣末狹，有似倒流，謂之顛池」；其三，雲南古夷語稱山間平地為甸，甸中有池，曰滇池。這裡「巔」、「顛」和「甸」皆與「滇」諧音，這樣由滇池而稱滇部族，進而演變為雲南簡稱。但真正以「滇」來概稱全省，是從明代開始的。

雲南又稱為「三迤」。清代雍正、乾隆年間，朝廷先後在雲南設置了三道：迤東道，駐尋甸城；迤西道，駐永昌城；迤南道，駐普洱城。各道又分管若干府。從此常以「三迤」代稱雲南全省。

你相信從低等微生物發展進化到高等動物只經歷了 200 萬年嗎？地球圍繞著太陽旋轉已經有 46 億個春秋了。從距今 35 億年起，地球上出現了生命，經過漫長的歷史演化，才發展到當今絢麗多姿、門類豐富的生物世界。根據

達爾文的巨著《物種起源》的理論，自然選擇是生物進化的主要因素，自然界的生物不是一成不變的，也不是突然出現的，而是在自然條件的作用下，從簡單到複雜，從低等到高等，逐漸變化形成的。然而帽天山動物化石群的發現，卻對達爾文的「生物進化」學說提出了質疑。

1984年7月1日，南京地質古生物研究所侯先光研究員等人，在澄江縣帽天山挖到了一塊屬於無脊椎軟體動物納羅蟲的化石。在隨後10多年的時間裡，在這裡先後發現了17個生物門類約100個種屬，包括植物界的藻類，無脊椎動物中的海綿動物、開腔骨類、腔腸動物、櫛水母類、曳鰓動物、葉足類、纖毛環蟲類、水母狀生物、帚蟲類、腕足類、軟舌螺類、環節動物、節肢動物，雲南蟲等脊索動物（它們是哺乳、兩棲等高等動物的祖先）。其中還有一些鮮為人知的珍稀動物，有的難以歸入任何已知的動物門類。它們是立體狀保存著精美、完整的軟體動物的組織印痕，如眼睛、皮膚、消化道，個體有幾毫米的微型動物，幾乎涵蓋了現在的所有動物門類。經測定，這批化石群時代為寒武紀早期，距今約5.3億年，而它們形成的時期卻在當時寒武紀的200萬年內。這200萬年的過程相對地球35億年有生命的歷史來說，就好像一天裡的一分鐘，沉寂了40億年的地球「一瞬間熱鬧起來」，很多多細胞的動物就從這時開始了各自的演化。

帽天山生物化石群的發現，展示了寒武紀「生命大爆發」、動物突發性的進化，打破了生物進化的程式，對生物進化論提出了質疑和挑戰，是「20世紀最驚人的科學發現之一」。帽天山生物群與澳大利亞埃迪卡拉動物群、加拿大布林吉斯動物群被列為地球早期生命起源和演化的三大奇蹟。同時，帽天山古生物群在非常特殊的條件下珍稀地保存了生物或者是團體組織的印痕，提供了確切的生物演化細節，把我們帶到5.3億年前的海洋生物世界中去，這為瞭解當時生物群的總面貌、發育水準、食物鏈結構、生存鬥爭和自然選擇趨向，以及目前大多數生物類型的原始祖先狀況，提供了非常直觀的科學證據。因此，帽天山被國際地質界譽為「古生物學聖地」，屬中國首批國際地質公園之一。

祿豐稱得上中國的「恐龍之鄉」嗎

「恐龍」英語一詞為 Dinosaur，是英國古生物學家理查‧歐文在西元 1842 年所命名，意指「恐怖的蜥蜴」。恐龍是已經滅絕的、巨大的、遠古的、能以後肢支撐身體直立行走的爬行動物，主要分佈在湖泊及其周緣，分為食草和食肉兩類，屬溫血動物，卵生，個體差異大。

1938 年，中國著名的地質學家卞美年到祿豐一帶考察，發現了一具恐龍化石，回昆明後，他把收集的化石標本交給中國古脊椎動物學奠基人楊鐘健教授。經研究確定，這是中國首次發現的，也是世界上最早的原蜥腳類恐龍，生活在早侏儸世（距今約 18 億年）。隨後楊教授和卞美年又到祿豐作系統地發掘，出土了 23 種不同的脊椎動物，僅恐龍就有 84 具。這裡出土恐龍化石特多的山樑被稱為「恐龍山」，恐龍以發現地命名為「祿豐龍」。

迄今，在祿豐先後發現的不同地質時代的古生物化石，達 7 門 20 綱 52 目 188 科 507 種之多，因此世界各國的專家稱這裡為「化石之鄉」、「地球進化博物館」。其專家們認定的恐龍化石達 120 多具，分 25 屬 34 種，占世界恐龍化石種類的 2/3，另外已探明的地下埋藏尚有 1000 多具。因此，祿豐稱得上中國的「恐龍之鄉」，2004 年被中國國土資源部批準為「國家地質公園」。

在祿豐縣城的恐龍博物館中，我們可以看到 4 具大小不一、形態各異的恐龍骨架，其中 3 具為巨型祿豐龍、新窪金山龍和許世祿豐龍，均長達 7 米 ~8 米；另一具小恐龍的標本，在那幾個「大傢伙」的襯托下，顯得十分活潑可愛。現在人們正以祿豐川街恐龍山為基礎，建設一個集科考、科普、探秘、旅遊、民族風情為一體的世界級恐龍主題公園。2005 年 9 月，瑞典科學院院士、諾貝爾獎評選委員會委員柏格斯托姆，中國科學院古脊椎動物研究所教授董枝明等中國外專家，一同為祿豐恐龍國家地質公園舉行了隆重的揭牌儀式。建成後的公園，不僅市場前景良好，而且還可將這裡的化石納入保護範圍。

世界上保存最完好的臘瑪古猿頭骨化石是在什麼地方出土的

幾個世紀來，科學家以大量的化石證明了一個共識，人是由古猿演變而來的。但古猿是什麼樣子，怎樣生活；從猿到人是否一蹴而就，中間有沒有

亦猿亦人的過渡生物，人猿分野的界線如何確定，等等，都是一個較為複雜的問題。

1800 萬年前，在熱帶雨林和廣闊的草原上，有一種古代靈長類動物——森林古猿活躍在那裡。其中有一些從樹上來到地面生活的古猿，由於活動環境改變，使他們的體形變大，骨架結構改變，內臟和其他器官也相應變化，從而為直立行走創造了條件，這些就是人類最早的祖先。隨著生活環境、生活空間的變化，古猿的生理和智力在不斷改變。從森林古猿到 30 萬年前智人的出現，腦容量從 300 毫升發展到 1400 毫升左右，經歷了臘瑪古猿、南方古猿、猿人等不同的階段。

臘瑪古猿生活在距今 1500 萬 ~800 萬年間，他們的化石和當時的地層資料表明，這是一類生活在森林邊緣並向適應開闊地帶過渡的古猿。他們吃野果嫩草，也吃一些小動物，把石頭作為工具，砸開獸骨來吃骨髓。根據有關古猿資料來判斷，他們身高 1 米多，體重 15 公斤 ~20 公斤，能初步用兩足直立行走。恩格斯稱之為「正在形成中的人」，但是要辨別他們的智力發育程度，需要確定腦容量。

1975 年，在祿豐縣西北 10 公里的石灰壩廟山坡褐煤層中，先後發現頭骨 3 具，上頜骨 10 件，下頜骨 9 件，除中門齒以外所有的牙齒都保存了下來。這是目前世界上已發現的同類化石中最早的也是最完整的頭骨化石。該化石面部呈黑褐色，顴骨高度較大，骨壁較薄，枕骨大孔位置接近顱底中央，這表明祿豐古猿已能直立行走；而一枚下頜骨的化石，其外側門齒在齒冠尺寸上與人類早期類型相似，下第三前臼齒呈雙尖形，有明顯從猿過渡到人的特徵。臘瑪古猿生存年代距今約 800 萬年，是從猿到人的中間代表。祿豐臘瑪古猿的發現填補了從距今 1500 萬年的開遠臘瑪古猿到距今 70 萬年元謀人之間的一個重要環鍊，對研究人類的起源具有重要價值。

你知道中國人類歷史的第一頁是從雲南開始書寫的嗎

有關人類的起源素有非洲說和亞洲說之分，「單中心論」者提出人類要麼起源於亞洲，要麼起源於非洲。然而，如果人類僅僅起源於一地，再擴散到全世界，中間究竟需要多少時間，多少種因素的配合，這是不可思議的。

因此，目前大多數古人類學家支持「多中心論」，認為人類是由各地不同的古猿種類，在相同的時間間隔中，受各種不同環境的影響，逐步演變成不同的人種，形成當今世界不同膚色、不同文化、不同習俗、不同民族的人群。

截至目前，雲南共發現 4 處時代不同的古猿化石：(1) 開遠古猿，距今 1500 萬年；(2) 祿豐古猿，距今約 800 萬年；(3) 保山古猿，距今約 600 萬 ~800 萬年；(4) 元謀古猿，距今約 300 萬 ~500 萬年。這四處古猿正好處在遠古時期猿類分化為古猿（向人演化）和大猿（向現代猿類進化）之後發展的鼎盛時期，接近人猿分野界線這一關鍵時期。詳細研究這一系列發現的化石，即可得出古猿分化並逐漸向人類演變的全過程。在全球範圍內，能在一地有如此多的不同時代古猿演化序列的僅有雲南。

1965 年 5 月 1 日，也就是在發現上述最年輕的古猿——元謀古猿的盆地中，中國地質科學院地質研究所錢方等科學研究人員，在元謀縣城元馬鎮東南上那蚌村的一座小山丘上（該山丘也鄰近大那烏村），發現了中國最古老人類的兩枚人齒化石。其古人類形態與北京人相似，屬男性直立人，被定為「直立人元謀新亞種」，簡稱「元謀人」。經古地磁測定，元謀人生活在距今 170 萬年左右，比北京人和藍田人要早 100 多萬年。此外，在相同層位中還發現一批文化遺存，證明元謀人不僅會製造和使用工具，而且還有可能會使用火。元謀人的發現，證明雲南高原是中國和亞洲人類最早的發祥地，中國人類歷史的第一頁也就是由元謀人開始書寫的。

從滄源崖畫解讀雲南人 3000 年前生活之一隅

滄源在雲南省西南部，是毗鄰緬甸的一個邊境縣。1965 年以來，在該縣猛省、猛來兩鄉鎮的猛懂河流域，先後發現了 10 個崖畫點，共有圖形 1000 餘個，計人物 785 個，有持弩、執矛、牽牛、舞蹈、飾羽毛和牛角者；動物 187 個，房屋 25 座，道路 13 條，各種示意符號 35 個。畫為紅色，以磁鐵礦粉拌動物血，用手指和羽毛繪成。據測定，該畫距今約 3000 年，反映了原始社會的生活狀況，是中國發現較早的崖畫，屬全中國重點文物保護對象。

上述圖形中以人物最多，約占崖畫的 70% 以上。他們的身體多被畫成單一的三角形，面部不繪五官，透過四肢的動態變化來表示人在做何種事情。

而頭部的裝飾則多種多樣，有的頭插羽毛、飾獸角，這可能是部落的首領；耳戴飾物，披羽衣者，也許是長者抑或婦女，大多數都未有衣著示痕，看來穿衣問題尚未解決。

可辨的動物圖形有牛、馬、豬、狗等家畜，猴、虎、鹿、孔雀及其他野生動物，這說明作畫時代的動物群與今天的是一樣的。從畫面可以看到，他們透過張弓搭箭、持棒拋石來獵取野獸；並且還有有多幅騎牛、牽牛、趕豬、養狗、圍象的場面。看來，他們已經會放牧、馴養畜類，圍捕獵物，處在比較落後的農業生產水準上。

這裡有用枝條搭在樹上「巢居」式的房屋，有建在樹椿上半圓形或雙斜面的「幹欄」式的房屋。崖畫中有一幅村落圖，是用一個大圓圈代表村寨範圍，裡面有大小不同的幾十座「干欄式」房子。村寨外幾條彎彎曲曲的線表示山間小路，路上擠滿了扛著東西、趕著牛等家畜的人，人群歡呼雀躍地向村寨走去，好像在村裡要舉行一次盛大的集會。

崖畫中也不乏文化娛樂的場面，有兩組 4 人的頂桿者，兩組 4 人的疊立者，一組 2 人的耍流星者，不失為一幅典型的雜耍圖。此外，有持樹藤串枝葉起舞者，有 4 人成排、動作一致的「一字舞」，甚至有 5 人圍成一圈揚手起舞的生動場面。

另外，圖形中的神祇是一個引人注目的題材，有的人手持或頭頂上有閃閃發光之物，被視為「寶物」，持「寶物」者被視為頭人或巫師。在光芒四射的太陽中，有一人一手持弓，一手持兵器，反映了原始社會人們對太陽的崇拜。值得珍視的是，這裡還有一個比現代人手掌大 3 公分 ~5 公分的手模印，這對研究當地先民的體質有重要價值。

滄源崖畫是臨滄地區遠古社會的史詩，他用鮮豔的彩畫和無聲的語言，向我們展示了 3000 年前這裡人們的生活、生產片段。

莊蹻入滇是怎麼回事

莊蹻是何許人也？他是 2300 年前的楚國大將，古滇國的建立者也。

司馬遷的《史記‧西南夷列傳》記載:「西南夷君長以什數,夜郎最大;其西靡莫之屬,以什數,滇最大」,「此皆椎結耕田,有邑聚」,「其外,隨畜遷徙,地方可數千里。」這說明當時貴州、雲南的一些地區,已有定居在村落中從事農耕的部族;而另一地區的人仍過著遊牧的生活;在滇池附近居住著一個較大的部族「滇」。

戰國時期,諸王割據,各諸侯千方百計地拓殖疆土。雲南距秦、楚兩國較近,因此滇地就成了「兩雄」爭奪的物件。約在西元前 279 年,楚頃襄王命莊蹻率軍溯沅江而上,由湘西進入黔東,滅了夜郎,沿今滇黔路進入雲南,「至滇池,地方三百里,旁平地,肥饒數千里,以兵威定屬楚,欲歸根,會秦擊奪楚巴、蜀中郡,道塞不通,因還,以其眾王滇,變服從其俗以長之。」司馬遷在《史記》中的這段話,說明了古代中原人首次大批移入雲南建立古滇國的由來。

漢武帝開疆拓土時,曾兵臨雲南,莊蹻的後人嘗羌率眾舉國投降,漢武帝仍封嘗羌為滇王,治理滇民。1965 年 11 月,在晉寧縣石寨山的考古發掘中找到了「滇王之印」,這一發現證實了《史記》中關於古滇國的存在(王都在晉寧縣晉城鎮)及其漢武帝封滇王並賜印的真實性。

隨著莊蹻入滇和古滇國的建立,古代中原人把內地的先進文化、生產技術帶到了雲南,促進了雲南政治、經濟、文化的發展,滇池地區很快進入到奴隸社會。他們入境隨俗,同當地民族融合,推動了統一的多民族國家的形成和發展。史書說,「今西南諸夷,楚莊之後」,「西南外徼,莊蹻首通」。莊蹻入滇是內地人民大規模開發雲南的重要歷史事件,莊蹻也是由內地到雲南的第一個重要人物。

為什麼說雲南絢麗的青銅文物是古滇文化的瑰寶

雲南青銅冶煉的歷史十分悠久,早在商代(距今約 3000 年)就已進入青銅時代,經周、戰國至西漢,雲南青銅文化達到了鼎盛時期。新中國成立之後,雲南考古發掘的青銅器物,幾乎遍及全省,出土各種青銅文物百餘種,一萬餘件。包括生產工具、生活用具、兵器及樂器等,此外還有大量刻鑄工藝精細的裝飾物。

　　劍川縣海門口發掘的斧、鐮、鑿等工具是屬於商代晚期銅器。楚雄市萬家壩出土的銅鼓為原始銅鼓（共五面），時代為春秋中期，這是世界上迄今最早的銅鼓；這些銅鼓製作粗糙，形狀古拙，鼓面小胴徑大，表面有太陽紋；可以用作樂器、炊具抑或奠基，以後發展為慶典、祭祀……最後成了奴隸主擁有權力的象徵。祥雲縣大波那出土的屋宇形銅棺，係戰國時部族君長的葬具，其保存之完好，中國罕見；棺重 275 公斤，由七塊銅板拼合而成，棺上遍鑄動物和其他花紋。1955 年以來，考古工作者在晉甯石寨山進行了 4 次發掘，出土文物 4000 多件（絕大多數為青銅器）。這一發掘與河南殷墟、陝西臨潼兵馬俑發掘，被國際上譽為中國三大出土奇蹟。這批青銅器有表現當時昆明地區祈年、播種、收穫、狩獵、放牧等農副業生產場面的，有擊鼓、吹笙、羽舞等文藝活動內容的；其中的佼佼者為「鎦金騎士銅貯貝器」，該物外形束腰平蓋，端莊對稱，上有一鎦金騎士和分立的四牛，雙耳虎形，不論是騎士還是馬、牛、虎等動物，形態逼真，比例準確；另外，還有反映戰爭場面的銅鼓性貯貝器。江川縣李家山出土的青銅文物也頗為豐厚，器皿上有「趕集」的場面，祭銅柱、剽牛、人祭的社會習俗，以及奴隸主和奴隸兩種截然不同的生活場景。動物中以牛的形象最多，牛多健壯結實，虎受到特殊的尊敬，蛇被當做繞於銅柱或伏於地面的精靈；此外，還有鹿、豬、孔雀、雉雞、豹、熊、兔、猴等動物。這裡出土的佳品要數「牛虎銅案」了，銅案以封牛的四足作案足，犀利的牛角，碩大的頭顱，豐滿的頸肌，使案的重心微微前傾，而後面猛撲上來的老虎銜住牛尾用力撕咬，使案身前後得到平衡。更為巧妙的是，設計者虛去牛腹，在下置一小牛，從物理學的理論來看，銅案重心下移，使得上下輕重合理，增加了穩定性。縱觀整個造型，從牛頭至虎頭呈一弧線，與牛腿直立相襯，大牛和小牛縱橫排列，虎的動與牛的靜相互呼應，兇狠的老虎與慈愛的母牛鮮明對照，顯得異常和諧。此案不論從科學內涵，還是設計和鑄造，均堪稱青銅器的珍品，被定為國寶級的文物。在青銅鑄造工藝上，古老的石範鑄造被陶模和熔模鑄造取代，隨著石蠟法的廣泛應用，鑄件的精密光潔度大大提高；對不同用途的青銅器，採用不同比例的銅—錫混冶，與中原的青銅無太大差異，這充分體現了古滇人發達的冶金技術水準。雲南的青銅文化是絢麗多姿古滇文化的瑰寶，它生動地展示了雲

南先人的經濟生活、社會風貌以及豐富多彩的精神文化和生活習俗，展示了高超的工藝水準，在全中國乃至世界範圍內影響深遠，同時它也為研究雲南古代的歷史提供了實物印證。

1994 年 10 月，中國第一個青銅器博物館——江川縣李家山青銅器博物館建成並開館。

南方絲綢之路比北方絲綢之路開拓得更早嗎

所謂「絲綢之路」，是指 2000 多年前開闢的以販運絲綢為主的貿易商路。它東起西漢的都城長安，經渭河流域，過河西走廊，在敦煌分成南北兩路西行，北路抵中亞，南路達地中海東岸再改海路轉到羅馬等歐洲各地。它的開通，加強了古代中國西域與各國的友好往來，也促進了中西經濟與文化的交流。這條橫跨歐亞的商道，被近代法國學者命名為「絲綢之路」。

說道「絲綢之路」的開拓者，人們不禁會想起兩次奉命出使西域的西漢張騫，是他打開了這條商道。但是，也正是透過張騫在西域的所見所聞，我們才知道在中國的南方也存在著一條絲綢之路，而且它比北方絲綢之路還要早。

西元前 122 年，張騫歷經艱險從西域返回長安向漢武帝報告，說他在大夏（今阿富汗）時見到過「蜀布」和「邛竹杖」，經瞭解，它們是從身毒（今印度）販賣去的。蜀地養蠶可溯至史前，絲織業歷史久遠，蜀錦只可能向南再轉向西運往印度。如果從蜀郡通印度，既路近又無害。因此，漢武帝派使者尋找一條從西南夷（今雲南）到印度去的路。使者在行經洱海地區時，受到當地民族的阻擋，未能抵印度，為此，漢武帝曾在長安開挖人工湖訓練水軍，準備攻打洱海地區。這段史料在司馬遷《史記》中有記載，人們稱為「漢習樓船」。

南方絲綢之路由四條古道組成，即靈關道（從今天成都至大理）、五尺道（從宜賓至大理）、黔中古道（從重慶經貴州至大理）、永昌道（從大理至保山再向西延伸）。到達國外的交通線有兩條，一是經緬北到印度再轉向西方；二是由緬甸南部出海通往印度、西亞再到歐洲。

從張騫在西域的見聞和《史記》的記載，不難看出，早在北方絲綢之路開通前，蜀地絲綢等物資就已經出雲南運往南亞、西亞等地區。據專家考據，這條商道早在戰國時就已經開拓，也就是說它比北方絲綢之路還要早200年。

諸葛亮的「羈縻政策」有什麼深遠的影響

說到諸葛亮，時間又要追溯到三國時期去了。蜀漢劉備伐東吳，彝陵戰敗，白帝城託孤，諸葛亮遵遺命，輔幼主繼位。當時雲南、貴州西部和四川西南地區被合稱為「南中」，由於這裡地理環境複雜，交通不便，民風剽悍，部落頭領時常不服管轄。南中「大姓」和「夷帥」孟獲等人，以蜀漢兵敗，內憂而無力南顧，遂起兵反叛。諸葛亮一面為北伐曹魏做準備，一面與東吳重修前好，另外決定平定南中的叛亂，穩定局勢，鞏固後方。他採取了「攻心為上，攻城為下」的策略，頻敗孟獲，「七擒七縱」，使孟獲誠心降服。為了實踐其「西和諸戎，南撫夷越」的指導思想，諸葛亮將原南中四郡變為七郡，大郡化小郡，以削弱地方豪強勢力。為團結各族人民，尊重其習俗，他採用了「因其故俗，羈縻勿絕」的政策，即任用本地或本民族的首領為地方官吏，甚至將已有悔悟的孟獲任為蜀漢的禦史中丞，爭取和團結少數民族的上層人士，這就是「羈縻政策」。此外，他還積極發展南中地區的文化，獎勵農桑。於是，「諸夷慕侯之德，漸去山林，徙居平地，建城邑，務農桑」，形成了「綱紀粗定，夷漢粗安」的政治局面。在漫長的歷史長河中，雲南各族人民始終傳頌著諸葛亮的業績，在眾多的地方都建有紀念這位政治家、軍事家和思想家的武侯廟祠。

諸葛亮高瞻遠矚的政策方針，對後來歷代統治者影響深遠。元代實行土官制度，即元政權委派雲南民族頭人擔任地方機構的長官。長官能世襲，可以保持傳統的剝削方式和特權，但要按時朝貢，接受朝廷的約束。隨後明代的「改土設流」和「改土歸流」，都是「土官制度」的延續。「流官」是由中央直接派出的官史，有一定任期，但不能世襲。這種土流兼治的政治措施，對於安定雲南各部族，加強中央集權，鞏固對雲南的統治有十分重要的意義。

唐宋時期雲南的行政中心為什麼在大理

　　城市的興起和發展，是與經濟的發展、經濟結構的變化和政治的演變密切相關的。在古代，由於生產力水準低下，人們賴以生存的產業主要是農耕和畜牧業。不言而喻，發展這一解決人類溫飽的產業必不可少的物質基礎，主要就是土地、熱量和水資源了。

　　雲南是一個以高原和山地為主的省份，相對比較平坦的壩子（山間盆地）僅占全省面積的 6%，面積在 100 平方公里以上的大壩子有 49 個。這些地區是雲南省種植業最發達、最集中的地區，也是人口密集、城鎮較多、社會經濟最為繁榮的地區。然而，歷史上這些壩子中的一部分是缺水的幹壩子；此外，雲南高山峽谷相間，相對高差大，河谷兩坡陡、平地少，不宜眾多的人口定居，大規模的發展農耕，建立城邑。因此，古代雲南經濟發達、人口比較集中的地區，主要在幾個大湖泊的周圍，當時最大的湖盆首推位在大理東側的洱海湖盆。

　　先秦時期，中國西部的氐羌民族南下，由於洱海湖盆得天獨厚的自然條件，這裡就成了他們首選的棲息地。到唐代，在洱海周圍先後形成了六詔（「詔」意為部落）和西洱河蠻。唐王朝為了抗擊吐蕃侵犯，就拉攏支持位於六詔最南的蒙舍詔（俗稱南詔），由它兼併了其他五詔和西洱河蠻，統一了洱海地區，並進一步擴張，建立了一個東達黔西，北抵川南，西部和南面包括了現今部分緬甸、寮國的大南詔國，行政中心在大理。它對唐王朝納貢稱臣，可又是一個相對獨立的小王國。南詔國滅亡後，新建立的大理國與當時宋王朝的關係，基本與南詔國與唐王朝的關係一樣，大理仍是國都。這兩個王朝前後歷時 566 年。

　　值得一提的是，南詔國王閣邏鳳在開疆拓土時，曾臨昆川視察，盛讚這裡「山河可以作藩屏，川陸可以養人民」。隨後，「命長男鳳迦異於昆川置拓東城，居二詔，佐鎮撫」。拓東城「又稱鄯闡，是現今昆明市建城的開始，城以今天昆明市的拓東路為軸線，是周長三公里的土城。至於雲南的行政中心何時轉到昆明，那卻是元代的事情了」。

　　賽典赤·瞻思丁和昆明市中心的「忠愛坊」有何關係

趣聞雲南

在昆明市步行街（三市街）的北端，矗立著一座五彩斑斕的紀念元代在雲南的統治者賽典赤·瞻思丁的牌坊，這就是「忠愛坊」。

賽典赤·瞻思丁（西元 1211—1279 年），祖籍原波斯屬國人，後隨祖輩遷入中國西北地方，回回人，為元代統治者立下不少功勳。忽必烈平定雲南後，社會動盪，為穩定雲南形勢，特選派為人「謹厚」的賽典赤，以「平章政事行雲南中書省事」。賽典赤入滇後，面對現實，採取了一系列的措施，正確處理了雲南的階級矛盾、民族矛盾和統治集團內部矛盾。

首先，集中精力恢復和發展生產，獎農薄稅，輕差減賦，屯田墾荒。其中最突出的政績就是興修水利。7 個世紀前滇池的面積較現在要大許多，由於滇池無出水口，注入滇池的諸河道淤積，致使「夏潦暴至，必冒城郭」，危害農業生產。為此，賽典赤奏忽必烈調大司農張立道來滇治理，隨鑿開海口石龍壩，疏濬螳螂川，使滇池水出海口進螳螂川，再入金沙江，使水位降低約 3 米，從根本上解決了滇池地區淤積的水患；同時使滇池水域面積縮小，周圍露出良田萬餘頃。此外，賽典赤又親率人整治注入滇池的盤龍江等六河；修築松華壩，設閘輪序放水，灌溉數十萬畝良田，大大促進了雲南經濟的發展。值得強調的是，上述水利舉措，不但使滇池盆地的面積超過了洱海湖盆，而且隨著良田的迅速增多，水患的消除，還為當時昆明城市的擴大，人口的增長以及雲南行政中心從大理轉移到昆明，提供了條件。

其次，統一政令，清除割據殘餘，使權力集中，掌握各級管理的任免權，革除軍事機構管理民政的弊端。為了消除南詔國和大理國的貴族在大理地區盤根錯節的勢力對元朝統治的影響，把省治從大理遷到了鄯闡（今昆明）。

第三，大力發展交通，形成了以昆明為中心的交通網；並且提倡儒學，傳播中原文化，培養和吸引各族知識份子參政。

透過這一系列的改革，使雲南社會穩定、經濟繁榮，滇池地區「墟落之間，牛馬成群，仕宦者莝稻秣駒，割鮮飼犬。滇池之魚，人飫不食，取之肥田」。賽典赤過世後，送葬「號泣震野」，昆明「老稚悲哀之聲，連日不絕」。忽必烈詔道「雲南省宦盡守賽典赤成規」，追封為「上國柱，咸陽王」。

然而，「忠愛坊」的建立卻要追溯到明朝了。明太祖朱元璋對元代統治者的作為並不是一概否定，他在《祭元平章政事賽典赤》文中說：「咸陽王功德名望，光顯前朝，安撫雲南卓有成效，偉績奇勳，福慧邊疆，遺愛難忘，誦功當予祭祀，賜建廟宇，春秋祭祀，推崇報答其恩德，以期永垂不朽。」當時鎮守雲南的黔國公沐英，秉承了朱元璋的意願，參照忽必烈對賽典赤「憂國愛民」的高度評價，在當時昆明南城門外建「忠愛坊」，以示賽典赤「對君盡忠，施民以愛」；同時，這也表現了明太祖和黔國公尊重歷史、尊重人民的胸懷。

歷史上「忠愛坊」曾兩建兩毀，然而，對於這位造福雲南、惠及千秋的歷史人物，人們是永遠不會遺忘的。因此，昆明市人民政府於 1999 年在原址又重建了「忠愛坊」，它在向我們昭示，公民應該「忠於中國，熱愛人民」。

從什麼時候起漢族成了雲南的主體民族

元謀人是目前發現的居住在中國大地上最早的人類，在雲南許多地方都找到了遠古時期人類活動的遺蹟，他們是雲南本地最早的先民。戰國以前，外地民族大量流入雲南，有西北地方遷來的氐羌民族；有中國東南沿海西遷的百越民族；還有來自東南亞北上的孟高棉人。（這三大民族群體演變成今天雲南少數民族中的一大部分。）秦漢時代，統治者把周邊的各民族和部落統稱為「夷」，雲南的各民族也就叫「西南夷」了。唐宋時期，族源上屬氐羌人的烏蠻（今天彝族的先民）和白蠻（今天白族的先民）還分別建立了兩個相對獨立於中原王朝的國家，南詔國和大理國。在宋代以前，雖有內地移民到雲南，但由於規模小、人口少，因此漢族多被夷化，基本上被融合到雲南其他民族中去了。

直到忽必烈征服雲南，才結束了這裡的地方割據。隨軍蒙古族、漢族、回族、普米族等大量湧進雲南，30 多萬人在這裡安家立業，其中以漢族居多。

然而，漢族人數真正超過雲南少數民族人數卻是明代的事情了。西元 1381 年，明朝 30 萬軍隊入滇，摧毀了元朝殘餘勢力，平定全省，就地軍屯。今天，滇東、滇西、滇南的壩子中，不少鄉村的地名就是以官員的姓氏、兵器製造場抑或部隊的部署來命名的。比如張官營、李官營、左所、右所、後所、

前衛⋯⋯隨後明朝又大規模進行民屯,「移中土大姓以實雲南,詔湖廣常德、辰州二府,民三丁以上者出一,往屯雲南。」沐英於西元 1389 年還滇時,「攜江南人民 250 餘萬入滇⋯⋯分別安置於臨安、曲靖各郡縣」,屯田戍邊。此外,明朝還將一些江南豪強大姓商賈強行遷來雲南,以維護朱元璋南京政權的穩定。當時的雲南是邊遠、艱苦之境,因此這裡也成了流放人犯的地方。今天,年事已高的老人對未按時歸家的小孩還會常問:「你充(充軍)到哪裡去了?」把頑皮的小孩斥之為「軍犯」。古稀老人走路時,常把雙手背在身後,據說還是祖先被綁雙手充軍雲南養成的習慣;上廁所叫「解手」⋯⋯當然這只是傳說罷了。正由於朱元璋實行軍屯、民屯、商屯,才使明代雲南漢族的數量超過了少數民族的數量,從而使漢族成為雲南的主體民族。

袁世凱的皇帝夢是怎樣破滅的

辛亥革命推翻了腐敗的清朝統治,建立了民主共和的中華民國。但野心家袁世凱竊取了勝利果實,倒行逆施。為了復辟帝制,他與帝國主義列強簽訂了上百個不平等條約,包括臭名昭著的賣國《二十一條》。1915 年 8 月 14 日,在帝國主義支持下,他建立了「籌安會」,妄圖變更國體。12 月 12 日,又宣佈實行帝制,以次年元旦改元「洪憲」。

袁世凱的復辟行徑激起了全中國人民的公憤,受辛亥革命的薰陶,民主共和的觀念已逐漸深入人心。滇軍中的高級軍官多數曾經留洋,中下級軍官也有一股濃厚的民主思想,他們積極醞釀,反袁堅決;同時,雲南地處邊疆,山川險阻,因此被革命黨人選為倒袁基地。前雲南總督蔡鍔與梁啟超籌畫後,巧妙地離開北京,乘船赴日本,從海路繞道越南,秘密回到昆明。在與唐繼堯等人策劃部署後,於 1915 年 12 月 22 日,約集 39 人在五華山歃血為盟,「擁護共和,吾輩之責;興師起義,誓滅國賊」。會後,唐、蔡與李烈鈞、戴勘等人多次通電袁,敦促廢除帝制,袁不予答覆。12 月 25 日,唐、蔡通電全中國,宣佈雲南獨立,點燃了倒袁的革命烈火。

1916 年元旦,數萬軍民聚集北校場誓師出征,整個昆明一片沸騰,遊行、捐獻、口號聲⋯⋯比比皆是,一副對聯「立馬華山,推翻帝制;揮戈燕地,重建共和」,充分表現了雲南人民同仇敵愾的豪邁氣概。護國軍以蔡鍔為第

一軍總司令，北攻四川，在瀘州、敘永一帶鏖戰慘烈，3 萬正義之師力挫 10 萬裝備優良的北洋軍；李烈鈞率第二軍向東南廣西挺進；唐繼堯兼第三軍總司令，其一部入貴州，聯合黔軍進逼湘鄂。出師 1 月貴州獨立，2 月廣西獨立，隨即粵、浙、陝、川、湘……相繼獨立，出兵支援護國。袁眾叛親離，四面楚歌，被迫於 3 月 22 日撤銷帝制，一病不起，在全中國人民的唾罵聲中死去。

護國首義是雲南人民的光榮，雲南「以一隅而為天下先」的氣魄，在中國近代史上譜寫了光輝的一頁。今天，昆明市的護國路、護國橋、光華街、正義路，四川省敘永縣的護國場，都是為紀念這一歷史事件而命名的。

抗戰時期，為什麼雲南既是中國的大後方又是抗日的前哨

1937 年，「七七盧溝橋事變」後，關係中華民族生死存亡的全民抗戰開始了。日本侵略者經過長期處心積慮的準備，憑藉他們優良的武器，攻城掠地。當時國民政府採取所謂「以空間換時間」的戰略，將政治、經濟、文化中心逐漸向西、向內地轉移，中國東部的河山受到了日寇鐵蹄的蹂躪。由於日本侵略者佔領了沿海的港口，切斷了美、英等國從海路將戰略物資運交國民政府抗日前線的部隊，對整個戰局帶來了巨大的影響，因而必須另闢蹊徑。

雲南是中國通往南亞、東南亞的必經地，也是西部地區距印度洋最近的省。若將物資海運到緬甸仰光，再沿滇緬公路經昆明，透過滇黔公路就可送往抗日前線。這樣，從 1937 年 12 月開工，歷經 9 個月就完工通車的滇緬公路，成為中國抗戰運輸的生命線。日寇為了實現其「亡我」的目的，隨即攻佔緬甸，切斷滇緬公路。為保證盟國的抗日物資運到中國，中美開闢了從印度阿薩姆邦到昆明等地的中印（駝峰）航線；另築經緬北到雲南的中印（史迪威）公路。因此，抗戰八年間，雲南始終是中國對外主要的交通要道。

作為大後方，雲南先後把 65 萬子弟送上抗日疆場；全由滇民組成的第三軍、第五十八軍、第六十軍，先後參加過台兒莊、中條山戰役和敵後的抗戰；徵調農產品，保障軍民吃穿的需求，抽集民工數百萬人，參與修建公路、機場及後勤運輸；滇民支援抗戰，捐錢、捐物，僅 1941 年就捐款購飛機 30 架，名列全中國第一；此外，內遷的企業和工廠，在昆明生產出大量的軍工和民用產品，有力地支援了前線；同時，不願當亡國奴的師生遷徙雲南，繼續興

辦教育，培養人才，最著名就是「西南聯合大學」……總而言之，國難當頭之時，雲南這塊土地為抗日根據地的建設和支援抗戰，提供了廣闊的空間。

1942 年 5 月 3 日，日軍從緬甸攻入雲南，在我軍的奮力抵抗下，日寇的鐵蹄在怒江止步了，滇西成了淪陷區，雲南由抗日的後方變成了抗戰的前哨，敵後的各族人民和軍隊，堅持奮戰，打擊日本侵略者。當時，年逾六旬騰衝縣長張問德因抗日事蹟，曾被國民政府表彰為「全中國淪陷區五百多縣長之人傑楷模」。隨著世界反法西斯戰爭的進展，1944 年 5 月 11 日，中國遠征軍第十一軍和第二十軍兩個集團軍，強渡怒江，向西激戰松山，攻克龍陵，解放騰衝，將日寇逐出國門。隨即又與中國駐印軍在緬甸芒友會師，將日軍驅出緬北。

滇西反攻戰，是抗戰時期我軍第一次發起的反攻；騰衝是第一座光復的縣城；雲南是全中國最早將日寇趕出國的省份；唯一出國打擊日軍的遠征軍兩次都是師出雲南。日寇宣佈投降後，中國陸軍第一方面軍總司令盧漢率滇軍開赴越南，在河內接受侵越日軍的投降，這是中國唯一出境受降的部隊。

抗戰八年，雲南、雲南人民為中國的生死存亡做出了偉大的貢獻。

民族雲南

雲南少數民族的圖騰崇拜知多少

圖騰崇拜產生於母系氏族階段，是一個民族認為某種植物、動物或自然界的某一事物、現象同本氏族有血緣親屬關係而產生的崇拜和信仰。圖騰崇拜是自然崇拜的發展和深化。被一個氏族稱作圖騰的物就成為這個氏族的標誌，人們認為它對本氏族可以造成庇佑和保護的作用。作為圖騰的物成為全氏族的忌物後，一律禁殺、禁食或禁止觸摸，並且對它舉行崇拜、祭祀的儀式，以促進這種圖騰的繁衍。雲南是民族文化活的博物館，是世界上文化多樣性最突出的地方，一些少數民族至今還保留著自己的圖騰崇拜。

雲南少數民族的圖騰崇拜中，崇拜虎的最多，彝族、白族、普米族、哈尼族、拉祜族以及滇西北永寧摩梭人等都以虎為自己的圖騰崇拜。其中，彝族的虎文化歷史悠久，內容豐富。他們稱虎為「羅」，同時以「羅羅」作為自己的族稱。他們以十二生肖紀年紀日，但是為首的不是鼠而是虎。他們每三年一次的祭神大典要選在虎月的第一個虎日舉行。白族也普遍崇拜虎，同時還產生了不同的神話傳說。例如，雲南怒江州碧江縣的白族支系勒墨人中有個虎氏族，他們認老虎為自己的祖宗。凡有大事要辦，必選擇在虎日舉行，因為他們認為虎威無比，一定可以保佑他們成功。

上述這幾個民族都來源於古代西北的氐羌族群，都屬於漢藏語系藏緬語族彝語支，所以有相同的圖騰信仰。又如漢藏語系壯侗語族壯傣語支的傣族、壯族、布依族、水族等，他們都源於中國古代南方百越族群，他們都崇拜龍圖騰，認為自己是龍生的子女，因而常生活於江湖之畔，游於江河之中，認為有龍的保護而不受傷害。

有的少數民族始終以一個圖騰為崇拜物件，信仰相對穩定；有的隨時代而變化；有的甚至以多種動植物作為本民族的圖騰。布朗族以蛤蟆和竹鼠等動物為圖騰，苗族的圖騰有龍神、楓木、鳥、盤瓠等，佤族又十分崇拜木鼓、老虎以及水牛，而更有趣的是西雙版納的克木人，這是一個尚未確定族稱的少數民族，其圖騰崇拜物多達 25 種。

雲南少數民族是如何取名的

我們大多數都使用姓名制取名，姓和名連在一起使用，姓表示親族，名則表示個人。雲南一些少數民族使用聯名制，又稱連名制，就是在本名之外附加上父、母、外祖父母的名，世代相連。聯名制比姓名制更能直接顯示出血緣，但不能追溯久遠。採用聯名制的民族多數不用姓，或使用姓很晚。聯名制形式多樣，有父子聯名，母子聯名，甚至有舅甥聯名的。父子聯名中，有本名在後，父名在前的聯名法，也有本名在前，父名在後的聯名法，而前者是雲南少數民族的主要聯名法。

雲南的怒族、哈尼族、佤族、景頗族、基諾族和部分苗族、瑤族，歷史上的白族、納西族等民族，都是在本名前加父名，即父親姓名的末一或最後兩個字，為子名的第一或前兩個字。如，雲南碧江的怒族一家五代人名是：茂英充、充羅並、羅並者、者茂特、茂特朋。歷史上的大理國是以白族為主的政權，白族國王有其姓氏但也採用聯名制，如段智祥、段祥興、段興智，這是三代父子國王的名字，在智祥、祥興、興智前冠以段姓，這叫冠姓聯名制。

雲南的布朗族、拉祜族，還存在母子聯名制。布朗語「依」是表示女性的詞，如果母親叫依南莊，子女名中必須加上母親名中的「南」字，有時還加上外婆的名。布朗人稱這種聯名叫「邁種」，翻譯過來是：跟著媽媽叫。拉祜族則只有長子、長女與母親聯名，其他子女沒有這個權利。

部分怒族還採用外甥與舅舅聯名，一位名叫充付標的，「充」是舅舅名，「付標」才是本人名。奇特的是，雲南碧江怒族男子一生中要命名三次：男孩一出生，祖父、父親或伯父給他取的名字為「正名」，這是終身使用的名。十四五歲後，由同伴或情人取「青年名」，只在男女同輩間稱呼。結婚時再由父親命名，成為前文所說的父子聯名形式，例如本人名「砍杜」，其父名為「偶凡壽」，組合後的名為「壽砍杜」。怒族男子結婚並連父名之後，便可以享有一定的財產繼承權，同時也承擔起承遞世系的任務。

　　由此可見，雲南少數民族的姓名是非常複雜的，即使同一民族，不同地區、不同時代，使用姓名也不盡相同。隨著民族之間的文化交融，雲南少數民族使用姓名的習慣日趨一致，許多少數民族採用了漢族的姓名方式。

　　你知道雲南各民族的創世神話嗎

　　創世神話是關於天地開闢、人類和萬物起源的神話，也稱開闢神話。在雲南這塊土地上，各個少數民族創造出一個個亦真亦幻、亦虛亦實的神奇的創世神話，歸納起來大致有以下三種類型。

　　第一類，大多數民族認為是「創造神」創造了世界，製造了人類。這個創造神的形象和稱謂各有不同。瑤族神話中的密洛陀、彝族開天闢地神話中的典尼、哈尼族創世傳說的女神陂皮密、阿昌族創世神話中的遮帕麻與遮米麻、傣族創世史詩中的英叭、拉祜族創世史詩裡的大神厄莎，他們用不同的方式創造了天地。至於人的來源，有卵生、葫蘆生、石頭生，以及從山洞或樹木上出來的種種不同說法，基諾族認為他們的祖先是從大鼓裡出來的，彝族、拉祜族有葫蘆創世的神話。「司崗裡」，傳說是佤族的孕育之所。除了自然生人外，更多的是由創造神來獨立造人。造人的方法略有不同，有的是用樹木（布依族、傈僳族），有的是用蜂蠟（瑤族），有的是用雪（彝族），當然，最常見的還是泥土造人。壯族女神米六甲，彝族兩位大神阿熱和阿味，獨龍族的創世神嘎美和嘎荷，基諾族女始祖阿嫫小白以及佤族和傣族的祖先都是用泥土造人的。

　　第二類是巨人化生的創世神話，講述天下萬物是由巨人的身體各部所化。漢族中有盤古身體化成萬事萬物的傳說。相類似，白族創世神話《開天闢地》中講的創世大神盤古盤生兩兄弟，阿昌族神話《遮帕麻與遮米麻》講述的這兩位男女神，他們的身體分別化生為日月星辰、山川草木、江水河流。這種化生神話，有的還描述天下萬物或人為神人所生。如彝族《創造萬物的巨人尼支呷金》中所說，樹種、蒿枝、野葡萄、牽牛花、野草、蕨草、猿猴、人、駱駝、熊、狗、青蛙、鳥類都是由尼支呷金所生。《女始祖茂充英》是怒族創世神話，講的是在遠古時代，天降蜂群，蜂與蛇交配（又說與虎交配），

即生下怒族的女始祖茂充英。茂充英長大後，又與蜂、虎、蛇、馬鹿等動物交配，生子女繁衍，形成蜂氏族、虎氏族、蛇氏族、馬鹿氏族等。

第三類是自然演變的神話，彝族《宇宙人文論》說，天地產生之前，清氣幽幽，濁氣沉沉，清濁二氣生成風和氣，二者又相遇，形成青天、紅地，之後又滋生萬物和人類。壯族創世神話《布碌砣的傳說》中說，在遠古的時候，天和地緊緊重疊在一起，忽然一聲霹靂，天地即刻分開。而壯族神話《布洛陀與妹六甲》中敘述到，天地原來是一團旋轉著的大氣，後來變成一個三黃蛋，分別爆為天空、海洋和大地。納西族創世神話《人祖利恩》，把開闢神的出現也說成是自然演化的結果。

彝族的「十月太陽曆」和農曆有什麼不同

曆法是衡量一個國家、民族文明程度的重要標誌之一。中國大部分地區都通行農曆。但在中國的彝族地區，至今還保留著一種鮮為人知的古老的曆法——彝族十月太陽曆。與傳統的農曆相比，彝族十月太陽曆有下列不同：

一、起源早。中國漢族的《陰陽曆》大約起源於西元前 2100 年中期，即夏朝時期，故稱夏曆，又因對農事有指引作用，所以又稱農曆，此外還有舊曆、中曆、陰曆的稱法。而經實地調查考證表明，殘存於雲、貴、川、桂等省區的《彝族十月太陽曆》應始於西元前 8000 年以上，它把中國的文明史追溯到埃及、印度、巴比倫三個文明古國之前，為中華民族文明做出了重大貢獻。

二、農曆用初一、初二、初三等序數紀日，或用干支紀日、紀年，用嚴格的朔望週期來定月，又用設置閏月的辦法使年平均長度與回歸年相近，兼有陰曆月和陽曆年的性質，因此實質上是一種陰陽合曆。把日月合朔的日期作為月首，即初一。朔望月平均長約 29.5 日，所以有的月份是 30 日，稱月大；有的月份是 29 日，稱月小。農曆以 12 個月為一年，共 354 日或 355 日，與回歸年相差 11 日左右，所以平均 19 年有 7 個閏月，閏月那一年有 13 個月，以此來消除農曆年與回歸年在天數上的差距。與農曆不同，彝族十月太陽曆是以地球繞太陽為週期，一年內各月的日數整齊，最便於使用和記憶。彝族十月太陽曆是用十二屬相紀日，因為崇虎，彝族的屬相順序是以虎開頭的，

以三個屬相周 36 日為一個月，每輪迴三十個屬相周 360 日為一年。10 個月終了，另外5天（或6天）為「過年日」。平年為5天，每隔四年的閏年為6天。這樣四年平均為 365.25 天，與回歸年（太陽年）365.2422 日相近。

　　三、在中國的農曆裡，一年分為春、夏、秋、冬四季，每個季度依次有孟、仲、季 3 個月。一年有二十四節氣，來指導農事活動。彝族十月太陽曆一年分五季，分別以土、銅、水、木、火代表，一季分公母（或稱雌雄）兩月，其中單月為公，雙月為母。農事的安排也根據陰陽配五行的推算來測定，如彝諺所說：雌水兔日變，大雁回南方；雌木羊日變，耕牛下地去；雌火雞日變，蜻蜓下溝去；雌木豬日變，老鷹回南方等。

　　彝族十月太陽曆以觀測太陽運動來確定冬夏，以北星的鬥柄指向來確定寒暑。當太陽「運動」到最南點（日至南）時為冬至，冬至後三日為過小年；到最北點（日至北）為夏至，夏至後三日為過大年。而冬季（農曆十二月）傍晚觀測北柄正下指時為大寒，夏季（農曆六月）傍晚北柄正上指時為大暑，十分準確。為此，彝族以大暑歡度火把節；以大寒為歲首，過「十月年」。彝族十月太陽曆既整齊、準確，又簡明、易記。它不僅是彝族文化中最具科學性、最有人文價值的一大瑰寶，也是中華民族遠古文明的智慧結晶。

　　雲南有哪些少數民族有「文面」和「文身」的習俗

　　文身，就是用刀、針等銳器在人身體的某些部位刻刺出花紋或符號，塗上顏色，使之保存永久。文身是最直接的人體裝飾藝術，生活在雲南的傣族、布朗族、德昂族、佤族、基諾族、獨龍族一部分人仍然保持著文身的習俗。

　　傣族文身最具有代表性。傣族男子文身直到當前仍十分普遍。傣族文身習俗的盛行與其信奉小乘佛教有關。傣族男子在胸部、腰部、脊背、手臂、大腿等處刺滿了黑色或藍色的花紋圖案。花紋圖案中有龍、虎、象、八卦、珍禽異獸、奇花異草等，也有刺上傣文和佛經文句的。有的花紋還有一定的結構，十分複雜，在世界文身民族中也屬罕見。傣族文身，根據各人所愛好的圖形和家人的心願，由專門的文身師進行。現文身所用色彩多為黑藍色，也可在其中套用紅色。傣族男子文身，很明顯地有著區分男女，表現勇敢精神，顯示男子漢氣質以獲取女性青睞的用意，另外還有避邪、預卜吉凶或某

種巫術魔法的意味，同時也包含著對祖先、對古代英雄的崇拜。受小乘佛教的影響，布朗族、德昂族和雲南克木人的男子至今還保留著文身的習俗。

佤族文身也非常普遍，尤其是男子。佤族男子文身的圖案，最常見的是牛頭紋，還有三角形、十字花點、小島、龍、虎等，多刺於人的頸下、胸前、背和四肢上。婦女也有文身的，多在頸下、手臂和腿上繪刺各種形狀的花草。阿佤人普遍認為，文身是為了美觀。

基諾族男女都有文身的，女的一般只刻刺小腿部，花紋與衣服上寬闊的衣飾圖案相似；男的則在臀部、腿上刺以動物如龍、虎以及星辰、日用品等圖案。他們刻刺龍虎圖案，是對龍虎的一種崇拜；而日用品的圖案可能與財富的觀念有關。

文面是特殊部位的文身，是舊時獨龍族婦女的重要特性之一。《新唐書》稱「文面濮」，《南詔野史》稱「繡面部落」，可見獨龍族文面由來已久。獨龍女子文面或許是為了美觀，或許是氏族或家族的標誌，或許是為了避邪或防止外族的搶掠。隨著獨龍族社會的變遷，文面這一習俗已經很不流行了。

傣族都住竹樓、過「潑水節」嗎

提起傣族，總讓人情不自禁地想到西雙版納的竹樓、寺廟和潑水節……其實，除了以西雙版納傣族自治州、德宏傣族景頗族自治州、臨滄地區最為集中的水傣外，紅河流域也是傣族居住較為集中、文化獨特的一個重要區域，大約有 15 萬人，約占中國傣族人口 13%。人們稱居住在紅河流域的傣族為「花腰傣」，主要原因是這裡傣族婦女的腰帶是一條長長的彩色布帶。

雲南大多數地區的傣族住「干欄式」建築的二層房，這種建築基本上都是用竹木建築而成的。花腰傣雖然也同其他傣族一樣，選擇海拔 1000 米以下的平壩與河谷地帶作為居住的場所，但居住的卻是「土掌房」。這種住房是用土坯砌起來的，一般是兩層，平頂。這樣的住房一般上層住人，同時還有一個很大的外陽臺，可以曬東西，休息，製作農具以及土陶器等，下層則用來燒飯、待客、堆放雜物等。

　　雲南大部分地區的傣族受佛教文化的影響，其節日是從佛教節日而來的，如過佛曆的新年，即我們說的「潑水節」，這是傣族最為隆重的節日。另外，還有較為隆重的「關門節」和「開門節」都與佛教有關。花腰傣則受到漢族文化的影響，節日基本都與漢族的節日相同，但已經本土化，成為當地花腰傣的傳統節日。而最典型、最具有花腰傣特色的節日是「花街節」。「花街節」的時間因地區與支系的不同而有所不同。在元江縣，一年有兩次，一次是正月初七的熱水塘花街，一次是五月初七的大水準花街。在新平縣，漠沙一帶的傣雅支系一年中過兩次，一次是農曆正月十三的「小花街」，一次是五月初六的「大花街」。「花街節」的時間是每年農曆初二的第一個屬牛的日子。「花街節」與其他節日相比，更具有群眾的參與性。過節之日，遠近的傣族群眾打扮一新，尤其是年輕的婦女們更是把自己打扮得花枝招展，匯集到節日的場所。這裡人山人海，不僅有傣族群眾，也有當地其他民族的群眾前來參與。人們跳民族舞蹈，做買賣，吃牛肉湯鍋，會朋友，青年人還可談情說愛。為促進旅遊、經貿的發展，「花街節」已從過去以青年人為主的節慶發展成了今天既有傳統內容，又有商貿、旅遊等現代內容的節日。

　　彝族的「畢摩」是指什麼人

　　畢摩是彝語音譯。「畢」是唸經誦咒的意思，「摩」是對有知識長老的尊稱。畢摩在古代彝族氏族社會中就有，限於男性，有著嚴格的世襲制度。歷史上的畢阿使拉則和後來的「吉克」、「吉尼」、「依火」、「曲比」、「俄比」等姓的畢摩，是傳統世襲的「正統」畢摩。到了近代，出現了無根基的畢摩——茲畢。畢摩在彝族人生活中有很高的地位，備受尊敬。

　　從宗教職能來看，畢摩是祭司，是彝族社會生活中主持祭祀、禳解災禍、占驗吉凶、主持盟誓以及進行裁判的神靈代表和法力的象徵。畢摩的主要職責和活動，是應請為人招魂、安靈、送靈、祛災、合婚、預卜、擇吉日以及協助德古（調解人）對因財產、盜竊、口角而發生的糾紛進行神明裁決等。「畢摩」的法具主要有經書、籤筒、神鈴、法帽、法衣、法扇等。根據古代畢摩繪畫中典型的畢摩形象，畢摩作法術時頭戴鬥笠，身披羊毛氈衫，左手執銅鈴，右手持鐵劍或柳枝，貌似傳說中老子的弟子牧童徐甲。

「畢摩」是彝族文化的維護者和傳播者。畢摩通曉彝族文字，是彝族知識份子、經史學者，又是彝族文化的代表者、傳承者。一個具有權威的畢摩，須具備宗教、經籍、歷史、地理、曆法及星占、醫學病理、藝術、宗教儀式、民間口傳文學等各方面的知識。在歷史上，畢摩規範了彝族文字，規範了部分民間習俗，編撰了卷帙浩繁的彝文古籍，同時在彝文經籍插圖、繪畫創作等方面也做出了傑出的貢獻。

此外，畢摩一般都懂一些用藥知識，具備一定的音樂素養。有些畢摩的醫術代代相傳，加之相互借鑑吸收和經驗積累，在醫術上都有一定的專長，如在外傷、骨傷等方面，有的畢摩很有研究。在各種祭祀活動中，畢摩都要誦唱經書，因此每位畢摩大都有自己比較擅長的樂器，如大號、小號、嗩吶、笛子、月琴、二胡等。

納西族的「東巴文化」

東巴文化是以納西族古老的宗教——東巴教為載體，以東巴教所用經書為主要記錄方式而存在於納西民眾中的獨特的民族文化。東巴文化形成於唐宋時期，至今已有近千年的歷史。東巴文化之所以能很好地保存、發展和傳播，主要依靠東巴和東巴教的出現以及納西象形文字的形成。

納西族東巴教是一種從原始形態向文明形態過渡中的自然宗教。它是納西族的巫教文化在受藏族「苯」教影響而發展起來的宗教。東巴教沒有寺廟和宗教組織，無統一的教規教義，相互之間沒有統屬與被統屬的關係，但東巴教有嚴密的祭儀系統、龐大的鬼神體系、與各種儀式配套使用的象形文字經書。東巴教集納西族傳統文化之大成，在歷史上對納西族的社會生活、意識形態、精神領域、文化習俗、民族性格等有著重大的影響。

東巴教之所以得名，是因為其祭司被稱為「東巴」，意思是智者、大師，東巴是東巴文化的主要的繼承者和傳播人。東巴生活在民眾中，既受東巴教文化藝術的薰陶，也深受民間文化藝術的影響，因此集巫醫學藝匠於一身，具有多種藝能和技能，在納西族文化及文學史上有著不可磨滅的功績。從這個意義上說，東巴文化就是東巴世代傳承下來的納西族古文化。

　　納西象形文字脫胎於原始的圖畫文字，納西語稱「思究魯究」，可譯為「木跡石跡」。它包含兩層含義：一是指「留記在木頭石頭上的跡印」；二是指「木石之痕跡」。可引申為「見木畫木，見石畫石」，也就是以畫物像作為記載交流的工具。學術界認為納西象形文字是在西元 7 世紀納西族定居麗江後形成的。因至今仍在使用，納西象形文字被認為是「目前世界上唯一活著的象形文字」，是珍貴的文化遺產。

　　東巴書寫、唸誦的經書就是「東巴經」。據調查，曾經賡續編撰和輾轉傳抄出的東巴經達 2 萬多本，其中，互不雷同的書目約有 1500 多冊卷，計 1000 余萬字。作為東巴文化的物質載體，東巴經可分為 10 大類，主要在東巴做道場時朗誦使用，它廣涉天文地理、宗教哲學、神話傳說、民俗民風，被稱為古代納西族的「大百科全書」。

　　東巴文化是人類文化史上一顆璀璨奪目的明珠，在比較文字學和人類文化史學方面具有很高的學術價值。同時，作為一種獨特而豐富的民族文化，一個世紀以來，前來調查、收集、研究的各國學者絡繹不絕，同時也深深吸引了來自世界各地的遊客。

　　「目腦縱歌」是哪個民族的傳統節日

　　雲南很多少數民族都有舉行舞會的習俗，但最為隆重、規模最大的當數景頗族的「目腦縱歌」。「目腦縱歌」是景頗語的音譯，意思是歌舞盛會或大夥跳舞，一般於農曆正月十五以後擇雙日舉行，節期 3~5 天不等。目腦縱歌是景頗族驅惡揚善、祝頌吉祥、歡慶豐收的盛大傳統節日，既包含對祖先的懷念與祭祀，也是號召大家團結一致、奮發圖強的融禮儀、歌舞、各類民俗表演為一體的民族活動。

　　「目腦縱歌」活動場地一般設在山寨中平坦的廣場上。在廣場中央豎立四棵高 20 米左右的目腦柱，每棵柱上畫有精美而富有像徵意義的圖案：右邊柱上往往繪以蕨菜花紋，象徵團結奮進；左邊常畫回形紋構成若干個四方形，並塗以不同顏色，表示景頗族的遷徙路線；中間兩根柱子之間，交叉著兩把長刀，為景頗民族驍勇強悍、堅強剛毅性格的具體標誌。廣場四周用竹籬笆圍起，目的是為了防止野鬼的侵入和牲畜的干擾。

　　節日這一天，十里八鄉的男女老少，身著節日盛裝，鳴槍放炮，從四面八方彙集到「目腦」會場。就連附近的傣、阿昌、德昂、布朗、漢等兄弟民族也紛紛趕來參加盛會。舞蹈開始時，鼓樂齊鳴，由兩位德高望重且又熟悉目腦舞路線的老人身穿大龍袍，頭戴飾有孔雀、野雞羽毛和野豬牙齒的目腦帽，手持長刀領頭，後面跟著背銅炮和持長刀的隊伍，姑娘們隨舞步頻頻搖動扇子或彩帕也跟在隊伍後面。跳完兩圈後變換隊形，分成兩路：一路仍由領舞人帶領，按照花紋的線路往前跳；另一路則變換舞姿，跳起自由的舞式，由舞蹈水準較高的人領頭（多為年輕的小夥子），這種舞式稱為「腦巴」。在跳舞的同時，還有兩對武士繞著廣場周圍跳，以示驅趕野鬼。整個會場歡歌縱舞，熱鬧非凡，參舞者少則幾百人，多則上萬人，所以又被稱為「萬人舞」。參加跳舞的人雖然多，但整個舞蹈動作簡單，舞步剛健不亂，舞隊變化有序，似一條長龍在移動。目腦舞一經開始，往往要從早到晚持續數天數夜，人們保持著不懈的激情，通宵達旦地盡情歌舞。

　　德昂族為什麼被稱為「古老的茶農」

　　德昂族是西南邊疆最古老的民族之一，主要散居在雲南省德宏傣族景頗族自治州和鎮康、耿馬、永德、保山、瀾滄等縣，在中國的鄰邦緬甸也有分佈。是一個大分散小聚居的民族，絕大多數都是與傣、景頗、傈僳、佤、漢等民族交錯而居。德昂族信仰佛教，其宗教信仰及生活習俗受傣族影響較大。自古飲茶是德昂族人的嗜好，茶與德昂人生活的各個方面都有密切的關係。他們善於種茶，家家都栽有茶樹，村寨裡到處生長著茶樹，因而，德昂族被人們稱為「古老的茶農」。

　　德昂人嗜茶成癮，幾乎一日不可無茶，而且好飲濃茶。說起德昂族飲的濃茶，那真是名不虛傳，他們把一大把茶葉放入一個小茶罐裡加少許水煎煮，待茶呈深咖啡色時，將茶水倒在小茶盅裡飲用。這種茶非常濃厚，一般人喝了極易興奮，夜晚會徹夜難眠。而德昂人因經常飲用，產生了茶癮，茶癮發作時會使人手腳痠軟，四肢無力。相反，如果在勞累之時煮一罐濃茶，喝上幾口，便立馬心高氣爽，精神抖擻。德昂人還愛喝「酸茶」，這種茶是用剛摘下的新鮮茶葉密封在竹筒裡發酵後製成的。酸茶葉也可直接嚼食，味微酸、

微苦而回味甘甜。德昂人認為這種茶可以解熱散毒，所以在氣候炎熱時人們都喜歡嚼酸茶。

茶在他們的社會生活中也有著非常重要的地位。他們幾乎時時、事事都離不開茶。德昂人講究「茶到意到」，訪親探友離不開茶；媒人第一次到女家說媒離不開茶；冒犯了別人道歉時，也要送一包茶；如果兩個人有什麼爭執需要請人評理，事先也都要向頭人送上茶；就是邀人參加婚宴或葬儀，也是以茶代請柬。可見，茶的作用是其他錢物無法替代的。

由於茶葉的這種特殊地位和廣泛的用途，使茶葉的消費量很大，因此德昂人家家戶戶都習慣在房前屋後、村頭寨邊栽上一些茶樹，供自己採摘揉曬備用。正如德昂人傳唱已久的古歌那樣：「茶葉是德昂族的命脈，有德昂人的地方就有茶山，神奇的《古歌》代代相傳，德昂人身上飄著茶葉的芳香。」

「堆沙埋情人」是哪個民族的風俗

傈僳族最隆重的節日是「闊時節」，相當於我們的過年。在節日期間，家家戶戶都要舂秈米粑粑和糯米粑粑，釀製香醇的水酒，邀請親朋好友、遠方的客人到家做客。各個村寨都要選擇一塊空地架設各式各樣的鞦韆和跳高架，男女老少都要穿上最華麗的衣服結伴遊玩。老人們走親訪友，喝酒聊天唱調子，幾天幾夜不歇；青年人則相約在一起舉行射弩、打陀螺、蕩鞦韆、對情歌、賽竹筏等活動。而流行於怒江傈僳族自治州福貢縣一帶的「堆沙埋情人」算是最奇異的習俗。

屆時，當地傈僳族青年男女，聚集在怒江畔的沙灘上，約上夥伴將自己的意中人抬起來，埋入預先挖好的沙坑中，只埋下身，絕無危險。然後裝著非常悲傷的樣子，痛哭流涕，唱喪葬歌，跳喪葬舞。哭夠、唱足、跳累之後，才將意中人刨出來狂歡。前悲後喜，前抑後揚，前沉悶後浪漫，形成節日的鮮明特色。他們認為「堆沙埋情人」，再加哭、唱、跳，可以把附在情人身上的「死神」埋掉，迎來永恆的愛情和吉祥，因而，此活動受到青年人的喜愛。被埋的人有男有女，對被埋者來說是一種福氣，因為有人愛上自己了。

「戶撒刀」是一種什麼刀

　　「戶撒刀」也叫阿昌刀，因產於阿昌族聚居的隴川縣戶撒鄉而得名。據史料記載，明洪武年間，沐英西征時曾留下一部分軍隊駐守戶撒屯墾，當地的阿昌族人就從漢族工匠那裡學習和掌握了鍛制刀、劍的技藝。以後代代相傳，刀具越打越精，越來越具有民族特色。至今已有 600 多年的歷史。

　　阿昌族作為雲南少數民族中著名的「刀的民族」，不僅鐵匠多，還形成了專門打製某一種刀具的專業村寨。如曼膽寨長於打掛刀，來福寨多打大刀、砍刀，雷曼寨以鋸齒鐮刀出名。更為主要的是，戶撒刀工藝獨特、質地精良、鋒利耐用，有「柔可繞指，削鐵如泥」之美譽，在省內外久享盛名。能工巧匠們打造的長刀，鐵色鋥亮、寒光閃閃、剛柔兼備，平時柔韌彎曲繫於腰間，如銀帶環腰；取用時則自然挺直，堅可削鐵擊石，更加為人珍愛。

　　他們擅長制刀，也十分愛刀，對於打造的每一把刀，都要精心裝飾，使刀片、刀柄、刀鞘融為一體，成為一件精美藝術品。刀柄、刀鞘上鐫刻的「猛虎長嘯」、「飛燕迎春」、「東山日出」以及「龍飛鳳舞」等風格多樣的圖案，有的粗獷，有的細膩，民族特色鮮明，觀之賞心悅目，握之愛不釋手。阿昌族男子幾乎人人佩帶長短不等的「戶撒刀」，這不僅僅是生產、生活之需要，而且有裝飾和避邪護身之意。

　　阿昌族的戶撒刀，作為傳統的手工產品，制刀技藝在繼承傳統的基礎上不斷發展，以其優良的品質、多樣的用途、漂亮的款式，贏得了人們的讚賞，行銷中國各地，遠銷緬甸、泰國、印度、日本等國。

　　怒江邊上的「澡堂會」是怎麼一回事

　　「澡堂會」是瀘水傈僳族的傳統節日，到南明永曆二年（清順治五年，西元 1648 年）就已具有一定規模。澡堂會是保存和延續傈僳族傳統文化的一種重要形式。長期以來，傈僳族人民按照民俗傳統習慣，每年春節初二後的幾天裡都要在瀘水縣魯掌鎮登埂「春浴」。這裡距六庫 12 公里，海拔1000 米，有幾股溫泉由江岸溢出，清澈無異味，是人們歡聚沐浴的理想場所。節日裡成千上萬的傈僳族男女從峽谷裡的各個地方帶著食品、行李來到這裡，他們或在離溫泉不遠的地方搭起窩棚，或找岩洞歇宿，用三塊石頭架起做飯的鍋，準備在那裡度過幾天幾夜難忘的時日。

　　澡堂會期間，不論男女，身上脫得只剩一條內褲，一起跳進溫泉裡洗起來。在這裡已沒有平時的遮蔽和羞澀，大家似乎又回到遠古的時代，回到自然狀態，沉浸在大自然賜予的美妙溫泉中，沉浸在洗浴的環境氣氛裡。有的人還一面洗浴，一面暢飲自己釀造的米酒或包穀酒，洗得淋漓盡致，喝得痛快酣暢。在傈僳族看來，溫泉不僅洗得舒服乾淨，而且還有神奇的療疾治病的功效；在精神方面，它更能洗掉一年的過失和罪孽，使人們在新的一年裡享有更多的福分和神靈的護佑。

　　在水裡泡夠了的人們穿戴上漂亮的民族服飾，在江邊一片較平坦的地裡歡聚，他們圍著一個個圓圈，邊跳舞邊唱起古老的歌謠。打鞦韆似乎是女人的專利，她們一個接一個搶著蕩上天空。少男少女們像他們的父母輩多年前一樣，盡情打鬧玩耍，趁機尋覓意中人。男人們則背來自製的弩弓，圍著箭靶進行射弩比賽。人們就這樣洗浴喝酒、跳舞唱歌，通宵達旦地歡樂。幾天的洗浴和狂歡過去，人們才一身輕鬆，意猶未盡地各自返回村寨，並相約來年再歡聚。

　　摩梭母屋的功用知多少

　　摩梭人依山傍水而居，傳統住宅獨具風格。房屋皆用圓木或方木壘牆，以木板覆頂，俗稱「木楞子」房。它不僅冬暖夏涼，而且還由於應用了銜楔整架結構而特別防震。傳統摩梭人一家一個大院，稱之為「家屋」，一般是由四幢木楞子房圍成一個四合院，分母屋（「日米」），經堂（「嘎拉日」），花樓（「搓日」）和門樓（「尼紮日」，又稱草樓）。在摩梭人的心目中，母親高於一切，這也體現在「家屋」的建築風格中。

　　母屋是「家屋」的中心點，一般建在院子的右邊，用來供養家族中最有權威的女性，也是家屋集體活動的場所，是款客、議事、炊事及敬神、祭祀的核心部分，因而，結構較為複雜。一般屋後設夾壁，直通後院，分隔成裡外兩間，裡間儲存糧食和肉食，兼作老年人的起居室；外間存放農具雜物，人去世後，屍體停放於此，婦女也在此生育、「坐月子」。正房左側為家庭主婦的居室兼儲藏貴重物品，有一張很古老的封閉式木床；正房右側設大灶，用來煮豬食、烤酒，並設置石磨、石碓等。在正房的正中間設有高灶臺，兩

側裝有木板，可供人睡；高灶臺下方設正方形的火塘，設置鍋莊石和平臺，壁上供有灶神，摩梭人稱「冉巴拉」，一日三餐例行祭祀。火塘是摩梭「家屋」最神聖的地方，是母屋的心臟，代表著「家屋」和祖先。摩梭人的火塘是終年不熄的，代表家族生命延綿不盡。火塘兩邊，均鋪木地板，右邊是主位，左邊是客位，不能相混。火塘下方是兩根支撐房屋的木柱子，右柱稱為女柱，左柱稱為男柱，兩根柱子必須取自同一棵樹，女柱是根部，男柱是樹梢部，象徵家庭中男女同根同源、女本男末，當孩子長到虛歲 13 時就到相應的柱子旁舉行成丁禮儀。值得特別注意的是，母屋的門檻特別高，頂部又相當低，必須低頭鞠躬，才能進入，這體現出摩梭人對母親的崇拜和尊敬，同時因為鬼不會彎腰，所以也不能進入。

家屋靠大門的那幢叫門樓，樓上放草，樓下大門兩邊是畜廄；大門正對的一幢叫經堂，樓上是佛堂，樓下為家裡的成年男子居住或作客房；左邊一幢是花樓，供行過成丁禮的成年女子居住。摩梭房屋的大門，一般朝向東方或北方，中間的井院不大但實用。摩梭人的四合院直觀反映其婚姻形態、家庭組織和宗教信仰。

為什麼藏族婦女要「赭面」

古代的許多民族、部落都有彩色繪面的習俗，在美洲的印第安人、澳洲的土著人中尤為盛行。繪面的內容千姿百態，也各有功用和目的，但防身護身是其主要宗旨。青藏高原上的早期居民亦有類似的習慣，從五贊王中的拉脫脫日年贊時期開始，人們已習慣用一種油質塗面，文獻上記載為「赭面」，當為紅色。據《舊唐書》記載，吐蕃人「以赭塗面為好」，指的是吐蕃人（主要是女子）習慣用赭色（赤褐色）合成膏塗擦面部。藏文歷史著作中常稱本民族是「紅臉者」，家鄉為「紅臉者的地方」，皆源於赭面的習俗。「以赭塗面」是一種能造成防曬、防凍、防風雪、護膚、美飾面容等作用，同時兼有宗教信仰色彩的習俗。據記載，吐蕃的東女國有服飾尚青及赭面之俗。蘇毗為吐蕃征服後也有赭面之俗，無論男女均以彩色塗面，甚至「一日之中，或數度改之」。可以看出，吐蕃對征服的地區從生活習慣和文化傳統上推行蕃化政策，赭面就是其中的一項內容。

文成公主進藏後，帶來了一些唐朝文化、習俗，因厭惡藏人「赭面」而要求廢止。《舊唐書·吐蕃列傳》中載：「公主惡其人赭面，弄贊令國中權且罷之。」當然，在民族文化的交往中，許多藏族文化也被漢族所吸收。如當時吐蕃婦女流行的椎髻、赭面等也傳到了中原地區，曾被許多婦女模仿。以上仿椎髻與赭面之風，在唐憲宗元和年間（西元806—820年）最為盛行，成了當時家喻戶曉的「元和妝」。唐朝著名詩人白居易的《時世妝》一詩專門記載了這一情況：「時世妝，時世妝，出自城中傳四方。時世流行無遠近，腮不施朱面無粉。烏膏注唇唇似泥，雙眉畫作八字低。妍媸黑白失本態，妝成盡似含悲啼。圓鬟垂鬢椎髻樣，斜紅不暈赭面狀。昔聞被髮伊川中，辛有見之知有戎。元和妝梳君記取，髻椎面赭非華風。」

彩色塗面的習慣在藏族社會中延續了很長時間，直至今日，藏北牧區婦女尚有「赭面」的習俗。

佤族的「拉木鼓」是怎麼一回事

木鼓是佤族的重要像徵物，被視為是通天的神器，是山寨村民賴以生存的保護神，佤語稱之為「克羅克」。木鼓多以直徑0.8米，長約2米的紅毛樹整木雕鑿而成。在鼓身挖一條長約150公分，寬約15公分的直槽，中間掏空，槽兩側各刻一鼓舌，鼓舌周圍留有空隙，起共鳴作用。佤族用它進行祭祀、報警、召集村民或進行娛樂。由於木鼓的這種神聖地位與作用，「拉木鼓」便成為佤族寨子極為隆重、盛大的宗教祭祀活動。活動一般是在農曆十一月（佤曆一月）進行，具體日子由魔巴（巫師）占卜擇定，整個過程前後要十多天。

「拉木鼓」是指砍伐大樹鑿制新木鼓的儀式。砍哪一棵樹，也要由魔巴占卜決定。拉木鼓頭一天，頭人和魔巴帶人趁黑夜趕到事先選好的高大紅毛樹下，舉行祭祀後，魔巴揮斧砍幾下，然後由其他人連夜把樹砍倒，撿三個石頭放在樹椿上，意為給樹鬼的買樹錢。再按所需木鼓尺寸截斷樹幹，鑿出鼓耳，繫上籐條。第二天清晨，全寨男女老幼身穿盛裝，上山拉木鼓。魔巴右手舉樹枝，領唱「拉木鼓」歌，指揮眾人協調動作，就像拔河比賽一樣。「拉木鼓」動作穩重、古樸、粗獷，風格濃郁，充分表現了佤族人民剽悍的

氣質和團結的精神。人們在木鼓經過的地面灑潑水酒，拉木鼓的男人一邊拉，一邊歌舞，其他人或吶喊助威，或送酒送飯。把木鼓毛坯拉到寨門外停放兩三天，魔巴殺雞祭祀，然後才把它拉到木鼓房邊場地上，交給木匠製作。這一天的拉木鼓，男女同拉，又唱又跳，場面極為熱鬧壯觀。

木鼓摳鑿完成之日，要立即敲響，向全寨報喜，人們把它抬入木鼓房，舉行新木鼓的安放儀式。木鼓房是個風雨棚式的建築，位於寨內，內供專司農業的「希阿布」神和兩三個木鼓，由專人管理。木鼓房雖然面積不大，結構簡單，但由於是存放木鼓的地方，因此相當神聖，具有其他民族廟宇的功能與地位，是佤寨標誌性建築物。

新木鼓進木鼓房之前，由出牛並承擔活動費用的人主祭，牛被大家把肉搶割得只剩下頭與骨頭架子後，人們用大鼓槌敲打木鼓，發出鏗鏘有力、節奏交錯的「咚咚」之聲。在木鼓聲中，人們載歌載舞，慶祝新木鼓的順利製成，整個活動達到了高潮。至此，整個「拉木鼓」祭祀活動方告結束。

引起國際關注的「無伴奏四聲部合唱」在哪裡可以聽到

傈僳族是一個唱歌的民族，無論生產、婚喪嫁娶、調停糾紛，還是傳承歷史文化，都以唱歌的形式進行，其民族的許多文化和歷史也是憑藉民間文學傳承的。因而，稱其為「唱歌的民族」並不為過。傈僳族的「無伴奏四聲部合唱」是以傈僳族多聲部合唱為根基，並與基督教外來民族文化相結合形成的，如天籟之音，無伴奏，原汁原味，優美動聽。

傈僳族的多聲部無伴奏合唱可以分為兩大部分：

一是外來的西洋音樂，如教堂音樂《哈里路亞》、貝多芬的《歡樂頌》和蘇格蘭民歌《友誼地久天長》等；

二是純民歌性質的以「擺時」、「優葉」、「木刮」為代表的「三大調」，一般以對歌的形式進行，是屬於少見的多聲部原始複式音樂。

它以即興唱、詩韻濃、詞句對仗工整、大量採用比喻手法和兩個聲部以上組合為特徵，具有比喻形象、隱喻巧妙貼切、節奏明快、順口入耳的民族特色，打破了外國專家學者長期以來一直堅持認為中國無多聲部音律的定性。

　　怒江州上江鄉百花嶺是一個傈僳族聚居區，距州府六庫 17 公里，這裡的村民幾乎都是虔誠的基督教信徒。他們很多人沒文化，更談不上對音樂的理解。平時，他們在田裡種地；放下鋤頭，他們便利用業餘時間練歌，帶著山野靈性的高亢歌喉，用和諧統一的音色、清晰整齊的和聲、到位的音準匯成相得益彰的絕妙共鳴，把人帶向一個沒有世俗喧囂、質樸無華的世界，讓人驚歎——四聲部合唱竟如此美妙動聽！許多藝術家認為傈僳族農民合唱團的歌唱藝術無論音色、音準、和聲都已經達到了世界一流水準。這是一個十分奇特的人文現象，也是一筆珍貴的文化財富。如果您去怒江旅遊，一定別忘了去百花嶺，在那裡您可以一飽傈僳族無伴奏四聲部合唱的耳福。

　　「剽牛祭天」是哪個民族的活動

　　獨龍族祖祖輩輩生活在獨龍江兩岸的山坡谷地上，史書上稱其為「太古之民」、「俅人」「俅帕」、「曲人」、「曲洛」等。他們自認為是從「太陽升起的地方」搬遷而來，自稱獨龍、迪麻。1952 年正式定名為獨龍族，是中國人口最少的少數民族之一。由於交通的閉塞，獨龍族的社會發展較為緩慢。

　　獨龍族唯一的盛大節日是「卡雀哇」，意為年節。節日的具體時間由各家或各個家族自己擇定，一般都在農曆的冬臘月；節期的長短常常以食物準備的多寡而定，兩天或四五天不等。年節裡最隆重的儀式是「剽牛祭天」，以求風調雨順、平安豐收。這一天，人們來到山寨的曠地，隨著鈸鑼的響聲，由主持年節的家族長者把牛牽著繞屋六圈，然後拴在廣場中央的木椿上。由一個被推選出來的年輕婦女在牛角上繞彩色珠鏈，並在牛背上披蓋獨龍毯。這時，其他祭品均按一定方式擺放妥當，家族長在一派肅穆中點燃廣場上的松明和青松毛，帶領大家面向東方叩頭念祝詞，使祭祀典禮進入高潮。接著，事先專門挑選好的，十鄉八寨中最勇敢的年輕剽牛手出場。喝過同心酒後，剽牛手手持鋒利的竹矛，向牛腋部猛刺，這時，場上的人群便自覺結成圓圈，敲著鈸鑼，揮刀舞弓引吭高歌，翩翩起舞。剽牛手還邊跳邊用竹矛向牛猛刺，直到將牛刺倒在地。牛被剽倒後，砍下牛頭祭過天神，再用牛舌頭占卜，最後大家分割牛肉，所有參加剽牛儀式的人都平均分得一份牛肉。男人們揮舞

長刀、弓弩、竹矛跳起舞來，甚至還背著牛頭跳舞，女人和孩子們也跳起鍋莊舞。入夜後，人們燃起篝火，邊吃牛肉邊喝酒唱歌，通宵達旦，共慶佳年，並祈願來年五穀豐登、六畜興旺。

「方匹房」是如何堆砌而成的

住在怒江州蘭坪縣的普米族利用山上充足的木材資源，把整座房子全部用木材疊成。普米族蓋新房有很多講究，動工之前，要先向山神和土地神祭獻。首先，要選一棵又高又直的大樹作為中樑柱，請巫師舉行祈禱儀式之後，由蓋新房這家的主人先砍第一斧，然後其他前來相幫的人才動手伐木。在普米族村寨，一家蓋房全村幫忙是祖傳的風俗。從伐木、解板到平地基、蓋新房，都是全村壯勞力一起上陣，而且只是吃主人一頓午飯，別的報酬分文不取。

普米族蓋的房子多為「木楞房」，但其「方匹房」更具有特色。方匹房的建築形式和房內的擺設基本和木楞房的一樣，唯一不同的是，木楞房是用原木壘蓋，而方匹房是先把伐下的樹木砍削成四方平整的方木，然後再在方木兩頭開槽鑿榫，堆架成牆，最後在屋頂鋪上木板，稱為「木瓦」。而無論是木楞房還是方匹房，只要在房前加上一道小廈，就成了帶廈的房子，既可以供家人乘涼休憩，也可以堆放雜物。

蓋好的方匹房是正方形或長方形，有的房屋四角還要立柱。在房子中央，要豎一根中樑柱，又稱作「擎天柱」。它不僅可以造成加固房子的作用，更重要的是，這根柱子被認為是神靈所在之處，是家中祭神的地方。在柱子的一側，一般要架兩個灶臺，灶臺正中安放一個鐵三腳架。在很多方匹房中，靠門右邊有一個，用土石砌成、圍上木板的火塘。靠牆兩邊搭木床，用來接待客人。而正對房門的是一個與房屋等寬的大床，主火塘就設在大床上的主柱旁邊，是全家人的活動中心。

普米族的房子有時也可以設計成三間居室，一間為主人居室，一間為廚房，一間為子女居室。這種三間一排房子的好處是花費少，利用率高，許多人都喜歡蓋這種房子。如果是一個人口眾多的大家庭，可能會在正房旁邊建數間小房，供子女居住。

神秘的人懸棺是如何吊上去的

懸棺葬是一種非常奇特的喪葬風俗，民間俗稱「掛岩子」。這些懸棺都是用質地堅硬的整木雕鑿而成的，或為船形，或為長方形，將其置於臨江面海、高峻陡峭的崖壁上。其安置方法主要有三種：一是木樁式懸棺，二是洞穴式懸棺，三是岩墩式懸棺。這些懸棺多半離水面或地面 25 米 ~50 米，有的竟高達百米以上。昂首仰望，撼人心魄。

懸棺葬要耗費很大的人力物力，是什麼觀念支配了他們這麼做？一種推斷來源於元代李京撰寫的《雲南志略》：「行懸棺葬者，掛得越高越吉，以先墜者為吉。」這應是行懸棺葬的原因。但讓人疑惑的是，艱難地懸棺於峭壁上，目的卻是為了墜下來。另外一種推斷是，人長期山行水住，自然環境決定了他們的生活環境和生活習性，也在他們的觀念意識中得到折射。懸棺一般放在靠山臨水的位置，這表明亡靈對山水的依戀和寄託之情。把棺木放得很高，可以防潮保屍，也可以防止人獸的侵擾，但其中觀念的成分還是主要的。唐代張在其所著《朝野簽載》中說，五溪蠻父母死後，置棺木「彌高者認以為至孝」，以致形成爭相高掛棺木的習俗。

根據目前的資料可知，懸棺分佈於中國南方許多地區。僰人懸棺墓葬則主要分佈在雲南省昭通地區的鹽津縣、威信縣、永善縣和四川省珙縣一帶，尤其以珙縣麻塘壩僰人懸棺葬區形式最多。

古人又是怎樣將這些懸棺放置到懸崖峭壁上去的呢？對此，人們多方猜測，懸棺因此被蒙上了一層異常神秘的色彩。因而也有把懸棺叫「仙人櫃」，把懸棺葬山岩叫「神仙岩」的。

懸棺置放的方法，學術界存在三種說法，一是壘土造山說，二是棧道說，三是垂吊說。第一種方法在《嶺表紀蠻》做了設想：「築土為臺，運棺其中，事後臺卸土撤，而棺乃獨標岩際。」說的似乎有些道理，但工程量十分浩大，且在面江臨海的地區是不可能實現的。第二種說法，經過多年考證，在現場沒有發現過聯樁鋪道的樁孔，因此也可以排除。唯一可行的應是垂吊法，《朝野簽載》的書中，提出了一種假設：「屍棺先抬到懸崖絕頂，再懸索緣樁往下放。」具體做法其說不一，有人認為是先將人從山頂上綁繩吊至山腰，打

孔，畫崖畫，安木椿，再用原始的滑輪將綁上繩子的棺木往下放置於木椿上，還有人認為棺木下放是分步驟的，先將鑿好的棺木從崖頂放下安放好，再吊下屍體，裝入棺內，然後是吊下蓋板，合上棺材，最後將放置棺材的人拉上崖頂，一具懸棺即放置完畢。

懸棺作為百越文化的一個象徵，是文化發展史中的一個奇蹟，始終吸引著許多民族學家和考古學家的關注。

名勝雲南（上）

[奇山異水]

雲南奇山異水眾多，歷史上一次強烈的地殼運動，造就了一片峰嶽縱橫、川流迴旋的奇異高原。「嶺巒湧作千傾海，峰簇裁成萬仞蔥。」莽莽高原上一道道雄山大脈縱向排列，自北向南長驅而下，一直延伸到東南亞。山高嶽深，江河縱流，形成了雲南特殊的高原地貌，也構成了雲南「一山分四季，十里不同天」的獨特氣候。這裡有氣勢恢宏的橫斷山、高黎貢山、點蒼山、哀牢山、烏蒙山，而那冰清玉潔、超凡脫俗的梅裡雪山、白茫雪山、哈巴雪山、轎子雪山更似一個個聖潔的王國。

雲南擁有儀態萬方的金沙江、珠江、瀾滄江、怒江、紅河、伊洛瓦底江等六大水系。它們分別注入東海、南海、安達曼海，歸入兩個大洋——太平洋、印度洋。「三江並流」是中國目前面積最大的世界自然遺產和著名的旅遊風景區，面積達 4 萬平方公里。雲南地質構造複雜，植被千變萬化，動物品種繁多，人們在盛讚植物王國、動物王國、有色金屬王國的同時，也深深為這裡天空碧藍、陽光如瀑、山川翠綠、天地萬物的和諧所陶醉。

大山長河養育著雲南人，雲南人也培育著山的精神，涵養著水的靈性。

雲南旅遊有哪五大生態文化區和哪五條旅遊精品線路

雲南多樣的自然景觀形成了五大生態文化旅遊區：滇西北香格里拉生態文化旅遊區，滇西南熱帶雨林文化旅遊區，滇東南岩溶地貌生態文化旅遊區，滇東北紅土高原生態文化旅遊區和滇中高原湖泊生態文化旅遊區。

雲南旅遊精品線路：

一、香格里拉生態文化之旅：昆明—大理—麗江—迪慶

遊覽這條線路，可領略雪山峽谷、高山草甸、江河湖泊等壯麗奇美的自然風光；體驗白、納西、藏等多種民族以及摩梭人獨特的民族風情；觀賞具有古樸濃郁的白族歷史文化風情的景點，如大理崇聖寺三塔、大理古城、劍川石寶山石窟、賓川雞足山、鶴慶新華白族手工藝旅遊村等；瞭解世界記憶

遺產東巴文字；聆聽音樂史上的活化石納西古樂；遊覽世界文化遺產「麗江古城」及世界自然遺產「三江並流」；探尋由碧塔海、納帕海、梅裡雪山、噶丹松贊林寺等景點構成的「人間淨土——香格里拉」。

二、喀斯特山水奇觀之旅：昆明—曲靖—文山—紅河

沿著這條線路，可觀賞雲南東部和東南部以喀斯特岩溶地貌為主的山、水、林、洞等自然景觀；領略壯、苗、布依、哈尼等少數民族的風情。除觀賞「天下第一奇觀」的「世界地質公園」石林、世界上最大的天然花園羅平油菜花海、彩色沙林沙雕藝術品、秀麗壯觀的元陽梯田、山水詩情的普者黑景區外，還可到國家級歷史文化名城建水訪古，遊覽全中國第二大孔廟及典型民居朱家花園。

三、邊境異國風情探險之旅：保山—德宏—怒江

這條線路沿滇緬公路可遊覽西南古絲綢之路的名勝古蹟，體驗傣、景頗、傈僳、怒族等少數民族風情，觀賞保山騰衝的熱海、紀念滇西抗戰的國殤墓園及雲南著名的僑鄉——和順等別具特色的景點；領略德宏瑞麗江、大盈江兩岸秀麗的風光。您還可參加中緬邊境一日遊，考察中國最大的珠寶交易市場——東方珠寶城，享受親自淘寶的樂趣。此外，怒江大峽谷雄偉壯麗的高山大川景觀構成的神秘的東方大峽谷，是探險旅遊的最佳選擇。

四、瀾滄江—湄公河跨國黃金水道之旅：西雙版納景洪—金三角—清邁（泰）—會曬（老）

沿著這條跨國旅遊線路，可觀賞絢麗多姿的熱帶、亞熱帶原始森林景觀；體驗傣族濃郁的民族風情。除到野象谷、原始森林公園、猛侖熱帶植物園等景點考察豐富的動植物資源外，沿著流經六國的瀾滄江—湄公河黃金水道，還可飽覽中老、中緬、中泰邊境的風光，體驗異國風情的獨特和神秘。

五、高爾夫運動天堂的休閒渡假之旅：昆明—麗江

雲南得天獨厚的自然環境，使這裡成為亞洲高爾夫運動的天堂。尤其是省會昆明，一年四季陽光明媚、氣候宜人。風格迥異的高爾夫球場給您帶來無限快樂和驚喜，使您享受世界級的揮杆體驗。雲南已建成的高爾夫球場有

昆明春城湖畔渡假村、昆明陽光高爾夫俱樂部、昆明滇池湖畔高爾夫球會、昆明鄉村高爾夫俱樂部、昆明滇池衛城‧藍岸高爾夫俱樂部、麗江玉龍雪山高爾夫俱樂部、麗江古城高爾夫俱樂部、玉溪老鷹地高爾夫旅遊渡假村等。其中，昆明春城湖畔渡假村坐落於清澈迷人的陽宗海湖畔，群山環抱，湖水湛藍，是世界上最優美的高爾夫球渡假村之一，在 1999 年 6 月刊的 VSGolfDigest 雜誌上被評為中國及香港高爾夫球渡假村之冠。依託其得天獨厚的旅遊資源和豐富多彩的民族風情，雲南正吸引著越來越多的高爾夫愛好者前來瀟灑揮杆。

雲南著名的「三林」在哪裡

雲南著名的「三林」是昆明石林、元謀土林、陸良彩色沙林。

昆明石林是世界上著名的劍狀喀斯特地貌奇觀，被列為地球「八大自然景觀之一」，與長江三峽、桂林山水和吉林霧淞並稱中國四大自然奇觀，被評選為世界地質公園、國家風景名勝區和地質公園、中國十佳風景名勝區，素有「造型地貌天然博物館」之稱，被譽為「天下第一奇觀」。

石林面積為 350 多平方公里，共有 7 個自然景點，即大小石林、乃古石林、芝雲洞、奇風洞、長湖、月湖、大疊水瀑布。走進石林，石峰攢聚，群峰競秀，參差錯落，莽莽蒼蒼，猶如一片林海，氣勢之壯，令人歎為觀止！而且一石一姿，奇態紛呈，各具神采，許多奇峰異石都被賦予了生動傳神的名字和美麗神奇的傳說故事。「阿詩瑪」的美麗傳說，絢麗多彩的彝族刺繡，古老神奇的火把節，熱烈歡快的彝族歌舞，石林的自然景觀與人文景觀交相輝映，令人陶醉其間，流連忘返。

元謀土林距昆明 110 公里，主要分佈在金沙江支流龍川江西側，面積為 50 餘平方公里，其中以班果土林最為壯觀。土林是沙、土、礫石堆積物在乾熱的氣候條件下，經過大自然的「雕刻」而逐步形成的。危峰高聳，如塔林立，有的如城堡，有的似宮殿，有的像筍尖，形態萬千，變幻無常，雄壯奇麗。班果土林是上新世的湖泊沙土沉積物。經過雨水長期侵蝕，溶解了土狀堆積物中的鈣，在炎熱的氣候條件下，碳酸鈣將沙土膠結起來，形成了變幻

萬千的土林。由於土林中沙礫含有多種礦物質，使得土林呈現出粉紅、淺綠、橘黃、玫瑰等色澤，隨光照角度變化，土林色彩變化無窮，引人入勝。

陸良彩色沙林距陸良縣城 18 公里，面積為 6 平方公里。沙林是大自然的妙筆神工。沙峰、沙城、沙洞、沙帳、沙場……荒漠野嶺，重巒疊嶂，絕壁寒天，粗獷奇幻。除了造型多樣，更讓人驚歎的是它變幻莫測的色彩。隨著季節、氣候、日照條件不同，沙林自然呈現出白、黃、紅、藍、綠、青、灰、黑等繽紛色彩，故名「彩色沙林」。億萬年前由於氣候變化和地殼運動，陸良沙林周圍不同的有色礦物被水沖刷彙集海底，在新生代時期，受喜馬拉雅山構造運動的影響，海退陸生，陸良形成盆地，由淺至深，逐步切割，再加上風吹日曬、雨蝕水流，形成了彩色沙林。

在彩色沙林建成了一批人文景觀，如沙地跑馬場、古棧道、古城堡、碑林、孟獲王府、36 計洞穴浮雕等。每年舉辦的國際沙雕節和沙雕大賽，使遊客體會到一種獨特的韻味。

雞足山有何奇特景觀

雞足山位於賓川縣，其山勢前列三峰，後拖一嶺，宛如雞足而得名。雞足山由火山熔岩構成，地處橫斷山脈帶斷頭的邊緣，被三條較大的斷裂帶切割，加上外力作用的剝蝕，因而形成了雞足山危崖陡壁、石狀奇絕、千岩競秀、重巒疊嶂的特色。在迦葉殿左有巨石突起，青色石紋，條片分明，像一件袈裟披在山坡上，這就是古代詩人形容為「石作袈裟玉裂紋」的「袈裟石」。縱橫交錯的節理和斷裂形成裂隙，成為山泉流水的良好通道，形成漕溪水、八功德水等大大小小的山泉如「萬馬歸槽」。在縱橫交錯的溪水泉畔，有眾多的佛寺建築，山、水、林、寺構成了幽深秀美的景觀。

雞足山山勢雄偉，方圓百里。它北靠金沙江，西臨洱海岸，與蒼山遙遙相望。其主峰天柱峰，海拔 3240 米，登山峰頂可東看日出，南觀彩雲，西望蒼洱，北眺玉龍雪山。相傳雞足山為釋迦牟尼的大弟子迦葉尊者守衣入定的地方，為迦葉尊者的道場，是中國五大佛教名山之一，東南亞著名的佛教聖地，中國漢傳、藏傳、南傳佛教的交匯地，素有「佛地洞天」、「天開佛國」、「華夏靈山」、「雞足奇秀甲天下」的美稱。

梅裡雪山的山名是誤傳嗎

「梅裡雪山」按藏語意為「藥山」，指雪山蘊藏著大量的珍稀藥材，山名不是誤傳。

梅裡雪山在藏傳佛教的神壇上，位居藏區八大神山之首。它位於迪慶藏族自治州德欽縣境內，北起西藏的阿冬格尼山，南與碧羅雪山相連，長150公里，寬30公里~40公里，海拔在6000米以上的山峰就有13座，稱為「太子十三峰」，其中卡瓦格博峰海拔高達6740米，是梅裡雪山主峰，也為雲南第一高峰。卡瓦格博，藏語意為「雪山之神」，山下的取登貢寺、袞瑪頂寺是藏民朝拜神山的寺宇。每年秋末冬初，來自西藏、雲南、四川、青海等地的藏民，都要千里迢迢趕來朝拜這座心靈的雪山之神。傳說卡瓦格博屬羊，每逢羊年轉山祈福的信徒更多，場面極為壯觀！梅裡雪山發育有現代冰川地貌，其中以明永冰川和斯恰冰川最為壯觀，冰川從海拔5500米往下延伸至2700米的森林地帶，距瀾滄江面僅為800米，是世界稀有的低緯度、高海拔季風海洋性現代冰川。

梅裡雪山是世界自然遺產「三江並流」腹地的重要景區，中國最美的十大名山，雲南省10個在國家級重點風景名勝之一。20世紀30年代，曾到過雪山腳下的美國學者約瑟夫·洛克稱讚梅裡雪山為「世界上最美的山」。而在詹姆斯·希爾頓的小說《消失的地平線》中，作為「香格里拉」主體的那座雪山卡拉卡爾，就是現實中的卡瓦格博，小說把它描繪成一座「美妙絕倫的金字塔」。巍峨壯麗、神秘莫測的卡瓦格博峰迄今還是人類未攀登上的「處女峰」，美國、日本、中日聯合登山隊先後四次攀登，均以失敗告終。

在梅裡雪山下還可以觀賞雄奇的瀾滄江梅裡大峽谷。瀾滄江自青海、西藏奔湧而下，在德欽境內流程150公里。該段江面海拔1800米，直線往上到卡瓦格博峰，高差在4900米以上。峽谷兩壁高垂千仞，澗流清澈，植被豐裕，幾疑無路處又是柳暗花明。瀾滄江梅裡大峽谷是中國最美的十大峽谷之一。

「一天日出日落三次」的地方在哪裡

趣聞雲南

「一天日出日落三次」發生在麗江西部一個叫「黎明」的地方。在黎明街北端，東望可見三座異形山峰前後相錯，並且一峰比一峰高出一截，每年農曆冬至前後約兩個月的時間裡，每天上午 8：30 左右，太陽從第一座山峰後腰部升起，緩緩向右上爬升，約半小時後隱入第二座山峰後，這時剛剛迎來「日出」的黎明街馬上又「日落」。一會兒，太陽第二次從第二座山峰右側升出來，半小時後又隱入山峰後。再過半小時後太陽第三次從第三座山峰右側上部升起。一天時間看到三次「日出日落」，是黎明獨有的神奇景觀。

黎明位於被稱為「滇省眾山之祖」的老君山景區，面積 300 平方公里，卻有 240 平方公里山嶺峰巒呈現著十分顯眼的丹紅色景緻。當地的少數民族認為，這裡每天有三次日出，陽光又燒又烤，所以山山嶺嶺變成了紅彤彤的模樣。其實，這裡屬紅色砂岩區，是西南地區唯一、全中國面積最大的丹霞地貌。奇異的丹霞地貌似彩霞浸染，若火焰燃燒，色彩繽紛，景色秀麗，加之納西族、白族、傈僳族、普米族、彝族等各民族多姿多彩的民風民俗，構成了景區極具觀賞價值、人文價值和科學考察價值的獨特景觀。

黎明是世界自然遺產「三江並流」的核心景區之一，每到春夏時節，山花爛漫，爭奇鬥豔，成片的高山大樹杜鵑林，豔如雲霧；冬天來臨，則又是樹掛銀花，山披白雪，一派林海雪原的北國風光。其中的千龜山、黎光佛、鳥玉山等奇異景觀，為世所罕見。

你會識別蒼山有名的「望夫雲」、「玉帶雲」、「海蓋雲」和「火把雲」嗎

大理蒼山的雲遐邇聞名，湖光、山色、波光、雲影相互輝映，構成了銀蒼玉洱的獨有景觀。雲聚雲散，有時淡如輕煙，有時濃如潑墨。在變幻多姿的雲景中，有「望夫雲」、「玉帶雲」、「海蓋雲」和「火把雲」，其中最神奇的是「望夫雲」和「玉帶雲」。

望夫雲是指冬春時節，蒼山玉局峰頂常會出現一朵孤單的白雲，忽起忽落，上下飄動，若顧若盼，像一位滿懷愁思的公主俯首探望被打下海底的情人。奇特之處是它一出現，點蒼山便驟起暴風，刮向洱海，洱海波濤洶湧，船不能行，所以又稱為「無渡雲」。

　　玉帶雲多出現在夏末秋初的雨後初晴時，蒼山腰部出現一條乳白色的帶狀雲，纏繞山腰，將百里蒼山分為兩截，故有「雲橫玉帶」之稱。玉帶雲隨風變幻，忽而慢慢化為萬朵雪蓮盛開在蒼山之巔，轉眼間又似春風中飛舞的柳花絮影，消失得無影無蹤。民間傳說這是觀音下凡，預示來年風調雨順。

　　海蓋雲是積雲高度下降並舒展瀰漫，幾乎遮蓋住洱海，只有四周邊沿透出一線光亮。海蓋雲的出現，預示著一場暴風驟雨即將來臨。

　　火把雲的出現在農曆六月二十五日白族歡度火把節前後一段時間。在蒼山西部上空，往往會出現一片片瑰麗無比的雲霞，這片片血紅或胭脂紅的雲霞，加上光束的移動和雲彩的騰湧，就像一束束火把在天邊燃燒。此時此刻，整個銀蒼玉洱都籠罩在一片橘紅色的帷幕之中，這便是瑰麗壯觀的火把雲。

　　「風裡浪花吹又白，雨中嵐影洗還清」說的是哪個高原湖泊的美景

　　《全唐詩》收入了南詔清平官楊奇鯤描寫洱海的一首詩，其中「風裡浪花吹又白，雨中嵐影洗還清」，是讚美洱海的著名詩句。

　　洱海是雲南省第二大淡水湖，為斷層陷落湖，位於大理點蒼山之東。洱海因其兩頭窄中間寬，形似人耳得名。洱海南北長 42 公里，東西寬 3 公里 ~9 公里，總面積 250 平方公里。洱海湖水清澈，水天一色，西面點蒼山橫列如屏，東面有玉案山環繞襯托，「水光萬頃開天鏡，山色四時環翠屏」，素有「銀蒼玉洱」之稱。自古以來，「洱海月」與「下關風」、「上關花」、「蒼山雪」共同構成了大理的四大奇景，「蒼山雪洱海月」的景緻，成為大理田園生活的永恆畫卷。

　　盪舟洱海，島嶼、岩穴、湖沼、洲浦、林木、村舍，都令人賞心悅目，素有三島（金梭島、玉幾島、赤文島）、四洲（清莎鼻洲、大鸛洲、鴛鴦洲、馬濂洲）、五湖（太湖、蓮花湖、星湖、神湖、漪湖）以及八景九曲之勝。其中赤文島俗稱「海島」，是三島中最大的島嶼，南北長 800 米，東西寬 100 多米，高出水面 76 米，為南詔王的避暑宮所在地，又名舍利水城，風光優美。洱海水產豐富，著名的弓魚以其肉質細嫩、滋味鮮美而被譽為「魚魁」。

洱海還是白族人民的「母親湖」。據白族傳說，他們的祖先原居住在高山之上，後來在一對仙鶴的指引下才來到美麗的大理壩子，在洱海邊建立了自己的家園。

「萬里長江第一灣」在什麼地方

金沙江（長江上游）自青藏高原南流至麗江石鼓鎮，因受山勢阻擋，江水以一百三四十度的大拐彎向北流去，形成罕見的「U」字形大彎，「江流到此成逆轉，奔入中原壯大觀」，人們稱此為「萬里長江第一灣」。這裡江面廣闊，江水平緩，山紫水繞，柳林如帶，四周雲嶺山脈層巒疊嶂，梯田盤繞山坡，與平疇沃野、村落瓦舍相映相連，享有「小江南」美譽。臨江而建的石鼓重鎮是金沙江上游著名古渡，且人文薈萃，留下許多歷史佳話。相傳三國時代諸葛亮「五月渡瀘」，元代忽必烈南征大理「革囊渡江」，都曾把這裡作為渡口。江畔至今還立有一塊漢白玉鼓狀石碑，石鼓鎮因此得名。

「波石歐魯」是哪座山的俗稱，此山有哪些物色景觀

「玉龍雪山」在納西族中被稱為「波石歐魯」，意為「白沙的銀色山崖」。

玉龍雪山因形如白玉般的巨龍而得名。它位於麗江古城北面，是北半球離赤道最近，海拔最高的雪山，為國家級旅遊風景名勝區。海拔 5596 米的玉龍雪山是納西人的聖山，相傳它是納西人全民信仰的民族神「三朵」的化身，也是愛神居位的高山理想國，納西人的愛情之山。玉龍雪山被納西族相愛的青年男女視為死後可去以雲霓彩霞織衣，與大自然生靈同樂共歡的理想的「玉龍第三國」。

玉龍雪山以險、奇、美、秀著稱。其氣勢磅礡，造型玲瓏秀麗。隨著節令和氣候變化，有時雲蒸霞蔚，玉龍時隱時現；有時碧空萬里，群峰晶瑩耀眼。位於玉龍雪山腹地的雲杉坪海拔 3240 米，過去是一個杳無人跡、寂靜優美的高山草甸，現在成了遊客眺望玉龍雪峰的絕佳之地。玉龍雪山景觀人致可分為高山雪域風景、泉潭水域風景、森林風景、草甸風景等。主要景點有玉柱擎天、雲杉坪、雪山索道、黑水河、白水河及寶山石頭城等。

　　玉龍雪山是動物的天堂和植物的王國，各種珍稀動植物生活在不同的氣候帶上。它是 30 多種國家保護動物的棲息地，其中包括金絲猴、小熊貓、雲豹等。在它的 20 個原始森林群落中，生長著 400 多種樹木，冷杉、雲杉、紅杉和香樟等珍貴森林一片蔥綠，百花爭豔。這裡還是中國三大名花——杜鵑、報春、龍膽的發源地之一。

　　白水臺為什麼被認為是東巴教聖地

　　白水臺位於香格里拉縣東南 101 公里的三壩鄉白地村，被納西族學者稱為是東巴教的發祥地。相傳納西東巴教第一聖祖丁巴什羅從西藏學習佛經回來，途經白水臺，被其美景吸引，便留下來設壇傳教，白水臺由此成為東巴教聖地。在東巴教教義中，以白色為最神聖的色彩，這恰好契合了白水臺的特徵。站在白水臺中央，耀眼而聖潔的白色滌盪著每個人的心靈。

　　白水臺是中國最大的泉華臺地之一，是由水中的碳酸氫鈣經陽光照射還原而形成碳酸鈣白色沉積物，不斷覆蓋地表而形成的千姿百態的岩溶地貌，面積約為 3 平方公里。白水臺有「仙人造田」的美稱。遠遠望去，層層疊疊如漢白玉鋪鑿而成的晶池瑩盆，似片片星月散落人間，在陽光下灩灩閃光。近處細觀，無聲的泉水緩緩不停地從上一臺玉盆中溢出漫到下臺玉盆，而每一臺玉盆裡都沉積了一疊重一疊的精美剔透的波痕。白水臺四周青松滴翠，更將白水臺映襯得像一塊無瑕的美玉。

　　每年二月初八，白水臺遍野百花爭豔，村舍邊的桃花、杏花，山上的杜鵑花、山茶花與哈巴雪山的皚皚白雪交相輝映。白水臺的納西族彙聚在這裡，歌舞野餐，在春光四溢中歡度「朝白水」節。

　　「石月亮」是哪個地方的代表性景觀

　　怒江西岸，福貢縣利沙底鄉境內有個自然奇觀，當地人稱為「亞哈巴」，即「石月亮」。「石月亮」在高黎貢山的一座山峰上，如一輪明月鑲嵌在巨石之上，它被群峰簇擁，高懸於峰海山林之中，渾然天成，神秘奇異。靜心觀察，月亮上還時有白雲飄過，更增添了誘人的魅力。「石月亮」實際上是山巔巨石上的溶洞，透過此洞能看到明亮的天空恰似一輪明月。「石月亮」

海拔 3362 米，洞寬 33 米，高 60 米，深百餘米，它本是地下岩層裡的洞穴，但因高黎貢山上升而高懸到山頂，形成了一個集宏大秀麗、奇異神秘為一體的怒江大峽谷地質奇觀。

神奇的地下「雌雄瀑布」在哪裡

「雌雄瀑布」位於昆明市九鄉風景名勝區，距宜良縣城 47 公里，景區總面積為 277.8 平方公里，擁有上百座大小溶洞，為中國數量最多、規模最大、溶洞景觀最奇特的洞穴群落體系。九鄉共有六大景區，即已建成開放的疊虹橋景區和擬將建設的三腳洞景區、大沙壩景區、明月湖景區、阿路龍景區、馬蹄河景區。九鄉溶洞具有雄、險、奇、秀的特點，洞中有洞，洞中有水，溶洞交錯，峻峽峭壁，別有洞天。蔭翠峽清幽迷人，驚魂峽絕壁映日，古河穿洞濤聲驚人，雄獅大廳怒獅高吼，雌雄瀑布銀珠飛濺，神田蔚為天下奇觀，蝙蝠洞令人流連。堪稱世界溶洞一絕的雌雄瀑布，由一大一小兩瀑布組成，像兩條銀練飄掛在洞中絕壁，從陡峭岩石上飛奔而下融為一體，氣勢磅礴，蔚為壯觀，真是「冰花玉屑圍瀑起，白霧銀珠隨流生」。水面激起了千波萬浪，透過水的珠簾，雙瀑又像一對恩愛夫妻，情纏意綿，在生命的旅程中奔跑融合，彈奏出愛情旋律的交響曲。雌雄瀑布是大自然的經典之作。

邦臘掌溫泉為何稱為「奇湯神水」

邦臘掌溫泉位於保山市龍陵縣城以北 13 公里的香柏河兩岸，據說是古人「拴大象的地方」。這一帶溫泉至少有上百孔，若以「神奇」而論，首推有著「奇湯神水」之稱的邦臘掌溫泉。這裡山高谷深，萬木蔥蘢，60 多眼熱氣氤氳的溫泉如繁星墜地，鑲嵌在歡騰激盪的香柏河兩岸的奇岩怪石之間。

邦臘掌溫泉的神奇，表現在一個「變」字上，許多泉池雖同出一源，但「龍生九子，各有不同」。它的水色、水溫都迥然有異，有的清澈見底，有的白如乳汁，有的色似咖啡，這是因為它們含有不同成分的礦物質。在清泉中，最有特色和傳奇色彩的要數「仙人澡堂」，在一塊高出河面約 25 米的岩石上，共有 3 潭大小不一的泉水，相隔僅 20 公分，卻一冷一熱，熱的溫度高達 95℃，冷的只有 20℃。邦臘掌溫泉的神奇，還突出表現在它顯著的療效上。由於含有不同成分的礦物質，所以透過沐浴薰蒸、飲用，可醫治風濕、婦科、

神經、消化系統等多種疾病，真是有病治病，無病健身，延年益壽，妙水回春。因而自明清以來，每年由隆冬至初夏，到這裡治病療養者絡繹不絕。

哪個瀑布被稱為「滇中第一石瀑」

西元 1639 年 7 月 8 日，地理學家徐霞客來到盛產瑪瑙而得名的保山瑪瑙山遊覽時，卻驚喜地發現了一大自然奇觀——「懸之九天，蔽之九淵，千百年莫之一睹」的「滇中第一瀑」。他當時在日記中寫道：黔中白水（貴州黃果樹瀑布）之傾瀉，無比之深；騰陽滴水（騰衝疊水河瀑布）之懸注，無此之巨。滇中之瀑，當以此為第一。可惜這一壯麗景觀，不知何時何故竟神秘「失蹤」了，成了許多專業工作者和遊客心中的一個疑團。

如今謎已解開，人們循著徐霞客的遊蹤，在保山楊柳鄉境內的瑪瑙山大峽口「挖掘」出了這一「昨日壯景」的「化石」，一面「勢既高遠」凝固著波痕浪跡的巨型峭壁和峭壁之下碩大無朋的無水之潭。原來這個曾使徐霞客歎為觀止的「大疊水」，由於自然和人為的因素，只留下了一面昂首挺胸酷似瀑布而又不是瀑布的巨大的「石瀑」，乾涸地矗立在峽壁上。「石瀑」為斷岩所成，表面凝有厚薄不等的水沉鈣華，五彩斑斕，水瀉之痕清晰可辨。石瀑兩側，細水分流而下，淅淅瀝瀝，恰似兩條長長項鍊；瀑面迭隱之處，濃苔幽蘭點綴其間，山花野果悄然傳香，野趣渾然。令人驚奇的是，石瀑疊瀑疊潭，竟是「巨瀑三疊」。試想昔日「滇中第一瀑」飛流直下，奔雷動地之聲是何等壯觀！如今「石瀑」仍驚心動魄，不屈不撓地挺立著，以其悲壯成為罕見的「滇中第一石瀑」，展現著一道耐人尋味的奇特風景。

雲南名泉知多少

雲南地熱資源豐富，僅溫泉就有 1000 多處，堪稱中國之最，無愧「溫泉王國」之稱。代表性的有安寧碧玉泉、騰衝熱海、洱源九氣臺溫泉等。省會昆明市就有出露的溫泉 60 多處，是著名的「溫泉城」，其中 60℃以上的高熱溫泉有 8 個，最為有名的是「天下第一湯」的安寧溫泉、福保文化城溫泉水上娛樂中心、陽宗海柏聯 SPA 溫泉、宜良湯池溫泉等。騰衝縣的地熱景觀為中國一絕，有數以萬計的泉眼，噴氣池處處噴珠濺玉，吐霧蒸雲，組成一道道奇觀妙景，美不勝收。熱海大滾鍋，水溫高達 96.6℃。此外還有罕見

的噴氣孔、間隙性噴泉以及毒泉、冷泉、啞泉、怪泉、珍珠泉、醉鳥泉、鼓鳴泉等奇特的泉水。洱源的九氣臺溫泉最著名，它具有「冷水」和「熱水」交相輝映的特點。茈碧湖溫泉休閒療養景區的「大理地熱國」，溫泉池被別具一格地佈置在中國地形圖上，並分佈在各省、市、自治區版圖內，成為「三步溫泉四步湯，氣蒸霧迷似仙鄉」的熱水城。

雲南冷泉更是星羅棋佈般點綴在這塊紅土地上。著名的有昆明黑龍潭、安寧三潮聖水和珍珠泉、昭通大龍洞和葡萄井、麗江黑龍潭等。

昆明城的「三山五湖」指什麼

昆明城內的「三山」是圓通山（古稱螺峰山）、五華山和祖遍山。三山相連，其中五華山最高，海拔 1926 米，北接圓通山，東連祖遍山。「五湖」是指圓通山下的翠湖。

圓通山山勢盤旋，狀如螺髻，古稱螺峰山。唐南詔時在圓通山崖邊首建「補陀螺寺」，後毀於兵燹。元大德五年（西元 1301 年）至延祐六年（西元 1319 年），該寺重建，並更名為「圓通寺」。從此，人們才將螺峰山稱為圓通山。每年三月櫻花盛開，流光溢彩、燦若紅霞的「圓通花潮」成為遊客賞春的絕佳景觀。五華山古稱憫忠山，因元代賽典赤等在山上建憫忠寺而得名。元至正二十三年（西元 1363 年），寺毀於戰火，5 年後重修，改名五華寺，山始稱為「五華山」。五華山曾為南明王朝永曆皇帝朱由榔的故宮。祖遍山，大德寺雙塔高居其中，塔建於明代（西元 1469 年），與遠處的東、西寺塔遙相對峙，成為昆明重要古蹟。

翠湖最初曾是滇池中的一個湖灣，後來因水位下降與滇池隔斷而成為一泓清湖，俗稱「菜海子」。又因翠湖東面竹林島池中有 9 個泉眼，故名「九龍池」。自明朝起歷任雲南行政官員都曾在這裡修亭建樓。由於垂柳和碧水構成其主要特色，20 世紀初正式定名為翠湖。它以「翠湖春曉」而聞名四方，被人們稱譽為「鑲嵌在昆明城裡的一顆綠寶石」。園內縱貫南北的阮堤（西元 1834 年雲貴總督阮元撥款修築）、直通東西的唐堤（1919 年由時任孫中山的滇川黔三省建國聯軍總司令唐繼堯撥款修築），將翠湖分成五片水域景區（五湖）。湖心島景區以湖心亭和觀魚樓等清代建築為主，東南面是水月

軒和金魚島，東北面是竹林島和九龍池，南面是葫蘆島和九曲橋，西面是海心亭。堤畔柳樹成蔭，湖內輕舟飄蕩，島山修竹茂林，共同構成了亭、廊、樓、榭、橋、堤彼此有機組合、相映成趣的古典園林建築環境。特別是自 1985 年起，每年冬季都有大量海鷗從西伯利亞飛到昆明過冬，其中有一部分在翠湖棲息。藍天白羽，冬日戲鷗，又成為一道優美的風景。

人們為什麼喜歡攀登轎子雪山

轎子雪山風景區位於昆明市祿勸縣烏蒙鄉和東川區境內，全山方圓百餘裡，最高海拔 4223 米，是昆明地區最高峰。轎子雪山因其山形似一乘飄逸於天上的坐轎而得名。整座山相對高度達 3000 米以上，形成寒、溫、熱立體氣候，呈現「一山四時景，十里不同天」的奇異景觀。景區奇峰峭壁險峻雄偉，溪流瀑布飛漱其間，原始森林茫茫如海，高山湖泊明淨神秘，奇花異木爭相輝映，珍禽異獸不時可見。在不同的季節，景區呈現不同的神韻。春夏時節，漫山遍野的幾十種杜鵑花匯成花海，高山草甸色彩繽紛；冬季到來，轎子雪山更是璀璨多姿，雪峰雪野、冰瀑冰湖、霧淞樹掛，壯麗中透著秀美，綠濤中兼有北國風光，是一塊未經雕琢的尋奇探險的旅遊勝地，也是離昆明最近的雪山，吸引著無數遊客攀登遊覽。

轎子雪山還具有世界自然遺產的三大特點：首先，主峰附近地區存在 200 萬年前第四紀冰川的典型擦痕，山下的小江是世界三大斷裂帶之一，在地質學上具有不可替代的地質科考地位和觀賞價值；其次，轎子雪山是動植物東西南北的交匯點，比較完整地保存了地球上同緯度地區動植物物種，是尚存的珍稀和瀕危動植物的棲息地，具有代表性；再次，景區有神秘的純自然現象——神雹、獨特的巨型象形山造型以及神秘的彝族發源地的傳說，美麗的「紅土地」就坐落在山腳，第四紀冰川剛跨越大斷裂帶，到這裡戛然而止，具有獨特性。目前，昆明市已正式啟動轎子雪山申報世界自然遺產的工作。

你瞭解騰衝的火山地熱奇觀嗎

騰衝古稱騰越，火山地熱奇觀為全中國之冠。一座座火山氣勢磅礴，雄峙蒼穹，各據地勢，盡顯雄姿異彩。其境內的火山有 97 座，分佈在 750 多

平方公里的地面上，分佈集中，類型齊全，有的如碩大的馬蹄，有的如高高的城堆，有的如截頂的圓錐，有的如日吐月的巨口……窮盡萬象之妙，令人歎為觀止！按其地質組成和形態特徵，可分為錐狀火山、鐘狀火山、臼狀火山、盾狀火山和低平馬耳式火山。

火山噴發造成了奇異的地貌和景觀，如岩漿湧流形成的扇形火山臺地，神秘莫測通往大山心腹的火山熔洞，清澈如眸難究深度的火山湖，整齊排列有序的柱狀節理石柱，因岩漿堵塞深谷出平湖的堰塞湖泊，美麗妖嬈的大面積濕地，疑是九天墜地的飛流瀑布，浮於江面大如合抱的火山浮石等。騰衝火山公園是一座天然的火山地質博物館，享譽中外的國家風景名勝區和地質公園。

據科學考證，騰衝火山群的噴發形式，有裂隙式和中心式兩種。歷史上曾有 68 座火山發生過噴發，騰衝火山並沒有死，現在只是它的休眠期。

東川紅土地——「大地的調色板」

全世界著名的紅土地，要數巴西的里約熱內盧和中國的東川。東川紅土地以新田鄉花溝村為核心，由錦繡園、樂譜凹、七彩坡、打馬坎等景點組成。田地隨著山勢，或平緩，或疊成臺階，或蜿蜒曲折，譜成了一組組優美的田園交響樂。紅土地得名於這裡鮮紅豔麗的土壤，放眼望去，山川和原野呈現暗紅、紫紅、磚紅等不同的紅色，在溫暖濕潤的環境裡，土壤中的鐵質經過氧化沉積下來，造成了這炫目的色彩。由於海拔較高，天特別藍，雲分外白，富於韻律的紅土、藍天、白雲構成了美的元素。

紅土地猶如碩大的大地調色板，四季呈現不同的美景。燕麥、蕎子、馬鈴薯和油菜隨著季節的轉換，輪番給紅土地抹上姹紫嫣紅的色彩，繪出優美無比的壯麗畫卷。春天的油菜花在紅土上鋪上一片金燦燦的地毯，燕麥出土時刻呈現一片綠油油的世界；夏季飽含水分的土地紅得更加豔麗無比；秋後山腳蔓菁剛刨完，山頂馬鈴薯花開，銀白一片，山下紅似火，山頂白如雪，冬天的紅土白雪，點綴著幾抹嫩綠的莊稼，美得令人心馳神往。

　　紅土地坐落於「滇中三峰」之下，最迷人的是天象萬千的動態美。天空因集結各種形態不同的雲層而產生天光、光柱、彩虹和霞光等壯麗的天象景觀，朝暉夕陽，氣象萬千。有時雲霧繚繞，朦朦朧朧，有時雲層蔽日，投下小片「電筒光」，把一處油菜花照得明亮如金，把一片山巒映得赤辣似火，同時陰影下的四周則深沉而模糊，形成一幅幅不斷變幻、反差強烈的神奇畫面。這片彝族人民聚居的紅土地以奇美、恬靜、簡樸的田園風光，成為攝影人心靈中的聖地。

　　元陽梯田為什麼被譽為「大山的藝術雕塑」

　　梯田是哈尼族最具代表性的文化象徵，在哈尼族聚居的紅河元陽、綠春、金平等地都有梯田分佈，而尤以元陽梯田分佈最集中、最有特色和最具代表性。元陽梯田大都分佈在元陽至綠春公路兩旁，有土鍋寨梯田、猛品梯田等。其中，猛品梯田是最壯觀雄偉的梯田，由猛品、猛控、保山寨三大片區組成，層層的梯田彷彿哈尼人民通往天上的天梯，茫茫雲海中的梯田又是吸引中外遊客的神秘語言。層層疊疊的梯田，從山腳到山頂，埂回堤轉竟達 5000 多層，從高處望去蔚為壯觀，堪稱「大山的藝術雕塑」。在元陽，梯田的田埂密如織網，田裡或嫩綠或金黃，最美的是插秧季節，水田裡充滿水時，每一小片田地都變成一面鏡子，隨著光線色彩明暗的變化，奏出大地的韻律，美不勝收，令人震撼，令人陶醉！

　　元陽梯田與水有著十分密切的聯繫，在亞熱帶哀牢山區哈尼族的梯田農業中，水以奇特的方式穿流於農業生態循環系統中。高山森林養畜的溪流水潭被哈尼人民引入盤山而下的水溝，流入村寨，流入梯田，梯田相連，水溝縱橫，泉水順著塊塊梯田，由上而下，長流不息，最後匯入穀底的江河湖泊，而又蒸發升空，化為雲霧雨水，貯於青山森林。

　　元陽梯田蘊藏著哈尼民族的全部歷史和希望，體現著哈尼人的勞動和智慧，如今人們正在申報世界自然遺產。大羊街鄉哈尼族村落被評選為「中國最美六大古村古鎮」之一。

　　「三江並流」指的是哪三條江

趣聞雲南

發源於青藏高原，南流到雲南西北部橫斷山脈縱穀之中的怒江、瀾滄江、金沙江，在直線距離不到 80 公里的範圍內，山水相間排列，並肩南下奔流 400 公里，氣勢磅礡地穿越橫斷山脈的擔當力卡山、高黎貢山、怒山和雲嶺等崇山峻嶺，這就是地球上獨一無二的「三江並流，四山並立」的世界自然遺產奇觀。

這一地區是反映地球演化重大事件的關鍵區域，是世界上生物多樣性最豐富的地區之一，還是珍稀和瀕危動植物的主要棲息地。這裡從海拔 760 米的怒江河谷到海拔 6740 米的卡瓦格博峰，高差近 6000 米，洶湧奔騰的「三江」奮力切開崇山峻嶺奔騰而下，留下了眾多的雪山、峽谷、草甸、冰川、湖泊、森林、丹霞地貌等氣象萬千的自然景觀。獨特的地質構造，容納了除沙漠和海洋之外幾乎所有的風景。「三江並流」世界自然遺產核心面積為 1.7 萬平方公里，由高黎貢山、白茫─梅裡雪山、哈巴雪山、千湖山、紅山、雲嶺、老君山、老窩山 8 大片區組成。自然遺產地達 4 萬平方公里，是世界上最大的自然遺產地。「三江並流」區域內有 14 個世居少數民族，形成了各具特色的人居環境和多姿多彩的民族文化。「三江並流」區域以最集中的生物多樣性、豐富的人文資源、美麗神奇的自然風光，成為世界罕見的奇特自然景觀地區。景區內的梅裡雪山被評選為中國最美的十大名山之一；白馬雪山高山杜鵑林被評選為中國最美的十大森林之一；金沙江虎跳峽、瀾滄江梅裡大峽谷和怒江大峽谷被評選為中國最美的十大峽谷之一；麗江大研鎮被評選為中國最美的六大古鎮之一。

你瞭解世界最深的峽谷之一虎跳峽嗎

金沙江在麗江境內的玉龍雪山與香格里拉境內的哈巴雪山之間，形成了一個長 17 公里、落差 200 多米，接連有 18 個險灘的江峽，這就是虎跳峽。從江面到兩岸雪山頂的高差達 3700 多米，是世界上最深的峽谷之一。

虎跳峽以「奇險雄壯」著稱，江水以每秒 7800 立方米的大流量，擠壓透過僅 30 米寬的峽谷。全峽分為上虎跳、中虎跳、下虎跳三個峽段。上虎跳是整個峽谷中最窄的一段。江心有一虎跳巨石，猶如孤峰突起，屹然獨尊，江流與巨石相撞擊，聲如雷鳴，令人驚心動魄。兩岸峭壁如刀削一般，像兩

扇巨型石門。沿上虎跳北上，過永勝村便到中虎跳，這一段江岸峭壁環鎖，怪石嶙峋，江水在 5 公里地段內下跌百米，擊起驚濤駭浪，捲起千堆白雪，一片水霧瀰漫，這就是「滿天星」景觀。過滿天星、觀音瀑、核桃園就到達下虎跳了，這裡地勢變寬，視野可及近峽遠山，江流較上、中虎跳峽要舒緩得多。但兩岸仍然是懸崖峭壁，峽谷依舊驚險奇異。

虎跳峽最為驚心動魄的是山與水的搏鬥。據地質學家考察，險峽是因地殼運動，玉龍、哈巴二山強烈隆起，沿江斷裂侵蝕切割而造成的。虎跳峽是中國最美的十大峽谷之一。

瀘沽湖為什麼被譽為「世界上最美麗的湖泊之一」

瀘沽湖位於滇西北雲南省寧蒗彝族自治縣與四川省鹽源縣交界處，面積 48.5 平方公里，平均水深 40 米，最深處達 93.5 米，在中國深水湖中居第三位，僅次於長白山天池和滇中撫仙湖。

瀘沽湖系高原斷層陷落淡水湖，鑲嵌在群山環抱中，碧波蕩漾，風光迷人。瀘沽湖一天之中景色變化無窮，或霧靄煙霞，如一片金紅；或夕陽西下，如萬頃碧玉；或夜色幽靜，如群星閃動。一切都似夢中仙境，因而被稱為「世界上最美麗的湖泊之一」。

瀘沽湖最迷人之處在於這裡獨特的民族風情。這裡生活著中國外罕見的延續著母系氏族特點的摩梭人，其獨特的「阿夏」走婚習俗為這片土地塗上了一層神秘而美麗的色彩。所謂「阿夏婚」，就是結交阿夏（情人）關係的男女雙方並不組成家庭，也沒有經濟上的聯繫。男子只是夜晚到女方家過夜，白天又回到各自的母系大家庭中，以後所生的子女均由女方撫養，父親沒有撫養孩子的義務。人類學家把保持這一社會形態的族群形象地稱之為「女兒國」。

被譽為「不是桂林，勝似桂林」的著名旅遊景區在哪裡

普者黑位於丘北縣城 15 公里處，距昆明約 400 公里。普者黑屬典型的喀斯特地貌，風景區分佈著眾多的孤峰、溶洞和湖泊。其迷人之處就在於這

裡聚集了眾多的奇峰秀巒於廣袤的清流碧水之中，青峰倒影，山水一色，被譽為「不是桂林，勝似桂林」的著名風景區。

普者黑是一個範圍廣闊的景區，包括普者黑、沖頭、溫濟三個片區和歹馬、革雷兩個瀑佈景觀，形成了「三片兩瀑」的龐大格局，總面積達 165 平方公里。普者黑景區共有大小湖泊 68 個，河流 15 條，孤峰 286 座，溶洞 240 多個，地下暗河 120 公里，多數湖水之間互相連通，闢為遊覽航道的水域有 20 多公里。普者黑景區景色最秀麗，最令遊人傾心的是以普者黑村為中心的 9 個湖水相通、峰美洞奇、山水相映的地段。沿湖水鳥沉浮鳴唱，翠鳥戲水，白鷺低飛。遠峰如黛、近峰蔥蘢，一座座秀巒挺拔，或獨處水中，或聳立湖畔，就是在那月明風清之夜，明亮如境的湖面上，奇峰秀巒倒影也清晰如畫。

普者黑是彝語，意為「盛產魚蝦的地方」。這裡分佈著彝族、白族村落。每年的七八月份，滿湖的荷花盛開，真是「接天蓮葉無窮碧，映日荷花別樣紅」。一年一度的荷花節、花臉節、火把節，讓這裡秀麗的風光又平添了另一番景緻。

碧塔海「杜鵑醉魚」是怎麼回事

碧塔海位於香格里拉縣東部，距縣城 32 公里，是一個清碧幽深的高原湖泊。「碧塔」在藏語裡意為「櫟樹繁盛的地方」。碧塔海屬斷層構造湖，四周青山環抱，山巒上密密層層的蒼松、古櫟和杜鵑林，倒映在如鏡的湖面上，水光山色融為一體，被譽為「半湖青山半湖水」。

碧塔海魚類資源豐富，湖中珍貴的「碧塔重唇魚」屬第四紀冰川時期遺留下來的古生物，其肉質細嫩，味道鮮美。每年農曆五月以後，杜鵑花盛開，一場大雨過後，風把杜鵑花瓣撒到湖面，落英繽紛，魚兒都要游上水面爭食，因花瓣含有微毒，魚吃後如酒醉一般漂浮在湖面上，這就是碧塔海景觀「杜鵑醉魚」。魚醉之後，憨態的老熊就到湖邊撈魚，又形成了碧塔海另一景觀——「老熊撈魚」。

碧塔海湖心有一小島，它像一頂禮帽點綴在湖面上。島上長滿了雲杉、冷杉和杜鵑，鳥語花香，曲徑通幽，猶如蓬萊仙島。碧塔海東面和西北面是一片片草場，草深過膝，春夏之季，就像一塊密織各種花色的綠毯；而到隆冬時節，則是黃燦燦一片，牛馬羊群相戲其間，一派藏地風情。

「一目十瀑」奇觀在何處

「一目十瀑」奇觀位於羅平九龍河，距羅平縣城 22 公里。在一條 4 公里的河床上佈滿了層層疊疊的瀑布群。沿河床而下，花灘、疊水、瀑布密佈，站在觀景臺上望去，一目能見十瀑之奇觀，這裡是中國最大的瀑布群景觀。九龍第一瀑，高 56 米，寬 112 米，是雲南省最寬的瀑布，氣勢磅礡，景色壯觀；九龍第二瀑布，高 43 米，寬 35 米；九龍第三瀑布，高 19 米，瀑下有長 150 米，寬 80 米的群水潭，倒影依稀，優美動人。其餘各臺瀑布高 20 米、10 米、5 米不等。各臺瀑布之間均有一潭相隔，加上層層疊疊的戲水灘和蝙蝠洞、鈣華臺階群、碧日潭和月牙湖，真可謂奇景層出，美不勝收，是著名的觀光、戲水、娛樂的勝地。

雲南被國際地質學界釘上「金釘」的地方在哪裡

在昆明滇池西南岸，有兩項古生物化石的發現震動了世界古生物學界。一是晉寧縣梅樹村地質剖面的小殼類化石，二是海口鎮耳材村的「海口蟲」化石。它們將 5 億年前生物爆炸式演化的完整鏈條清晰地展現在人們面前。

梅樹村地質剖面含有大量的小殼體化石，屬於軟體動物門原始類群，被命名為「梅樹村動物群」。在短短兩三百米的岩層上，科學家們發現了從前寒武紀進入寒武紀時生命大爆發的場景，從空空如也的前寒武紀一邊，逐漸在岩層中看到越來越多、越來越密的小殼類化石，開始是兩三個，緊接著是密密麻麻、數不勝數的軟舌螺、單板類、腹足類等各式各樣的小殼類化石。這不僅表明，5.6 億年前，這裡是一片汪洋大海，而且證明，由於海水中游離氧增加，磷、鈣、氟等化學物質豐度增高，激發了遺傳的變革，大海中的軟體生物突然發生了質的飛躍，迅速產生體表長出外殼和刺狀骨片的新生命。這些帶殼生物的興起，標誌著原始動物的誕生。

1983 年，國際地聯界線工作者會議確認梅樹村剖面為「震旦系—寒武系界線層型剖面」，並裝置「金釘」標誌，成為中國第一條被國際選用的地層層型剖面。它對研究地球歷史，探索生命起源和進化，尋找與這些地層有關的礦藏資源具有重大意義。為保護這一世界珍稀的地質生物奇觀，雲南省於 1988 年建立了總面積達 580 公頃的梅樹村自然保護區。

羅平為什麼被譽為「世界最大的人工花園」

羅平位於滇、黔、桂三省交界，可謂集雲南風情、貴州氣候及廣西山水為一體。每年 3 月份，300 平方公里金黃耀眼的油菜花在「山水風情」間競相怒放，直通天際，蔚為壯觀；特有的圓錐形喀斯特山峰，成為金色花海中的綠島，彷彿飄動在花海裡，形成罕見的自然奇觀。因而，羅平被譽為「世界最大的人工花園」。

「油菜吐芳華，千里盡金黃」。油菜花的美景盛狀，來自它的群英眾秀。油菜花期葉少枝繁，虯鬚互繞，姿豐勢旺。朵朵黃花巧著翠莖，緣下盤上，漸次綻放，撫枝細點，單株菜花均超千朵，體碩株壯者則花數難計。油菜花美的震撼力，源於它的浩瀚廣博。逢其花期，大地鋪金，花濤香海，花迎花送，伴君千里。油菜花美的充實感，出於它的生產性。油菜花花期觀其秀美，嗅其芬芳，蜂蝶飽吸其花蜜，蟲蟻厚取其花粉，收穫季節菜油蜂蜜暢銷四面八方。

油菜大花海雄奇壯美，魯布革峽谷俊秀幽美，多依河風景清瑩柔美，民族風情古樸秀美。油菜花海為羅平風光「四美」抹上了最燦爛輝煌的顏色。

[尋古問今]

雲南，孕育有悠久的歷史和文化，傳說中的「金馬碧雞」坊、古老的「滄源崖畫」、精美的「牛虎銅案」、聞名海內外的「第一長聯」、一文一武的「西南聯合大學」和「陸軍講武堂」……在歷史的長河中，可能還有一些你不曾關注的或者一直沒有引起你注意的事物，它一直就在你的身邊。雲南，一個美麗而神奇的地方，令多少遊人為之嚮往，為之駐足；紅土地上的神秘更有著它的動人之處。

　　歷史的年輪在樹上劃下一道道痕跡，摘下一片片歲月的葉子，便翻開了一本本歲月的書本，看到的是一個個數不清的故事。往事隨風，飄散在人們追尋的腳印裡。

　　雲南最古老的崖畫在哪裡

　　雲南共有 23 個摩崖畫點，居全中國之首，而滄源崖畫則是雲南目前發現的最古老的崖畫。滄源崖畫產生於 3000 多年前的新石器時代晚期，現已發現的崖畫地點有 10 多處，主要分佈在滄源縣的猛來鄉、丁來鄉、滿坎鄉、和平鄉和耿馬縣的芒光鄉等地，一般均在海拔 1500 米左右的山崖上。灰色的石灰岩石壁上畫有赭紅色的畫圖，當地的佤族人稱為「染典姆」，意為「岩石上的畫」。

　　滄源崖畫各地點的畫面距地面高 2 米～ 10 米，畫面長 1 米～ 30 米，畫幅小者為數個零散圖形，大者由圖像數以百個組成。其中，動物 187 個，房屋 25 座，道路 13 條，各種表意符號 35 個；還有樹木、舟船、太陽、雲朵、山巒、大地等圖像。人物圖形的描繪，均守正面律，以單色勒和單線加平塗，省卻五官等細部剪影式手法繪製，透過變化多端的四肢表現人物所從事的各種活動。古崖畫生動形象地展現了遠古先民狩獵、放牧、村落、戰爭、舞蹈、雜技及宗教祭祀等活動場面和生活場景。其內容豐富，構圖簡練，粗獷豪放，人物和動物形象千姿百態，栩栩如生，獨具風格。滄源崖畫還會隨日照時間、天氣陰晴、幹濕冷暖等因素不斷地變幻色彩，所以當地佤族和傣族人說它是「一日三變，早紅午淡，晚變紫」，對研究古代民族歷史、宗教、文化、藝術等具有重要的價值。

　　目前，臨滄地區已建成滄源崖畫穀旅遊風景區，該景區位於滄源縣佤族村寨猛來鄉，以獨特的古崖畫為主要風景。景區內自然風光秀麗，森林蔥籠，植被茂密，岩壁林立，溪流潺潺，民風民情古樸濃郁。厚重的歷史文化和獨特的少數民族風情吸引了眾多海內外遊客，是極具觀賞性與娛樂性的旅遊景區。

　　「金碧交輝」──昆明古代流傳的奇特景觀

　　何為「金碧交輝」？「金碧交輝」乃昆明古代八景之一。

　　據載，昆明城內曾有金馬、碧雞二坊，始建於明代宣德年間，位於今金碧路西段與三市街的交叉處。金馬、碧雞二牌坊建在東西向軸線上，兩坊巍然相對，雄渾壯麗，相去不遠，每當 60 年一遇的秋分節令在酉（雞）年中秋的當天酉時（下午五六點鐘），日落月出，東西相照，兩坊倒影漸近，終於相接，這就是傳說中的「金碧交輝」。

　　歷史上，金碧兩坊曾三建三毀。現在的金馬碧雞坊，是 1999 年重建完工的。金馬碧雞坊，高 12 米，寬 18 米，具有昆明民俗特色，雕樑畫棟，精美絕倫，東坊臨金馬山而名為金馬坊，西坊靠碧雞山而名為碧雞坊。金碧兩坊北與紀念賽典赤的「忠愛坊」相配，合稱「品字三坊」，成為昆明鬧市勝景；南與建於南詔的東西寺塔相映，顯示了昆明古老的文明。

　　從昆明老照片黑白色交錯之中呈現出的歷史原樣，我們已無法直觸它的金碧輝煌、雄偉壯觀，但從現在眼前的金馬碧雞坊中，又似乎看到了百年前萬人空巷的盛況、奇觀、輝煌。如今，這裡建起了步行街、文化廣場，夜晚垂暮的時候，人們或在下小憩，或攜手從旁而過，感受它濃郁的歷史氣息。那撲面而來的親切。

　　過去的「金碧交輝」是老昆明的記憶，如今的金馬碧雞是昆明的象徵。

「海內第一長聯」有多長

　　在秀麗的「滇池」之畔，坐落著中國的名樓之一──大觀樓。這裡既是觀賞滇池的好地方，還可領略到「古今第一」的長聯。大觀樓因此長聯而蜚聲海內外，此長聯也因此被稱為「大觀樓長聯」。

　　「五百里滇池，奔來眼底。披襟岸幘，喜茫茫空闊無邊。看東驤神駿，西翥靈儀，北走蜿蜒，南翔縞素。高人韻士，何妨選勝登臨。趁蟹嶼螺洲，梳裹就風鬟霧鬢。更蘋天葦地，點綴些翠羽丹霞。莫孤負：四圍香稻，萬頃晴沙，九夏芙蓉，三春楊柳。

　　數千年往事，注到心頭。把酒凌虛，歎滾滾英雄誰在！想漢習樓船，唐標鐵柱，宋揮玉斧，元跨革囊。偉烈豐功，費盡移山心力。盡珠簾畫棟，卷

不及暮雨朝雲。便斷碣殘碑，都付與蒼煙落照。只贏得：幾杵疏鐘，半江漁火，兩行秋雁，一枕清霜。」

這副長聯，是清代乾隆年間寒士孫髯翁所撰，全聯 180 字，被譽為「海內第一長聯」。該長聯上聯寫滇池風物，把大觀樓四周的美麗景色，描繪得像一幅活生生的圖畫；下聯寫了雲南歷史，既回顧了雲南數千年封建社會的歷史煙雲，又表達了封建社會必將沒落的發展趨勢。長聯氣勢磅礡，感情充沛，文辭對仗工整，音韻鏗鏘有力，狀物寫情，令人叫絕。

長聯的聲名與大觀樓的成長息息相關。清康熙二十一年（西元 1682 年），湖北僧人萬宵乾印在此建觀音寺講經。康熙三十五年（西元 1696 年），巡撫王繼文在寺址建樓兩層，題名「大觀樓」。道光八年（西元 1828 年），雲南按察使翟錦觀增建為三層，登樓遠眺，景色極為遼闊。現懸掛樓上「拔浪千層」的金匾額，為咸豐帝所賜。咸豐七年（西元 1857 年）大觀樓毀於戰火。同治五年（西元 1866 年）馬如龍在原址重建，為四角攢尖式，正中冠以高聳的寶頂，雄偉壯觀。後又毀於大水，光緒九年（西元 1883 年），雲貴總督岑毓英及住持性田和尚重建。1918 年，唐繼堯將大觀樓闢為公園。1931 年，大觀樓增設假山、長堤等景觀，開闢為大觀公園。1954 年，又擴充園址，重建大觀樓、觀稼堂、催耕館、蓬萊仙境、堤岸等，近年來又增建了「樓外樓」及兒童遊藝場。

大觀公園以「大觀樓」為中心，四周以池水環抱，池水之外又有長堤與滇池相隔。大觀樓為三層木結構建築，形式古雅。樓前湖中有三座石亭，是仿照杭州西湖三潭印月設置的景物。登樓憑欄遠眺，可欣賞滇池和「睡美人山」（西山）的美景。園內花木繁茂，假山、亭閣、小橋、流水，景色極美，大觀樓聳立於前，更有那古今傳頌的「海內第一長聯」使人留步觀瞻。現懸掛於前門的長聯的筆跡是光緒十四年（西元 1888 年），由白族詩人、書法家趙藩用工楷書寫，藍底白字，典雅大方，被視為雲南省文化藝術的瑰寶之一。

雲南第一大文廟在哪裡，最大的孔子銅像又在哪裡

　　文廟，即孔子廟，是官員、士人、秀才、學子供奉和祭祀孔子的地方。唐玄宗李隆基封孔子為文宣王以後，歷代稱孔廟為「文宣王廟」。元朝以後簡稱文廟或孔廟，多與當地武職守軍將領所祭祀的武聖關帝武廟對稱，也稱文廟為「學宮」。

　　在唐玄宗李隆基（西元 712—756 年）以前，雲南地方尚無廟學合一的孔廟。從唐玄宗始，雖然雲南的個別地區曾建造過孔廟，但規模小，無制度，影響力極為有限，甚至有「不知有孔子」一事。到元世祖至元十五年（西元 1278 年），中慶路總管張立道在昆明重建孔子廟以後，大理、建水、通海、石屏等地才紛紛重建或首創孔廟並使之制度化。清末時，雲南全省除個別極邊遠的地方外，差不多所有州縣都有孔廟了。

　　孔廟在雲南各州縣的建立，大大改善了雲南教育落後的狀況。光緒三十一年（西元 1905 年）科舉制度在中國壽終正寢，與科舉制度相關的孔廟也日漸衰落成為歷史的遺蹟。但直至如今，雲南全省尚有近 30 座保存較完好的孔廟。在這些孔廟中，最具有文物價值和觀賞價值的有建水孔廟、鶴慶孔廟、楚雄孔廟、景東孔廟、澄江孔廟、騰衝孔廟、賓川孔廟、江川孔廟等。

　　值得重點提出的是建水孔廟。建水孔廟坐落於建水縣城西北角建中路，始建於元朝至元二十二年（西元 1285 年），至今已有 710 多年的歷史。經明清兩代按山東曲阜孔廟的佈局擴建，建水文廟形成了較大的規模，占地 7.6 萬平方米，縱深達 625 米。總體建築為中軸對稱的宮殿式，廟內有廣闊的學海，主要建築有一殿、二廡、兩堂、二閣、三祠、四門、八坊，氣勢宏偉，風格獨特。因此，其規模居雲南第一，居全中國第二。《新纂雲南通志》稱：「其規制宏敞，金碧壯麗甲於全滇。」最有特色的建築是大成殿，這是文廟建築的精華所在。殿內有巨石雕琢的孔子神龕，殿梁高懸明、清兩代皇帝禦題的 6 塊貼金大匾。大成殿門口安裝著高 3.5 米、寬 0.75 米的 22 扇屏門，堪稱殿門中的極品，其藝術價值並不亞於曲阜孔廟大成殿的屏門，是明代初年能工巧匠的傑作。

　　大姚縣石羊文廟始建於西元 1368 年，經多次修建，現建築保存完好。孔廟建築雖不及建水文廟多，但孔子銅像卻為中國各地方文廟所罕見。這尊

銅像是清康熙四十七年（西元 1708 年）石羊鹽課提舉鄭山主持修建，歷時 9 年才鑄成這尊高 2.3 米、重 2000 多公斤的、最大的孔子銅像。

「招魂墓」裡有什麼

霍氏墓壁畫是雲南迄今為止考古發現的唯一一處墓壁畫，且年代要比雲南其他的許多寺廟壁畫早得多。霍氏原墓位於距昭通市約 10 公里的後海子中寨，1963 年出土，1965 年遷入市區。從已有的實物資料看，晉代壁畫墓在雲南是首次出土；這座具有確切紀年和地誌的東晉壁畫墓室，在中國亦屬少見。

霍氏是三國兩晉時期的「南中大姓」之一。該墓建於東晉太元年間（西元 376—396 年），墓主人霍承嗣是霍峻、霍弋的後裔，曾官居東晉建寧、越巂、興古三郡太守，南夷校尉，交、甯二州刺史，使持節都督江南交、甯二州諸軍事，進封成都縣候。

霍氏墓的壁上題記「魂來歸墓」，說明這是霍承嗣的「招魂墓」。從題記及史料得知，霍家先世在荊州枝江，後又官於枝江，枝江舊為楚國地，有「招魂」俗。後人沿用傳統習俗，招魂以祭祀。墓室呈正方形，由長方形沙石疊砌而成，邊長 3 米，高 2.2 米。墓中文物早已被盜，室內四壁繪滿題材豐富的壁畫。這個「招魂墓」的重要價值主要有兩方面。

一方面，在墓的北壁畫有墓主的正面像，西壁「夷漢部曲」有「天菩薩」、「察爾瓦」等；上層表現的是天國理想，按宗教習俗和某些神話傳說的內容繪製而成，以青龍、白虎、朱雀、玄武四靈，以及流雲、動物等為主要描繪對象，具有極強的裝飾性；下層是壁畫的主體部分，描繪的是墓主的「人間生活」，因此帶有滇文化濃厚的「土」的氣息，填補了從滄源崖畫到南詔圖傳、張勝溫畫卷之間雲南美術史的空白，因而在雲南美術史中具有特殊的意義。

另一方面，畫上有墓主人、侍從、家丁、部曲、金童、玉女等人物形象，也有赤足的歷史上少數民族的「夷漢部曲」形象。從軍事上看，鎧馬、戈矛、弓箭的配備，均為珍貴的資料；從墓中人物所顯示的等級、尊卑關係，以及各種神話宗教圖案的出現，可以窺見晉代社會關係和意識形態的若干側面。

所以，這些壁畫為研究東晉時期的漢、彝融合，雲南與中原的關係等，提供了形象生動的實物依據，因而具有重要意義。霍氏墓壁畫，現為省級重點文物保護對象。

昭通孟孝琚碑和南詔德化碑兩塊碑刻對雲南歷史有何重要意義

在烏蒙山區的昭通市內，有雲南現存唯一一塊漢代碑刻——孟孝琚碑。該碑於西元 1901 年在昭通白泥井出土，當年移置於昭通城內，現保存在昭通第三中學的「漢碑亭」內。現存孟孝琚碑高 1.33 米，寬 96 公分，碑文共 15 行，每行殘存 21 字，因而又稱為《孟琚殘碑》。由於碑文殘缺，建碑的時間成了不可知數。不過，根據原碑的官刻、字體、文風來考證，以東漢永壽二年至三年（西元 156—157 年）立碑較為可信。

從內容上看，該碑主要記述孟孝琚的生平。孟孝琚，原名孟廣宗，「十二隨官受韓詩，兼通孝經二卷，博覽（群書）」，改名孟。他先聘「蜀郡何彥珍女」，未娶夭亡於武陽。其父的下屬官員刻此碑送孝琚歸葬朱提朱塋，以紀念死者，安慰親屬。由此，這塊碑刻是研究漢代雲南與中原文化淵源關係的重要史料。東漢之際，「南中大姓」不僅在經濟上接受中原生產技術的影響，而且仰慕中原文化並深受其薰陶。

從書法上看，碑文系方筆隸書，取勢橫扁，左右舒展，筆劃瘦勁古樸，在漢碑中別具一格。此碑字體在篆隸之間，以隸為主，兼通篆意，碑的形體、文辭、書法都是東漢盛行的風格，是研究古代西南民族史的珍貴實物史料。它的發現，不僅打破了「北方南圓」的陋說，更重要的是可以探索「漢隸與今隸遞嬗痕跡」（梁啟超語）。1915 年，金石大家羅振玉將其用雙鉤摹出，全文刊載在《漢晉石刻墨影》上，稱它是「海內有數之瑰寶」。因此，被書法家譽為「滇中瑰寶」、「海內第一石」。此碑不但在中國有名，在日本昭和二年（西元 1927 年）出版的《書道全集》中也曾刊載並受日本書界的推崇。

而在雲南大理古城之南有一座仿古建築的兩層碑亭則保護著一塊雲南省現存最大的唐碑——南詔（唐代大理地方政權）德化碑。

南詔德化碑高 4 米，寬 2.42 米，立於唐代宗大曆元年（西元 766 年），清乾隆五十三年（西元 1788 年），被金石家王昶發現。據傳，碑文的作者是南詔國清平官（宰相）鄭和所撰。德化碑敘述了南詔初期歷史及其與唐王朝的關係，並詳及天寶戰爭的起因和經過；內容還包括南詔的內部建置改革、城鎮建設、農田水利、養馬、紡織、採礦及溫泉治病等情況，為後人研究南詔史及其與唐朝關係提供了第一手資料。南詔德化碑建立後的第 28 年，南詔重歸於唐，這是西南歷史上的重要轉折。碑文辭藻斐然，文理通達，一氣呵成；書法流利挺拔，瀟灑樸茂，被譽為唐代文化的傑作。

南詔德化碑以其豐富詳實的內容、高超的藝術技巧，曾引起中國外學者的重視。日本有祖孫三代接連研究德化碑的世家，法國學者沙畹還譯此碑為法文，並為草跋。

在雲南近代史上「國立西南聯合大學」為何著名

1937 年的盧溝橋事變，揭開了中國近代史上抗日戰爭的序幕。日寇的鐵蹄踐踏了神州大地，中國人民陷入了水深火熱的苦難深淵之中。北平告急！天津告急！中國最著名的三所大學──北京大學、清華大學、南開大學在戰火中慘遭摧殘。為了保存力量，三校合遷湖南，組成「國立長沙臨時大學」。1937 年年底，長沙臨時大學又被迫再南遷昆明，成立「國立西南聯合大學」。

當時的西南聯大由北大、清華、南開三校校長蔣夢麟、梅貽琦、張伯苓為常務委員，共主校務；楊振聲為秘書主任，梅貽琦兼常委會主席。從 1938 年 5 月 4 日開始，西南聯大在昆明正式上課。分理、工、文、法、師範五學院，共 26 個系，2 個專修科，1 個先修班；學生總數 3000 人，規模之大，在抗戰時期堪稱全中國第一。三校各有光榮歷史、優良校風。西南聯大融合了北大的「民主自由」之風、清華的「嚴謹求實」之風和南開的「活潑創新」之風，弘揚了三校的科學與民主的優良傳統，互相尊重，患難與共。

三校都是著名專家學者薈萃之地，故聯大師資陣容強大，且各有所長，造詣良深。而當時的西南聯大大師，都是中國當時的一代宗師和文壇泰，如聞一多、朱自清、陳寅恪、楊振聲、羅常培、馮友蘭、吳晗、金岳霖、張奚若、錢鍾書、劉文典、費孝通、沈從文、游國恩……從事自然科學的吳有訓、周

培源、華羅庚、陳省身、吳大猷、曾昭掄、牛滿江、吳征鎰……一些外籍學者和教授米士、白英、陸伯慈、白約翰、賈恩培等。無與倫比的、高水準的、強大的教師陣容，吸引著無數有志青年，報考者特別多，甚至以報讀西南聯大為殊榮。

但是，這令莘莘學子神往的聯大，校舍卻簡陋得出奇，生活條件也艱苦得驚人。儘管如此，老師們依然甘於艱苦，甘於淡泊，嚴謹治學，潛心鑽研，著書立說，誨人不倦；同學們則安貧樂道，以天下為己任，讀書不忘救國，救國不忘讀書，形成了剛毅堅卓、刻苦鑽研、勤奮學習的優良風氣。

聯大不僅「內樹學術自由之規模」，而且有「外來民主堡壘」之稱號。聯大還繼承了三校的光榮傳統，廣大師生高舉愛國民主大旗，堅持團結抗戰，成了當時大後方的「民主堡壘」。而「一二‧一運動」、「最後一次演講」、「李聞慘案」……表現了「民族的英雄氣概」，為聯大的歷史寫下了最精彩的絕筆。抗戰勝利後，西南聯大宣告結束。西南聯大培養了眾多享譽中外的科學家，有獲得諾貝爾物理學獎的楊振寧和李政道，有中國「兩彈一星」的功臣朱光亞、鄧稼先等。

「同艱難，共歡悅。聯合競，使命征。」正如一位研究西南聯大歷史的美國學者所說：「中國在半個世紀以前，就能夠產生這樣一所具有世界先進水準的大學，是非常值得研究的。這所大學的遺產是屬於全人類的。」

「西南聯合大學」遺址現在雲南師範大學校內，立有馮友蘭撰文、聞一多篆額、羅庸書丹的《國立西南聯合大學紀念碑》，還有聯大的群雕像及其他一些紀念物，不禁令人睹物思人。

中國最大的銅鑄殿知多少

中國的銅殿共有四個：昆明銅殿鑄造工藝精湛，重量首屈一指，有 250 餘噸，是中國的一件國寶，也是中國現存最大的古代純金屬殿宇建築；湖北武當山天柱峰的銅殿，重 80 餘噸，為明朝永樂年間（西元 1403—1425 年）鑄造，重量居第二；北京頤和園的銅亭只有 56 噸，是清朝光緒年間（西

元 1888 年）慈禧太后建造，位居第三；山西五臺山有個銅殿，是明朝萬曆三十九年（西元 1611 年）鑄造，重量不到 49 噸，列居第四位。

昆明的銅殿，即是位於昆明東北郊鳴鳳山（又稱鸚鵡山）上的金殿。據地方文獻記載，金殿建於明朝萬曆三十年（西元 1602 年），因雲南東川等地產銅，每年都要按規定數量運往湖北鑄錢。後因戰亂無法將銅運往湖北，當時鸚鵡山道長徐正元便請巡撫陳用賓和世襲黔國公沐昌祚，仿照湖北武當山七十二峰的天柱峰銅殿建造，冶銅鑄成殿宇，供奉「北極真武大帝」，取名為「太和宮」。崇禎十年（西元 1637 年）張鳳翮巡雲南時，將殿宇移往賓川雞足山。

現存的金殿是清初吳三桂重建的。在殿的大樑上還鑄有「大清康熙十年，歲次辛亥（西元 1671 年），大呂月（農曆十月）十有六日之吉，平西王吳三桂敬築」等字樣。金殿高 6.7 米，寬 7.8 米，深 7.8 米，占地 180 平方米。殿內有精鑄道教崇奉的「北極真武大帝」，高 2 米多，兩旁的金童玉女，高如常人，四面銅牆均為銅鑄格子門，雕刻線條流暢，形象生動。

你知道中國最早培養新式陸軍的軍官學校雲南陸軍講武堂嗎

在雲南近代歷史上，有一文一武兩所學校非常有名，一文是西南聯合大學，培養了一大批傑出的科學家、教育家；一武是雲南陸軍講武堂，培養了一大批傑出的軍事家、革命家。兩者都在中國近代歷史上，尤其是近代教育史上享有盛譽。

雲南陸軍講武堂是適應清末軍制改革，建立新式陸軍，需要大批新式軍官而創辦的。雲南陸軍講武堂創辦於清朝宣統年間，即西元 1909 年 9 月，原系清朝培訓新式陸軍軍官的學校，共辦了 19 期，科目有步、騎、炮、工 4 科，1928 年結束。講武堂最初的總辦（校長）由雲南兵備處總辦高爾登兼任，雲南留日士官學校畢業生、同盟會會員李根源為監督。不久高爾登辭去兼職，李根源繼任總辦，主持校務。加上大批留日回國學生、同盟會會員被聘為講武堂教官，從而使當時的革命派掌握了講武堂的大權。這樣，清末的雲南陸軍講武堂不僅規模較大，課程較完善，教育品質較高，而且充滿著革命的氣

氛。由於雲南陸軍講武堂在中國近代史上有著光輝的歷史，朱德稱之為「中國革命的熔爐」。

講武堂創辦的 20 年間，為中國和亞洲一些國家培養了一批優秀的軍事人才。所畢業學員 4000 多人，有南洋華僑青年，朝鮮和越南等國青年，均系護國、靖國戰爭之後，慕名遠道而來的求學者。畢業生中，湧現了一些著名的革命將領，如朱德、葉劍英、周保中、曾澤生等；雲南的龍雲、盧漢等也畢業於此。同時，學校教員多數從日本士官學校畢業，其中有一部分教官是孫中山領導的同盟會會員，這使講武堂成為當時雲南革命力量的重要據點。所以，滇軍的成長，也是與雲南陸軍講武堂分不開的。以後，雲南陸軍講武堂培養的許多學生又參加了黃埔軍校的高級班，接受更高等級的軍事教育，並成為革命戰爭中主要力量。

陸軍講武堂，辛亥革命後改稱講武學校；20 世紀 30 年代末，改為國民黨中央陸軍軍官學校第五分校；50 年代初，為中國人民解放軍昆明步兵學校。今主體建築整修一新，被列為全中國第三批重點文物保護單位。雲南陸軍講武堂的舊址在翠湖公園西畔，現存講武堂主體建築為「走馬轉角樓」式的二層磚木建築，基本呈正方形四合院樣式。西樓為教室，東樓為辦公室，南北樓為學生宿舍。四樓對稱相接，渾然一體。

「爨」姓在雲南歷史上有何意義，「大、小爨碑」又有何價值

在相當於魏晉南北朝的 400 多年時間裡，爨氏統治在烏蒙滇洱崛起，整個雲南，包括貴州西部和四川南部，都成為爨區，其核心區域是今楚雄以東、滇池周圍到曲靖、昭通一帶。

以南中大姓爨氏統治下的爨文化，既是一種歷史地域文化，也是中原漢文化與邊地夷文化的融合。爨文化的特徵具體表現在以下一些方面：以曲靖珠街蝙庫坑發現的大面積炭化稻和呈貢東漢墓葬出土的陶制水田模型為標誌的農業文化，以及以梁堆墓葬出土的陶制畜禽為標誌的牧業文化；以梁堆出土墓葬器物，尤其是以「朱提堂狼洗」為標誌的手工業、冶金業文化；以「五尺道」和「南夷道」為代表的交通文化；以郡縣、姻親制並重，並在其中突

出同姓相扶、異姓「遑耶」為內容的制度文化；以崖墓葬、懸棺葬為突出代表的少數民族葬喪習俗。

大、小爨碑則是這段歷史的記錄者，它記載了這段歷史的驕傲。大爨碑，是清道光時期出土的爨龍顏碑，屬於南北朝時期的劉宋碑。碑額上部浮雕青龍、白虎和朱雀，左右雕日月，日中有駿馬，月中有蟾蜍。碑文體制古茂，乃漢代楷隸遺法，剛勁古相，康有為稱之為「雄強茂美之神品」，書法界評其為佈勢如精工畫人，下筆如昆刀切玉，被譽為「南碑瑰寶」。它是隸楷過渡的產物，突破了原來的線條結構形態，從而奠定了今天漢字的結構法，即點畫結構的法則，因此又被譽為「雲南第一古石」，其書法價值已名揚中國外。小爨碑，是清乾隆四十三年（西元 1778 年）時出土的爨寶子碑。因與爨龍顏碑相比，此碑字數較少，石碑較小（高 1.83 米，寬 0.86 米），故後人稱爨寶子碑為「小爨碑」。小爨碑的風格則是筆劃粗重厚實，結體蔑視成法任意為之，特殊的大小交錯，正斜互補的正書章法。小爨屬於正書，透過局部誇張、強調、變形、推向極端，構成各種矛盾和衝突，然後在矛盾和衝突中求得一種交錯、互補、動態的平衡，從而顯示出自己的特點和魅力，被康有為評定為「正書古石第一」。

如果說小爨碑是以稚、拙和奇、巧的對立統一作為自己的特點而吸引人的話，則大爨碑卻完全是靠筆力雄強和參差茂美取勝。然而，它們的共同之處就在於：

一是兩者都是內地文化和邊地文化、漢族文化和少數民族文化相互碰撞和融合的產物，特別是大爨碑上的四神圖；

二是兩碑都有著（東晉時期）滇文化及民族審美的鄉土性和原始性特點，特別是小爨碑。因此，兩碑的文化價值也是突出的，對於研究南朝時期雲南的歷史有極其珍貴的史料價值。

雲南有哪些有名的土司衙署

宣撫司是封建時代中央政權在邊疆設置的統治政權機構，分宣慰司、宣撫司、安撫司三等。宣撫司是武職，具有生殺大權，相當於地方的土皇帝。

南甸宣撫司平時級高七品，即縣官之職，但在特殊情況下，可以隨官而升，如接待上司或鄰邦交往，可隨對方官銜而提高，最高可達四品官，也就是當地老百姓說的「見官大一級」。所謂司署，就是衙門，署內除了辦公處外，還兼有住宿及所需要的附屬建築物等。

雲南現存較完整的有名的土司衙署，有建水納樓司署、南甸宣撫司署和孟連宣撫司署等。

紅河州建水納樓司署，位於建水縣南面 40 公里之坡頭鄉的回新村，為納樓茶甸長官司土副長官普氏的衙署，是其第四子普衛寅所建，占地 2895 平方米，是雲南規模最大、保存最完整的少數民族土司衙署。它建於民國年間，是納樓茶甸彝族土司後裔普氏土司的衙門之一。普氏於明洪武年間受封為副長官司，世襲至清代。光緒九年（西元 1883 年），土司內部爭權，臨安知府報經雲貴總督批准，將納樓土司管轄的地方分給其 4 個兒子繼承，民國初年改為土知州。納樓司署現為國家級文物保護單位。

南甸宣撫司署，位於德宏州梁河縣遮島鎮，始建於清鹹豐元年（西元 1851 年），為第 25 代南甸土司刀永安所建。其建築群按漢式衙署式佈置，由五進四院 47 幢 149 間房屋組成，占地面積 10625 平方米，按土司衙門等級分為公堂、會客廳、議事廳、正堂、後花園，逐級升高，是雲南西部保存最為完整的一處土司衙署。

孟連宣撫司署，傣語稱「賀罕」，意為「金色的王宮」，是統治孟連長達 600 餘年的 28 任刀氏土司的府第。孟連宣撫司署始建於明永樂四年（西元 1406 年）。孟連宣撫司署曾在清代被焚燬，現存建築重建於西元 1878—1919 年，占地 10000 多平方米，整個建築由門堂、議事廳、正廳、東西廂房、糧倉、廚房及監獄、奴僕住房組成，後兩項現已無存。其中，門堂為二疊小歇山飛簷鬥拱大門，充分體現了儒家思想的物質載體，是雲南眾多的土司建築中保存較好的，也是雲南清代傣族土司衙署的代表。

大觀樓長聯中的「唐標鐵柱」說的是什麼意思，「唐標鐵柱」在何處

　　昆明大觀樓長聯被譽為「海內第一長聯」，享譽中外。作者清代名士孫髯翁在長聯中，以「漢習樓船、唐標鐵柱、宋揮玉斧、元跨革囊」16 字高度概括了自漢代以來中原王朝在雲南的文治武功和開疆拓土盛事。西元 7 世紀中葉，為了掌握對雲南洱海地區的控制權，唐王朝對青藏高原上崛起的吐蕃地方政權進行了一場激烈的軍事較量。西元 707 年，為徹底打敗吐蕃南下勢力，唐王朝派遣唐九征率軍從四川進入洱海及滇西地區，與吐蕃進行了大規模的戰爭，並取得勝利。這次戰爭因唐九征戰勝後立鐵柱紀功，並見於大觀樓長聯而被稱作「唐標鐵柱」事件。

　　關於「唐標鐵柱」的遺址，主要有「漾濞說」、「滇池說」、「姚州說」、「祥雲說」、「彌渡說」等。然而，據最新資料說明，「唐標鐵柱」就在今天大理的漾濞縣境內。漾濞縣城西漾濞江上雲龍橋是古代橫貫亞洲大陸南部的蜀身毒道（今又被稱為「南方絲綢之路」）「博南道」段上的一個必經渡口。因為這條路的緣故，大理點蒼山西部漾濞成為大理的大後方，具有重要的戰略地位，是歷代兵家必爭之地，歷史上發生過許多重大事件。宋末忽必烈就是從漾濞石門關附近翻越點蒼山攻滅大理國的。唐九征與吐蕃最後的決戰也發生在漾濞，所以鐵柱的地點也會在此附近。據考證，「唐標鐵柱」所用之鐵來源於漾濞江和順濞江上的鐵橋鐵索，按當時鐵橋形制估算，重量不低於 10 噸，以當時的運輸能力推斷，拆毀後難以長途運輸到別處再鑄建，就近在戰爭勝利地點澆鑄更為合理，因此立鐵柱地應當就在最後拆除的這座橋（漾濞江橋，今漾濞縣城西漾濞江上）附近。在戰勝之地漾濞立鐵柱紀功才更具彰顯功績的目的。

　　明代雲南名士李元陽到漾濞石門關遊歷時，就曾留下過膾炙人口的《石門山記》，其中有「至溏溪，為唐禦史唐九征立銅（鐵）柱之地，今失其處矣」句。溏溪是漾濞縣城東側流入漾濞江的雪山河的古名，這也是「唐標鐵柱」在漾濞的確切記載。明代徐樹丕《識小錄》卷一載：「唐禦史唐九征立銅（鐵）柱於點蒼山之溏溪。」說法與李元陽一致。後代來往於南方絲綢之路上的文人在經過漾濞時有感而發的很多詩篇中，也反覆提到「唐標鐵柱」。這都說明「唐標鐵柱」就在漾濞縣，確切地點就是今漾濞竹林寺。

中國規模最大、保存最完整的抗戰紀念陵園在哪裡

在保山市騰衝縣南1公里的疊水河畔小團坡下，建有一紀念1944年中國遠征軍二十集團軍騰衝收復戰陣亡將士的陵園。辛亥革命元老愛國人士李根源先生借楚辭《國殤》之篇名，題為「國殤墓園」，這就是中國規模最大，保存最完整的抗戰紀念陵園。

國殤墓園建成於1945年7月7日。墓園按中軸對稱進行佈局，其西南角的小團坡是全園最高處。以小團坡為起點，沿東北向軸線，依次建有烈士紀念塔、烈士墓塚、忠烈祠、墓園大門等建築，占地面積53300平方米，建築面積9826平方米。

墓園的大門為八字形古式門樓，門額鑲有李根源所書「國殤墓園」四個大字，大門右側掛有「滇西抗戰紀念館」的牌子。兩側粉牆上，分別繪有表狀烈士精神的龍騰、虎躍形象，旁邊有一方國務院頒立的全中國重點文物保護碑。門後為一條長甬道，甬道兩側有近年來新建的民族風格濃郁的陳列館，分為兩個展廳，展出反映騰衝抗戰的實物100余件，紀實照片274張。陳列分為「太平洋戰爭」、「騰衝抗戰」、「騰衝人民對抗戰的貢獻」、「中印公路的建築」、「騰衝戰役中部分抗日將士事蹟介紹」五個部分。

主體建築忠烈祠坐落在甬道盡頭的高臺上，臺前正中刻「碧血千秋」四個大字，為蔣中正所題，李根源書寫。忠烈祠具有古代祠廟建築的風格，面闊五間，重檐歇山頂，四周設迴廊。上簷下懸蔣中正題「河岳英靈」匾額，祠堂正門上懸國民黨元老於右任手書的「忠烈祠」匾額，祠堂中央高懸孫中山先生的畫像及「總理遺囑」。兩側牆壁上鑲嵌抗日陣亡將士名錄碑76方，刻有9000烈士的姓名。兩側的廂房現闢為展廳，陳列著反映當時戰況的照片。祠內外立柱懸掛國民黨高級軍政要員何應欽、衛立煌、孫科、陳誠、龍雲及遠征軍二十集團軍軍師將領霍揆彰、周福成、闞漢騫、顧葆裕等人的題聯、輓詩、悼詞。祠前立有數通石碑，主要有蔣中正簽署的保護國殤墓園的《國民政府軍事委員會佈告》碑、集團軍總司令霍揆彰的記述騰衝作戰經過的《忠烈祠》碑和《騰衝會戰概要》碑、李根源的《告滇西父老書》碑、張問德的《答田島書》碑等。

忠烈祠的背後是相對高度 31 米的小團坡，坡頂立有高 10 米的紀念塔，外形為方形柱式，系用騰衝特有的火山岩雕砌而成。塔身正面鐫刻著霍揆彰的題書「遠征軍第二十集團軍光復騰衝陣亡將士紀念塔」，塔基正面刻有蔣中正題、李根源書的「民族英雄」四個藍色大字，其餘三面為騰衝抗戰紀要銘文。以塔為中心，輻射狀地把坡體分為六個等分，每個等分都代表一個師，密佈著墓碑。墓碑上書陣亡將士的姓名和軍銜，碑下葬有該人的骨灰。整個烈士塚共立墓碑 3346 塊，其中包括戰死的援華美軍人員。此外，在墓園大門內右側的角落裡還築有埋了四具日軍屍骸的土墳，立有黑色「倭塚」二字，也是李根源手書。

中國創建最早的青銅器博物館在哪裡

在東漢以前的滇中地區，曾活躍著以古滇人為主體的滇文化。若要尋找古滇國文明的亡魂遺風，則要到雲南玉溪市江川縣。玉溪市江川縣，從戰國時期莊蹻入滇以來一直是滇國屬地，一縣含星雲、撫仙兩湖，被譽為「滇中碧玉」、「高原水鄉」和「魚米之鄉」。2000 多年前的江川與晉甯共為古滇國的政治、經濟和文化中心區，燦爛而悠久的高原水鄉魚文化，古老而神秘的古滇國文化，使得江川有著獨特的文化魅力。

江川縣李家山古墓是戰國重要墓地之一。1972 年、1992 年，文物工作者先後兩次在這裡清理了古墓 85 座，獲出土文物 3500 多件，其中有馳名中外的牛虎銅案、虎皮鹿貯貝等重要青銅器。1992 年，國家文物局將此墓地列為十大考古新發現之一。為展示這些珍貴的文物，1994 年文物局在江川建成了中國第一座青銅器博物館——雲南李家山青銅器博物館，並於 1994 年 10 月 9 日舉行了開館儀式。此博物館的建立，為研究古滇國政治、經濟、軍事及文化提供了極其寶貴的實物資料。

青銅器是滇人創造的文化中最為奪目的一顆明珠，而在眾多古樸華美的青銅文化中又以國寶級文物「牛虎銅案」最為精美絕倫。它以其濃厚的原始神秘氣息和富於美學創意的結構深深地吸引著世人的關注。「牛虎銅案」由三隻動物立體構成，主體是一頭母牛，四足踏地，一頭直立的猛虎撕咬著它的尾部，而受驚嚇的小牛犢躲在母牛的四蹄間。整個銅案構圖新穎，造型完

美，重心平穩，動靜統一。案是一種古代祭祀器物，用於祭祀時放置祭品。「牛虎銅案」是與北方「馬踏飛燕」齊名的國之瑰寶。

古滇國，埋藏著一段輝煌的歷史，那裡是中國青銅文明的起源地之一。徜徉在中國第一座青銅器博物館內，也就徜徉在了歷史的奇蹟之中。

[宗教探秘]

無論身處世俗生活還是身處宗教世界，人們心中都有自己一片心靈的天空。於宗教信仰者來說，對彼岸的朝聖是一條神聖之路；現代的旅遊朝聖生活，則更能使旅遊者在神明世界裡釋放勞頓，淨化心靈。

在社會的喧囂與朝聖的寧靜之間，帶給人們的往往是心靈深處的回歸感。身外的世界，是精彩抑或無奈並不重要，靈魂的家園才是最終目的地。「世外桃源」、「香格里拉」，已成為人們心中不變的夢想。人們所尋找的「香格里拉」，就在神聖與現實、世俗與聖境中的一線，那也就是人類共同的嚮往與追求。旅行之美，或許也正在這種探秘的過程之中。

昆明市內最大的佛教寺廟是哪一座

昆明圓通寺，是昆明市內最大的佛教寺廟，也是雲南省和昆明市佛教協會的所在地。早在唐代，雲南地方割據政權南詔的統治者蒙氏在這裡修建了「補陀螺寺」。「補陀螺」又譯作「普陀」或「補陀洛迦」，是梵語的譯音，意思是「光明」。傳說「補陀螺」是一座佛教聖山的名稱，坐落在印度的南海，是觀音菩薩的道場。這座寺廟用「圓通」作名稱，仍然是繼承了觀音道場的意思。因為「圓通」是觀音的三十二個法號之一，意思就是「明白」、「開竅」。圓通寺歷經明清兩代和建國後多次大規模維修、改建，形成了今天這個規模，是國務院公佈的全中國重點佛寺之一。

不同的寺廟有不同的風格，圓通寺就有三個與眾不同的特點。

第一個特點，圓通寺的前身——補陀螺寺，是中國最早的觀音寺。

第二個特點，寺中的放生池不僅是全寺的最低點，也是整座寺院的中心。池中建有八角亭，亭的南北兩邊各有一座三孔石橋和兩岸相連，水池周圍又

有迴廊環繞，像這樣將江南園林建築風格運用在莊嚴、肅穆的佛寺中，形成別具一格的水苑佛寺，在全中國都是少見的。八角亭上這副「水聲琴韻古，山色畫圖新」的對聯，極好地概括出了這一特點。

第三個特點，就是大乘佛教、小乘佛教和藏傳佛教三大教派融為一體，這在中國乃至世界恐怕也是不多見的。寺內的主體建築是圓通寶殿，與一般佛寺中的「大雄寶殿」不同。「大雄」是對佛祖釋迦牟尼的尊稱，意思是「法力無邊，一切無畏」。殿中供奉的是釋迦牟尼佛，而圓通寺供奉的是觀音菩薩，所以大殿就叫「圓通寶殿」。又由於清朝同治年間，大殿內的主尊觀音像毀壞，到光緒年間重修時，卻被塑成了釋迦牟尼佛像，因此大殿名稱與供奉的佛像不一致。

寺內還有一個特別的地方是，位於圓通寶殿後的銅佛殿。銅佛殿建於1985 年，是專門為了迎奉泰王國佛教協會贈送的釋迦牟尼銅像而修建的。殿內兩壁繪有四幅彩圖，分別反映佛祖出家、得證佛法、初轉法輪、圓寂涅槃的全過程。殿前匾額上的「銅佛殿」三字是中國著名書法家、中國佛教協會會長趙樸初先生所題。

除了這些景觀以外，藏傳佛教的供奉殿也是圓通寺的一大景觀。這座配殿內供奉的塑像是模仿雲南規模最大的藏傳佛教寺院——香格里拉歸化寺大殿內供奉的主尊塑造的，中間的是釋迦牟尼佛，左側是藏傳佛教最大的教派格魯派，也就是黃教的創始人宗喀巴，右邊供奉的是藏傳佛教另一個教派寧瑪派，也就是紅教的創始人蓮花生大師。

雲南馳名中外的五百羅漢彩塑在哪個佛寺

昆明城西北有玉案山，盤旋逶迤十餘裡，翠峰屏列，林壑幽深，山泉叮咚，白雲環繞。「玉案晴嵐」，為古代「滇陽六景」之一。

玉案山不僅風景秀麗，而且為昆明的佛教聖地，環山皆列禪剎，舊有十餘座佛寺。以歷史之久遠，影響之大，香火之盛而論，當以筇竹寺為首。筇竹寺以其造型優美、馳名中外的五百羅漢的彩塑被譽為「東方雕塑寶庫的明

珠」。這些作品由四川民間雕塑家黎廣修（字德生）和他的五六個助手歷經
7 個寒暑（西元 1883—1890 年）的辛勞而完成。

　　羅漢堂內的羅漢千姿百態、妙趣橫生，體態風度富於變化，表情姿勢各
有不同，紋飾據年齡及人物性格特點及其所處的環境又各有區別。從而使
五百羅漢各呈妙態，無一雷同。整個羅漢堂既有單個的雕刻，又有組雕；有
一線形的佈局，也有圓形的構圖，多種形式，交互使用，在統一中求變化，
既多姿多彩，又有完美的整體效果。這些燦若群星的藝術形象，不僅人體比
例、肌肉骨骼、服飾衣紋都大體與常人相同，而且他們的喜怒哀樂、舉止動
作亦如常人，既古樸自然，又有渾然天成之感。值得注意的是，塑像上的不
少顏料，是雕塑家們用礦物自己研末配製，歷久而不變色，敷色協調，清新
不俗；衣飾的貼金，係用純金打造，片薄紋美，用植物膠粘上，至今仍閃閃
發光，顯示了高超的工藝水準。

　　據說，黎廣修是四川合州人（今重慶市合川縣），幼時曾讀詩書，後隨
前輩們以塑像為業，他青壯年時期，就曾在四川新都寶光寺塑羅漢中大顯身
手，成為四川泥塑高手。後來，應筇竹寺住持夢佛大和尚之請，來到昆明塑
像。黎廣修師徒，並不滿足於已有的成績，而是精益求精，刻意追求。他們
本身來自生活底層，胸中都儲蓄著不少生活的形象，在雕塑中又不斷地從生
活中捕捉形象，熔鑄到其中。據說，廣修本人，每天晚飯後，常至黑林鋪茶
館品茶，凡見到相貌奇特，別具典型特徵的人物則注目審視，默記於心；或
因工作進城辦事，碰到典型人物仔細觀察，回來勾出草圖。豐富的積累，使
得其塑像得心應手，神態逼真，不落俗套，並富於生活情趣。

　　「天涵寶月」是怎麼一回事

　　從安寧溫泉過螳螂川大橋，南折，沿山徐行，不久可見到一座山中古寺，
即是安寧曹溪寺。寺院規模不大，環境卻極清幽，古樸莊重富於民族特點。

　　走入山門，由天王殿兩側入內，經過有十八羅漢的曲廊，便到達曹溪寺
的正殿。正殿東面上屋簷下有一圓洞，據說每逢六十年甲子中秋之夜，皓月
東昇，月光從小圓洞窗直射殿中釋迦牟尼佛像的額端，其圓如鏡，沿鼻樑直
下移至肚臍而止，形成「曹溪映月懸寶鏡」的奇觀，被稱為「天涵寶月」，

今有這四字橫匾懸於殿門之上。寺內的木雕華嚴三聖像，據說也是宋代的作品，彌足珍貴。正殿精密的鬥拱結構、明月透孔映佛額的巧妙設計，顯示了古代雲南各族勞動人民的智慧，反映了他們在生產實踐中運用力學和天文學的能力。清初第一部《安寧州志》有如下記述：「每二、八望夕……（月）光照正殿佛胸，其圓如鏡。」明確指出，每年農曆二月和八月的十五晚上，曹溪寺的「月映佛胸」都會出現。

宇宙間，奧秘不少。20 世紀 80 年代初，有人在春分和秋分前後幾天的清晨，看到曹溪寺「日映佛胸」（朝陽由小圓窗內射到大殿正中的佛像上，由頭及胸），雲南天文臺有人還預測出好幾個可見「日映」的日子，且於 20 世紀 90 年代初獲得證實。此事在《科學之窗》和《安寧文史資料選輯》上都刊載過。

昆明市現存的「過街塔」指的是哪座塔

「過街塔」，顧名思義，是建於大街或大道上的一種古塔。其最大特徵是塔的下部建為門洞形，可通行人或車馬。過街塔是印度古塔與中國傳統的城關式建築相結合的產物。它的修建始於元代，由於當時統治者推崇藏傳佛教，大修喇嘛塔，過街塔的形式也以喇嘛塔為主。

位於昆明東郊古鎮官渡螺峰村的「金剛塔」便是這樣一座過街塔，又稱「穿心塔」。金剛塔為沙石所建，形制之奇，建工之精，堪稱中國金剛寶座式塔中之上品。

據典籍志書記載，金剛塔始建於明朝天順元年（西元 1457 年），次年落成。至今歷經 500 多年的風雨滄桑，其塔雖為風蝕斑駁，但風骨依舊，傲然聳立。金剛塔東西南北四道券門十字貫通，據說，以前人們往返經過此地都要穿行此塔，甚至連新娘的花轎也不例外。人們認為這樣可以與神相通，闢邪，帶來好運。在基座十字券洞穹隆頂部，嵌有一銅鑄雕板，四角雲紋，中心浮雕八葉蓮花，趺坐八如來，正中大日如來獨坐，共是九佛。這是表現金剛界佛眾的法器，叫「金剛界九會曼陀羅」。

　　金剛塔須彌座式基臺高 4.8 米，邊長 10.4 米。基臺上有 5 座佛塔，中心的主塔較為高大。主塔的四邊是形制一致的小塔，基臺四角雕有力士像 4 尊，四面皆為雕刻，形象生動，刻工精湛。放眼望去，金剛塔主塔狀似喇嘛塔，塔的下部是 7 圈蓮瓣，上承覆缽形塔身，四面各開一佛龕，並塑有佛像。塔剎上有十三天相輪、銅寶傘蓋、摩尼珠和寶瓶。主塔四周的 4 座小塔，通高 8.84 米。主塔與四小群塔，參差不齊，錯落有致，相映成趣。金剛塔從建成至今雖然僅有 500 多年，但卻有著重要的歷史文化和藝術價值。1996 年，國務院將該塔列為全中國重點文物加以保護。

　　雲南現存的藏式喇嘛塔是哪座，有何特色

　　在大姚縣城西的白塔山上，矗立著一座被稱作「倒豎浮屠此獨有，擎天玉柱世間無」的古塔，這就是雲南省重點文物保護對象之一——大姚白塔。因其狀若磐錘，故又名「磐錘塔」。據《新纂雲南通志》和《大姚縣誌》記載，白塔為唐天寶年間西域蕃僧所造，屬於藏式喇嘛塔，為密宗佛教流傳滇西的遺物。

　　白塔高 15.5 米，塔身高 7.99 米，最大直徑 6.16 米，上大下小，頂部呈圓錐形，腰部收縮，其下基層呈八角形，塔共分三部分，為實心磚塔。須彌座高 2.5 米，每邊長 3.12 米，從地表向上疊澀十二層磚，高度 1.5 米，向上又疊澀出四層簷，然後逐漸向上收四層，在塔座上成其中部；中部高 3.32 米，八角形每邊長 1.5 米；上部為十二層密簷座，座高 1.74 米，座上砌成橢圓錐形，一直到頂，高 7.99 米，遂形成一個完整的結構。

　　白塔塔身由梵、漢文字磚砌成，據《大姚縣誌》載，白塔磚有字曰：「唐尉遲敬德監造，與昆明東、西寺塔磚字同。」據前人考證，該塔為唐代益州雙流（今四川境）尉遲和尚所造。塔磚上多刻梵文，漢字磚上刻有「大佛頂」、「八大靈塔咒」、「十六諸佛鎮塔咒」、「資益穀塔咒」、「阿佛惡意正極咒」、「尉遲監造」等字樣。現今，在塔上僅能見到梵文磚，而漢字磚已無影蹤。

　　白塔經歷過數次大地震，見於記載的有明弘治十七年（西元 1504 年）和崇禎九年（西元 1636 年）的大地震，震裂塔頂三尺餘，白塔寺之塔剎有可能在這兩次大地震中失落。該塔經歷代多次修葺，清同治十一年（西元

1872 年），大姚縣知僧大修過一次，連基座都換了新磚，現基部磚上還能看到「同治壬申年署大姚縣康重修」字樣。塔上部多為原物，磚上有漢字和梵文經咒。塔身上的梵文磚呈鐵青色，火候較高，質地堅硬。

白塔在雲南僅此一座，是雲南早期舍利塔的實物例證，也是研究雲南唐代建築、宗教藝術的珍貴文物。它對研究中國唐代漢藏之間、內地與雲南之間的文化交流，具有重要的史料價值。

雲南南傳上座部佛教的佛塔知多少

南傳上座部佛教對雲南的影響很大。在建築領域，其影響的一個重要表現就是具有大量南傳上座部佛教風格的佛塔出現。目前，在雲南境內保存較完整的有曼飛龍白塔、姐勒金塔、景真八角亭等。

曼飛龍白塔位於景洪市猛籠鄉曼飛龍寨北的後山頂上，距景洪縣城 69 公里，始建於清乾隆（西元 1736—1795 年）時期，是西雙版納著名的南傳上座部佛教建築。塔系磚石建造，由大小九塔組成。塔基為一圓形石座，周長 42.6 米，八角各砌一佛龕。主塔高 16.29 米，四周小塔各高 9.1 米。塔呈葫蘆狀，塔身潔白，有各種精美的塑飾和彩畫。佛龕飾有各種動物、花草、卷雲紋裝飾。塔剎由寶瓶、銀鈴、風鐸等組成。每年潑水節，各族人民和中外賓客風雲而至，參觀傣族的潑水、丟包、趕擺、放高升等活動。1988 年 1 月，國務院公佈曼飛龍塔為全中國重點文物保護對象。

姐勒金塔，傣語稱「廣母賀卯」，意為「在壩子馬頭的塔」。它距瑞麗市東北 7 公里。該塔歷史古老，歷經 5 次修繕，為德宏佛塔之冠，與緬甸曼德勒佛塔齊名，是東南亞著名佛塔之一，是瑞麗最古老的佛教建築、佛事活動場所和旅遊景點。

據傣族史書記載，遠在速塔共瑪臘王子統治時期（具體年代已不可考），一天夜裡，王子發現姐勒山丘發光，翌日派人查找，發現有熊、麻雀、野鴨、牛、人等 7 種骨頭。他聯想到了傳說中釋迦牟尼轉世時，曾輪迴 550 次，當他輪迴為麻雀、野鴨、牛、熊等動物時，曾在姐勒休息。王子認定姐勒的小山丘是佛祖轉世輪迴的聖靈之地，便命人在山丘上修了大金塔，埋葬了這 7

種骨頭，以志紀念。自此，姐勒金塔天天香火不斷。猛卯土司也在金塔做一年一度的佛事，並代代相傳。姐勒大金塔，是由大小共 17 座塔組成的群塔，為鋼混結構。主塔高 39.5 米，塔身貼滿金色瓷磚，四周環繞著 16 座小塔，塔身均塗金粉，遠遠望去，金碧輝煌，雄偉壯麗。塔基用大小不同的長方青石組成，中層為正八菱形，塔身呈圓錐體，頂尖置有銅冠，系有近百個風鈴，微風吹來，鈴聲悅耳。整個金光燦燦的金塔，掩映在樹林之中，顯示出上座部佛教的獨特風格和傣族工匠的精湛技藝。

景真八角亭位於猛海縣猛遮區景真鄉境內的小團山上。四周傣寨相連，茶園翠綠，風景秀麗。八角亭建於傣曆 1063 年（西元 1701 年），相傳是內地漢族和當地傣族的佛教信徒們仿照釋迦牟尼的金帽式樣而精心設計修造的。亭高 15.42 米，底直徑 10 米，由座、身、頂三部分組成。亭身份 8 個大面，31 個小面，交成 32 個角。24 角牆壁構成亭室，室內供有一尊釋迦牟尼銅像。亭頂插著一根掛有銅鈴的銀傘，與下層八角椽上的銅鈴一起隨風搖動，叮噹作響。亭的內部牆壁上，有金粉印繪的各種花卉、動物圖案，並安裝有各色鏡子。亭的中部是八角樓閣，八個角又分為十層，由下而上，層層重疊收縮，直至頂端，結構精巧，別具一格。這是傣族民間建築藝術的結晶，漢族、傣族人民文化交流的象徵。

「西南第一佛教名山」指哪座山

雞足山位於賓川縣西北隅，與四大佛教名山峨眉、五臺、九華、普陀齊名，被稱為「西南第一佛教名山」。因山勢前列三峰，後拖一嶺，宛如雞足而得名。

雞足山西臨蒼山洱海，北靠金沙江，全山共有 40 座奇嶺，13 座險峰，34 座崖壁，45 個幽洞，泉潭百餘處。崗嶺墾澗林穀峽，構成雞足山雄、秀、幽、奇的自然景觀。明代地理學家徐霞客曾兩次登山覽勝，讚歎雞足山「奇觀盡收古今勝」。雞足山主峰天柱峰，海拔 3240 米，登上山頂可東看日出，南觀祥雲，西望蒼洱，北眺玉龍雪山，徐霞客曾為一座峰頂而集中了日、海、雲、雪「四觀」而感歎不已。該峰頂不但可以為雞足山之首，也可算海內之冠。除了「四觀」外，雞足山還有「天柱佛光」、「華首晴雷」、「洱海回嵐」、

「蒼山積雪」、「萬壑松濤」、「飛瀑穿雲」、「懸岩夕照」、「塔院秋月」等八景，為歷代騷人墨客所吟詠。

雞足山是中國著名的佛教聖地之一。相傳，這裡是釋迦牟尼十大弟子之一的迦葉，抱金縷袈裟，攜舍利佛牙，來此設置宣講佛法的「道場」。雞足山上的佛教建築，始於唐，繼於宋、元，盛於明、清，直至民國仍有增修。清康熙時，雞足山有大小寺 42 座，庵院 65 個，靜室 170 餘所，寺僧 5000 餘人。雞足山寺廟中最負盛名、保存最好的寺是祝聖寺，它是清代高僧虛雲和尚得到慈禧資助而建蓋的，光緒皇帝賜名為「護國祝聖禪寺」。雞足山海拔最高的寺是金頂寺，位於雞足山主峰天柱峰頂，寺內楞嚴塔，是 1929 年雲南省主席龍雲登山遊覽時應僧人請求，撥鉅資興建的。龍雲為楞嚴塔題詞：「法相莊嚴」。雞足山目前修復規模最大的寺是迦葉殿，它是由四川文殊院寬霖會長發起，由大弟子宏道法師主持重建的，於 1994 年竣工。殿有四重，迦葉殿中供奉香檀木雕迦葉坐像，高 3.3 米，重 1.6 噸。

雞足山中部地區屬斷裂形成的山間凹陷地帶，悉檀河縱貫其中，沿河兩岸的尊勝塔院、悉檀寺、祝聖寺、寂光寺、石鐘寺、大覺寺等大型寺院建築群以及無數的庵、閣、亭、樓、堂自下而上，像佛線穿珠，一直延伸到天柱峰腳的慧燈庵，為遊覽雞足山的主遊道。山中寺廟多依山臨岩而築，高下佈置，錯落有致，隱映在蒼松翠柏之中，有藏有露的建築佈局手法，形成獨特的景觀。雞足山上的杜鵑也特別有名，有紅棕杜鵑、雲南杜鵑、露珠杜鵑、絨毛葉黃花木等，春風送暖時，杜鵑花開如霞，長達數里，為雞足山一景，被稱為「杜鵑長廊」。現在，雞足山已成為聞名中國外的旅遊勝地，並且被國家列為「重點風景名勝區」和「雲南省自然保護區」。

雲南有碑林嗎

他留宗支山位於麗江永勝縣六德的玉水、營山、雙河 3 個行政村結合部，這裡風光旖旎，氣候溫和，滿山遍野的蒼翠間掩映著一片世所罕見的大碑林，此即「六德碑林」。約在 3 平方公里的山林裡，分佈著萬餘座墓碑，尤為集中的塋區達 100 公頃。墓群依山而築，錯落有致，華表碑石林立，佈局嚴謹，氣勢宏偉。此碑林為他留人墳山。他留人屬彝族支系，其古墓群都有用規範

漢字鐫刻的碑文，文字工整，書法流利，工藝精湛，很多石碑上刻有他留人的圖騰。據碑文，墳山墓葬始於明嘉靖、萬曆年間，而以清代居多，陳、海、王、藍四大旺族都有後裔為始祖補立的墓碑，碑上列有宗系名單，少則七世，多者達十一世。從他留墳山碑林可以考證他留先民入主定居的年代、圖騰、姓氏演變及社會、經濟、文化發展的歷史進程。

在他留大碑林東南緩坡上，還留存有興建於明末清初的他留古城堡遺址。這裡地勢險要，歷史上曾是滇西北通往華坪及四川內地的關津道口，也是南方古絲綢之路的重要通道之一，曾一度繁榮，現存古堡遺址方圓約 0.25 平方公里，規模宏大，蔚為壯觀！

雲南現存的偶數古塔在哪裡

雲南古塔甚多，但最著名、最壯觀的當數位於大理蒼山東應樂峰下大理古城北 1 公里處的崇聖寺三塔了。

三塔的主塔名「千尋塔」，方形，密簷式空心磚塔建築，高 69.13 米，16 級，是中國偶數古塔中層數較多的一座。千尋塔是唐代佛教文化在蒼洱地區流傳後的產物。整體建築風格與西安小雁塔十分相似，各層次之間的差距整齊對稱，上下渾然一體，表現出一種承貫連接、渾厚有力、莊嚴流暢的盛唐之風，深深地打下了中原文化的烙印。但也有蒼洱地區的特色，如銅鑄金翅鳥。這是白族先民圖騰崇拜的重要動物之一，是有著蒼洱地區巫文化色彩的神物。

三塔塔身為環築厚壁式結構，內壁垂直，上下貫通，內部設有木質樓梯。塔下部有兩層臺基，塔直立在兩層高大的臺階之上，上層磚砌結構，座高 2.07 米，下層臺基圍以欄板和望柱。主塔南北邊 70 米處各有一座八角形磚塔，每塔各 10 層，高 41.19 米，兩塔頂處有 3 個互相銜接的銅製葫蘆和傘形銅鈴。據專家初步斷定，主塔——千尋塔建於唐開成年間（西元 836—840 年），兩旁小塔晚於千尋塔，約在五代時期（西元 907—960 年）建成。

三塔迄今已維修多次。在維修千尋塔過程中，考古工作者於 1978 年和 1979 年先後兩次從塔中發掘出南詔、大理國時期的各種文物 680 多件，其中

包括《金剛般若經》圖卷、《大陀羅尼經》等珍貴文物，具有較高的歷史價值，是研究南詔、大理國歷史的實物資料。大理三塔有神奇的抗地震能力。據記載，明代正德十年（西元 1515 年）年五月六日，千尋塔「折裂如破竹」，10 天後又自動彌合，安然無恙。1925 年，大理髮生強烈地震，城內 99% 房屋倒塌，而三塔卻巋然不動，僅主塔塔頂的寶剎震落。由此，可看出三塔具有很高的建築技術價值。

雲南境內有「西南敦煌」美譽的石窟是指哪一座

經白族藝術工匠從南詔國天啟十一年（西元 841 年）至大理國盛德四年（西元 1179 年），歷時 300 餘年刻成的石寶山石窟，可與雲岡、敦煌石窟相媲美，享有「西南敦煌」的美譽。石窟在大理州府北約 140 公里的劍川縣南境，位於雲嶺山脈中的石寶山，1961 年被列為國家第一批重點文物保護單位，1982 年被國家列為第一批風景名勝區。

石窟依山就勢，開鑿於石寺附近的懸崖絕壁之上，佈局嚴謹有序。17 個雕刻精細、形象生動、內容獨特、地方民族色彩濃郁的石窟分佈在石寶山的石鐘寺、獅子關、沙登箐 3 處，綿延六七公里的地帶，造像約 140 個。

石鐘寺建於群山環抱之中，殿閣飛懸，簷牙高喙，掩映於蒼松之間。而石窟人物造型在白族雕匠巧奪天工的刀刻刃鏤之下，一個個都變成形象逼真、栩栩如生的精靈。石窟的造像有以下幾類。

一、南詔國王者造像。第一窟為《南詔王異牟尋坐宮圖》，它反映了南詔第六代國王在西元 8 世紀末，同唐重新修好，會盟蒼山，積極學習漢文化，政權鞏固，經濟繁榮的景象。此窟著意頌揚的是唐、南修好，中國統一。第二窟《閣羅鳳議政圖》，反映了西元 7 世紀閣羅鳳統一六詔及開拓疆土的赫赫武功。群雕再現距今 1300 多年前隆重的議事場面。難能可貴的是，它與唐史有關南詔典籍制度的記載相符，和張勝溫所繪《南詔中興二年畫卷》（現藏於日本京都友鄰館）也是一致的，是研究南詔史的重要史料。

二、博采多種文化優點，突出本土文化特色，反映出佛教藝術的瑰麗。白族的宗教信仰深受中原儒學和印度佛教的影響，但以淵源於祖先社神崇拜

的本主宗教為主。隨著佛教的深入傳播，佛教與本土巫教不斷交融，成為複合型的「阿吒力」教，石窟藝術就是這種結合的典型。

石窟中有各種造型各異的觀音，尤以第七窟剖腹觀音（甘露觀音）最特別。窟壁有海浪蓮花，蓮座上端坐的觀音，胸前剖開一長形小洞，左手捧著剛挖出的心置於膝上，右手執楊柳灑甘露，目光安詳，神態寧靜，似有一偉大的胸懷和追求，被譽為「東方的維納斯」。傳說，她是在宣講教義時，把心掏出以示赤誠的。

三、反映原始生育崇拜的造像。在第八窟中刻有「阿盎白」造像。窟分兩層，下層和上層兩側刻有佛和天王造像。在上層正中仰蓮座上雕有一椎狀物，正中鑿一深槽，邊有一道道打鑿物粗獷線條，系女性外生殖器形狀的石雕。白語稱為「阿盎白」。「阿盎」意為姑娘，「白」為裂縫，全意為「嬰兒出生處」。世代白族婦女都要到此給它燒香抹油，頂禮膜拜。它在莊嚴的佛窟出現，甚為罕見，是原始社會對大石崇拜和生殖器崇拜的演化產物。

四、「朵薄西」英雄崇拜，全家福本主造像。「朵薄西」白語為本主，是白族獨有的特殊信仰，具有多神教性質。第九窟的雕像被稱為「本主全家福」，稱王者為「五千載大老爺」，人物佈景同喜洲本主總廟「神者」相一致。「全家福」也是現實主義的石雕作品，反映人民對幸福婚姻家庭的嚮往，是純正的審美意識和求實的價值觀相結合的表現。

遐邇聞名的石寶山石窟，是白族先民創造的精湛絢麗的藝術寶庫。「不到石寶山，枉來人世間。」如今這裡已成為聲名遠颺的旅遊勝地。石窟是中國白族、漢族、藏族、彝族人民互相進行文化交流、友好往來的見證，又是中國西南邊疆人民與南亞人民友好交往的見證；是研究南詔國和大理國的政治制度、宗教信仰、建築、服飾、民族習俗、藝術水準的珍貴實物資料。

雲南最大的藏傳佛教寺廟是哪座

「松贊林寺」漢語又稱「歸化寺」，是雲南最大的藏傳佛教寺廟，被譽為「小布達拉宮」。松贊林寺距迪慶藏族自治州香格里拉縣城 5 公里，始建於西元 1679 年，西元 1681 年竣工後，五世達賴賜名「噶丹松贊林」。為該

寺選址時，達賴喇嘛占卜得神示：「林木深幽現清泉，天降金鶩戲其間。」現在的松贊林寺內有清泉淙淙，春夏不溢，秋冬不涸，並能常見一對金鶩出入。

此寺仿西藏拉薩布達拉宮格局建造，氣勢宏大，建築雄偉，築有堅固、厚實的城垣。全寺占地約 0.33 平方公里，大寺為五層藏式雕樓建築。主殿上層鍍金銅瓦，金光閃閃，「遠近百里如見佛光」。殿宇屋角獸吻飛簷，又具漢式寺廟建築風格，下大殿有 108 根柱楹，代表佛家吉祥數。大殿可容 1600 人跌坐唸經。噶丹松贊林寺內等級森嚴，尊卑分明，分活佛、格西、格嚴、班卓等級。設喀姆、老僧、英則、第巴、格乾等數十種職位。現寺內共有僧侶 700 餘人。

噶丹松贊林寺不僅建築古老宏偉，而且寺內歷代珍品眾多，有五世達賴和七世達賴時期的八尊包金釋迦佛像、貝葉經、五彩金汁精繪唐卡、黃金燈。全寺收藏有《甘珠爾》十部，其中兩部為金汁手書。還有各種精美的鎦金或銀質香爐、萬年燈等。松贊林寺以古老、雄偉、獨特的人文景觀吸引中國外賓客，是難得一見的旅遊勝景。

雲南少數民族中的著名天主教堂是哪座

在德欽縣境南部距昇平鎮 80 公里的瀾滄江兩崖，有個依山面水、美麗幽靜的小山村──茨中。藏語「茨」，為「村莊之意」，「中」為「大」。村民主要有藏、納西和漢三種民族。這裡梯田層層，綠樹成蔭，每當春秋時節，花果滿山，爭奇鬥豔。而當盛夏來臨，則感沐浴清爽，沁人心脾。茨中海拔不上 2000 米，故氣候溫和，主產水稻，素有「魚米之鄉」的美稱。

茨中村中間，矗立著一座法國天主教堂──德欽茨中天主教堂，這就是雲南少數民族中的著名天主教堂。天主教堂原址在茨中南約 15 公里的茨姑村，為清同治六年（西元 1867 年）修建。清光緒三十一年（西元 1905 年）發生驅洋教焚燬茨姑教堂事件之後，得清政府賠款，於西元 1909 年在茨中得以重建，1921 年竣工，歷時 12 年，耗費了巨大的人力、物力、財力。教堂建成之後，即成為「雲南鐸區」主教禮堂，曾先後辦過一所學校和一所修女院。

茨中教堂是一座建築非常精美的古式教堂，綜合了歐式和藏式，漢族和白族的風格。教堂建築群坐落在樹木繁茂的半山腰處，背繫青山，前有座座農舍點綴，建築群體與自然景觀融為一體，別具特色。整個建築以教堂為中心配套組合，中西合璧，主次得體，包括大門、前院、教堂、後院以及地窖、花園、菜園和葡萄園等，結構緊湊，規模壯觀。沿大門築有外圍牆，建築四周以及房間空地，闢花壇，植果木，紅綠相映，風雅別緻。教堂坐西向東，為磚石結構法式（哥特式）建築，整體成十字形。拱形門廊用條石砌成，進深 6 米，寬 3 米，門廊之上再砌成三層鐘樓（瞭望樓），通高 20 米。樓頂為亭式攢尖頂木結構建築，用 4 棵內柱和 12 棵外柱承托脊檁，內外柱間砌有石欄杆。登上鐘樓，茨中景色盡收眼底，還可觀覽四周群山。教堂門為雙門，高 2.72 米，寬 0.74 米，正殿（禮拜堂）進深 22 米，面闊 12.7 米，殿內由兩排 6 棵正方形石柱承托教堂屋脊，兩側設有淨身、更衣側室。教堂屋面用琉璃瓦覆蓋。

雲南最大的道教名山在哪裡

地處雲南大理州巍山縣境內的巍寶山，山勢挺峻，滿山古樹蔥蘢，山中地湧青霞，花放異彩，古人認為山中有寶氣，故名巍寶山，簡稱巍山。1992 年，巍寶山被列為國家級森林公園。與其他高大的山脈相比，巍寶山並不算高。但「山不在高，有仙則靈」，巍寶山是中國 14 個道教名山之一，又是歷史上顯赫一時的南詔國發祥地。這裡的彝族同胞至今還流傳著與南詔有關的傳說——「老君點化細奴邏」，使巍寶山增添了神秘的宗教氣氛，成為雲南最大的道教名山和著名的風景旅遊地。

巍寶山主峰 2509 米，峰巒起伏，綿延數十里，自唐代開始建築道觀，盛於明清，到清末道教殿宇遍佈全山。據史籍記載，巍寶山在漢代就有孟優（孟獲之兄）導師在山中傳教。明清湖北武當山、四川青城山的道人移住巍寶山，先後在山中修建了準提閣、甘露亭、報恩殿、巡山殿、文昌宮、主君閣、老君殿、玉皇閣、三皇殿、觀音殿、魁星閣、三清殿、三公主殿、財神殿、青霞觀、靈宮殿、鬥姥閣、培鶴樓、含真樓、長春洞等 20 多座道觀殿宇，鼎盛時期，道人多達上百人。宮觀依山就勢，佈局巧妙，出閣架鬥，工藝精湛，

雄渾古雅，雕塑形象逼真傳神，雕刻壁畫和圖案豐富多彩，具有濃厚的宗教色彩和民族特色。文昌宮內文龍亭橋墩上的清代壁畫「松下踏歌圖」，反映的是彝族打歌的歡樂情景，是一件珍貴的文物，摹本曾送北京展出，評價甚高。

巍寶山的道教有兩大特徵。一是以道教為主，相容佛教的特點。唐初，道教「五鬥米教」傳入巍寶山，成為當地土著民族的宗教信仰之一。唐代中期，南詔國極力宣導佛教，雖然巍寶山仍是大理地區的主要道場，但佛教成分也滲透到巍寶山，有觀音殿、甘露亭等佛教寺院，形成了佛道兩種教派相互吸收、相互融合的特點。道觀分佈於前山和後山，前山綿亙疊嶂，宮觀多藏於密林之中，以建築規模宏大而著稱；後山險峻陡峭，廟宇多依山勢顯露於岩壁之間。這種有藏有露的建築佈局，體現了道家思想「道德自然」的特點。這些尚保存完好的古建築群，成為研究南方道教思想和建築藝術的重要實物。其中，長春洞古建築群屬全中國重點文物保護單位。二是道教在巍寶山還兼收了土著民族的原始宗教的成分。巡山殿便是這一特徵的代表。相傳南詔始祖細奴邏受老君點化後成為南詔王，死後被封為巡山土主神，成為雲南道教特有的一尊神和當地土著彝族的祖先崇拜之神。這說明，道教在巍寶山傳播發展的過程中，根植於當地民族宗教，是其長盛不衰的重要原因之一。除濃郁的宗教風格造就了「巍寶仙蹤」之外，山中的異井奇泉、山峰雲景，還形成了歷史上有名的「拱城遠眺、天門鎖勝、美女瞻雲、龍池秋月、山茶流紅、鶴樓古梅、朝陽育鶴和古洞長春」共八大勝景。

巍寶山不僅是道教殿宇的集中地和風景名勝區，也是彝族民俗活動的重要場所，每年農曆二月十三至十五的巍寶山歌會，這裡人山人海，是附近彝族青年男女的狂歡節。

雲南獨有的古儺戲「關索戲」有何特色

「關索戲」是古老儺戲中的一種，為雲南省玉溪市澄江縣陽宗鎮小屯村所獨有。此劇種何時形成，是本地原有還是外地傳入，尚待考證。據關索戲老藝人龔向庚提供的情況推斷，此劇種可能是外地的一個儺戲支派，在清初順治年間傳入小屯。初為古代用以驅邪逐疫的儺祭舞蹈儀式，後來逐漸從儺

舞向著表達故事情節的小戲形式發展，最後發展成娛神娛人兼有的古老而獨特的戲劇。澄江的儺戲為何以相傳為蜀漢大將的關索命名，無文獻可考。

關索劇的表演特點是不設舞臺，不化妝，也不受時間、地點的限制，戴上面具（臉殼），穿上服裝，帶上兵器即可出場表演。行業有生、旦、淨三行，而且多以淨行為主，角色以面具和服飾區別。演出時無絃索伴奏，全用鼓點（也不正規）指點起落。一般情況是先由小軍或馬童上場，道說情況以後，即開始各種各樣的翻滾動作以吸引觀眾，繼而生角上，在表演中說說唱唱，唱唱打打，沒有固定程式（也可能是繼承不全），演員可以自由發揮。關索劇的聲腔比較複雜，為無弦伴奏，伴唱摻雜其間。有說源於高腔，但從某些曲調分析，又雜合當地民歌小調、誦佛唱經的旋律，更為明顯的是吸收了滇劇腔調。此劇無固定板式，演唱者不受音域節奏的限制，即便同一曲調，各人所唱均有不同。關索戲曲於年節演出。演出期間，有一套成規儀式貫穿始終，如每年演出前的祭藥王、練武，正月初一起開始演出時的按日出巡、踩村、踩街和踩家，每次演出時開頭必演的節目《點將》，當日演出結束後的辭神，正月十六全部演出結束後的裝戲箱、送藥王等，均有其固定的程式和要求。

為什麼說「不到白地，不算真東巴」

白水臺位於香格里拉縣東南三壩鄉白地村，距縣城 101 公里，海拔 2380 米。由於山坡頂有一股含碳酸氫鈣較高的泉水流出，天長日久便形成了約 3 平方公里的乳白色碳酸鈣泉華，其形一臺一臺的如梯田狀，故名。附近的納西族群眾也稱之為「仙人遺田」。從遠處望去，白水臺如同用一塊巨大的漢白玉雕成，清水從上面流過，猶如流銀瀉乳，蔚為奇觀！

相傳，東巴始祖「丁巴什羅」在白水臺修煉成道，因而這裡被人們奉為東巴道場。「不到白地，不算真東巴」的說法在當地已流傳了許多年，每年農曆二月初八，當地的藏、納西、彝、白、傈僳等民族都要到白水臺進行祭祀活動，以歌舞娛神，民族風情十分濃郁。這裡的納西文化很少受漢文化的滲透和影響，所以保留了其自身的特點、原始的內涵，納西學者將此處稱為東巴教的發祥地。

　　就大多數群眾來說，與其說來此朝聖，不如說來觀賞白水臺附近的壯麗風光，享受生活的樂趣。白水臺在三壩白地峽谷西端的雪山腳下。來到白地峽谷的山樑，首先映入眼簾的是，高聳的青山上鑲嵌著一片巨型的玉鏡銀屏。它光芒四射，閃眼奪目。漸走漸近，漸近漸清。原來，這晶瑩耀眼的銀屏，竟似千百臺迭起的瓊臺玉階，又像千百道雲波雪浪，自下而上，一臺臺，一層層，堆雲凝雪，純白如脂，瑩潤如玉，纖塵不染。檯面上，有的如鱗細波，曲折有致；有的如銀環滾動，連環相扣；有的如絹扇平鋪，摺痕四射；有的如花瓣相拚，形成各種奇花異卉；有的如大小梯田，疊層而起。

　　白水臺的臺頂，是周長約 0.5 公里的平地，它的中央，有一個由 10 多個泉池串聯而成的「天池」。沿平臺往前，便到源頭。在一株茂盛油綠的柳樹下，泉水噴湧而出，積為小潭，天光雲影，山花叢林，互相映襯；泉水從水潭流向「天池」，再由臺頂越過銀埂玉丘，沿坡緩緩漫下，清泉與白底融為一色，似流銀瀉乳；再湊近仔細觀察，泉中夾帶著無數晶瑩細小的白沙，在陽光下閃閃發亮。粒兒雖小，但源源不斷。這一片銀色的世界，無一不是大自然的妙手傑作！

　　你聽說過刻寫在樹葉上的宗教文化嗎

　　在雲南西雙版納的傣族地區，至今流傳著一種刻寫在樹葉上的宗教文化，即貝葉文化。貝葉文化，是對傣族傳統文化的一種象徵性稱謂，代表了整個傣族社會的全部歷史和文化。貝葉文化包括貝葉經、用棉紙書寫傳抄的經書、唱本和廣泛存活於民間的傣族傳統文化。貝葉文化，是因為它保存於貝葉製作而成的貝葉經本裡而得名。

　　1000 多年前南傳上座部佛教傳入後，傣族在南亞文化的基礎上創造了傣文，把傣文經典和佛教經典刻在貝葉上，這就是貝葉經。據說貝葉經有 84000 部之多。由於佛教的傳入，傣族地區的政治、經濟、文化教育等諸多方面發生了深刻的變化。佛教傳入以前，傣族沒有文字，只有一些用來記錄數位、事件的數位文和象形文。佛教傳入後，帶來了印度文化和東南亞文化，聰明、睿智的傣族先民在自己原來的數字文、象形文的基礎上，吸收了巴厘文中的一些字母和拼寫方法，創造了自己民族的文字——傣泐文。

　　貝葉文化經本，包括葉質形和紙質形兩種樣式。葉質形一類的即貝葉經，傣語稱「坦蘭」。它是用民間製作的鐵筆將文字刻寫在經過特製的「拜蘭」（貝葉樹葉片）之上而成。其規格有頁四行式、五行式、六行式和八行式等四種，傣語稱蘭戲、蘭哈、蘭合、蘭別，以前三種規格的貝葉經本最為普遍。大量的佛經故事、佛教經典、傣族民間故事、神話和傳說，都是記載在貝葉經裡。紙質形一類的是棉紙經書，傣語稱「薄嘎臘沙」。它是用野蕨稈削成的筆蘸墨後將文字書寫在棉紙之上而成。其規格有寬面頁式和連摺疊頁式兩種。後一種傣語稱「薄練」，其中以寬面頁式最為普遍。傣族眾多的民間敘事長詩、民間歌謠、情詩、諺語、俗語、格言、謎語以及法律法規、天文、曆法、醫藥衛生、生產生活知識、倫理道德教科書等，都是傳抄在棉紙本裡，當中也有少量的摺疊本轉載佛教經典。

　　貝葉文化不僅是一種記載於典籍中的文化，而且還是一種存活於民間的活形態的文化。就像一條源源不斷的河水，貝葉文化從貝葉上流淌下來，沁入人們的心田，世代承襲。以貝葉經為核心的貝葉文化，已經廣泛滲入到傣族社會生活之中，形成了傣族地區特有的人文景觀。

　　雲南本主崇拜知多少

　　「本主」崇拜，在白族地區極為普遍。大理一帶，幾乎每個白族村寨都供奉「本主」，將其作為村社的保護神。「本主」，白語稱「巫增」、「倒博」或「勞公」、「勞太」，意為「本身的主宰」、「大尊者」或「祖公」、「祖太」，通譯為「本境福主」，是每個村社所供奉的至高無上的保護神。本主崇拜是一種白族獨有的宗教信仰，它源於原始的多神崇拜、英雄崇拜，但因其崇拜物件具有亦神亦人的特點而深深紮根於白族人心目之中，久盛不衰。

　　本主崇拜在南詔時期即已形成，是南詔、大理國時期白族的一種重要的宗教信仰。白族人意識中認定的本主的社會功能是：本主就是村社保護神，是掌管本地區、本村寨居民的生死禍福之神，還能保佑人們平安吉祥、風調雨順、五穀豐登、六畜興旺。

　　本主崇拜是一種多神崇拜，各地或各個村寨本主廟內都塑有自己的本主神。也有的幾個村寨甚至幾十個村寨共同信奉一個本主。本主管的物件也不

同，有管「陰間」和人間大小事務的，有管「陰間」兵的，有管人間疾病的，有管牲畜的，等等；有自然本主、神靈本主、英雄本主、民間人物本主、帝王將相及祖先本主等；被奉為「本主」的有神佛、菩薩、龍王、君主、將軍、各類神靈和民間傳說中的英雄好漢等。每個本主都有其傳說故事。故事中的本主都像人一樣有著家庭、婚戀以及各自的經歷和嗜好。在白族人心目中，本主既有著神的超人智慧和力量，也有著人的親和與喜怒哀樂。白族人對本主的崇拜和祭祀也並非祈求來生來世的福祉，而在於今生今世的幸福和吉祥。

本主節無統一節期，主要以「本主」的誕辰、忌日或其他紀念性日期為祭會日期，並由此發展衍化為地區性節日。由於大理地區本主眾多（主要者即有 100 多種），所以「本主」節也名目繁雜，日期不一。本主節的主要內容是迎送本主（水路陸路均可）、誦經唱文、焚香磕頭、歌舞、遊樂、競技等活動。

白族本主會本身既是隆重的祭祀活動，也是歡樂的民族節日。

雲南滇東北著名的清真寺是哪座

拖姑清真寺，坐落於魯甸山繞水環的玉盤山上，周圍是千頃良田、星羅棋佈的回族村寨。清真寺占地面積共 4667 平方米，有殿閣、房室 30 餘間，總建築面積 2700 平方米，庭院 4 處，均為四合院型，整個寺院規模宏大，莊嚴肅穆。

據建寺碑記載，拖姑清真寺始建於清雍正八年（西元 1730 年），當時大批穆斯林隨哈元生將軍開發烏蒙（昭通），馬、戚、阮等十八姓祖先到了昭通、魯甸、大關等地，首建了拖姑清真寺，故稱拖姑清真寺為滇東北迴民的祖寺，現今魯甸全縣 64 所清真寺都屬它的分寺。

該寺初建時只建有禮拜大殿、水房等，清乾隆五年（西元 1740 年），該寺執寺教長賽煥章阿訇到貴州、四川、甘肅、陝西等省募捐，相繼建起了喚醒樓、廂房等。「文革」中該寺被迫關閉，後成為文化室，駐紮過部隊，受到很大程度的損壞。「文革」後，政府相繼撥款維修。雖經歷了 200 多年滄桑歲月，拖姑寺仍基本保持了原貌，鬥拱式歇山頂的清真大殿古色古香，

高為四層、飛簷翹角的六角攢頂式喚醒樓挺拔傲立。目前，該寺已被列為拖始縣文物保護單位，又報雲南省政府，即將被列為省級重點文物保護單位。

現在，該寺坊有阿訇 10 餘名，滿拉 10 人，學董 7 人。本坊教民共 546 戶，2356 人，都是回族。本坊首任教長賽煥章阿訇，為雲南大理五里橋人氏，中阿文造詣均較深，德高望重。其學生阮世美為第二任教長，也是位學識淵博、修行高尚的阿訇。本坊哈吉有馬安真等。

「東巴教」與「達巴教」的區別和聯繫

東巴教是納西族信仰的一種民族宗教，流行於以雲南麗江為中心的納西族西部方言區，因其經師被稱為「東巴」而得名。東巴教所崇拜的始祖師因來源於藏族苯教祖師「辛饒來沃且」，而被稱為「丁巴什羅」。該信仰起源於本民族的原始崇拜，崇拜天、地、日、月、星辰、風雨、雷、電、水、火、山川、岩石等，同時崇拜祖先，以靈魂觀念、鬼神觀念等為信仰基礎。它是在古氐羌人承襲下來的原始自然宗教的基礎上逐步發展到巫教，又從巫教發展到納西族的民族宗教。其正式形成時間約在西元 3 世紀，極盛時期約在西元 4~5 世紀。

東巴教沒有統一的組織、教規、寺廟、宗教財產和職業教徒隊伍，卻已形成了白地派、寶山派、白沙派、太安魯甸派等派別。所謂「東巴」一詞乃為俗稱，其自稱及經書中稱謂均為「缽布」。其傳承方式有家傳和師傳兩種。他們一般不脫離生產，做法事道場時可獲取少量報酬。在民間，他們大多是能工巧匠，見多識廣，且集吹、唱、畫、舞於一身，是納西族傳統文化的傳承者。根據其學識、技藝、威望不同而分為三個等級：普通東巴會唸誦經文，主持一般法事；大東巴嫻於講經、繪畫、紮紙、塑像、跳神，且曾去白地（東馬教聖地）領受過「汁再禮」（入教儀式），人們相信其法力廣大，可制服一切妖魔鬼怪，在重大法事中充任掌壇師，在開喪超度亡靈時執掌法杖，並可收徒傳道，享有較高威望；而東巴王則是東巴中享有最高威望者。

東巴教的宗教儀式十分繁雜，主要有「什羅務」、「美布」以及靈洞朝拜、朝聖習俗和大型集會等。東巴教在長期的發展過程中形成了獨具特色、遠近聞名的東巴教文化藝術，其中尤以東巴舞、東巴畫和祭天古歌等文學作品最

為著名，更具有文化和藝術魅力。祭天習俗和祭天古歌反映了古代納西族和華夏民族、古羌族的祭天古文化有著相同的外顯、內隱的行為模式和文化心態，從中可以看出古納西族文化和古羌文化、中原文化同根同源的淵源關係。

達巴教與東巴教不同，它是納西族東部方言區永寧摩梭人信仰的古老宗教，因其經師稱「達巴」而得名。其教祖稱為「母魯阿巴都」，又稱「丁巴沙爾」、「東巴沙拉」。達巴教無文字經書，其口誦經稱為「打巴經」。摩梭人是納西族支系，四川稱其為「納日人」，由古納西族蒙醋醋一系發展而來，共同源於中國的古羌族。據達巴經和有關史書記載，西元前 110 年，摩梭人就生活在永寧瀘沽湖周圍，達巴教在此傳延了 2000 年以上。

達巴教的基礎信仰是圖騰崇拜、多神崇拜、祖先崇拜和女神崇拜。其圖騰為虎和鷹，特別崇拜山神、泉水神和火神。其最大特點為巫的色彩很濃，有各種行巫的祭奠、巫術以及種類繁多的口誦經咒。達巴教把宇宙分為三界，認為中間的人類既得到上天（上界）的愛護和救助，又受到地下（下界）「小人」的尊崇，是宇宙中最幸福者，人類必須團結和睦、樂善好施。人行善死後便能回歸祖先發祥地，繼而升天為神，到達上界「天堂」；行惡者將會被罰到地下層受苦變成鬼。

達巴教和東巴教有著密切的關係，二者之始祖神雖各不相同，但卻形象相當，還有很多內容是相一致的。東巴經與打巴經就其本質而言是相同的，只是表現形式不同而已，一個是以文字記載，一個是以口傳流世。同時，它們萬物有靈的宗教信仰基礎也是相同的，並在其發展過程中，受藏傳佛教和道教的影響很大，其內容均有佛教教義與信條的因素。

名勝雲南（下）

［名城古鎮］

雲南早在 2000 多年前的戰國時期，古滇王國就具有城市的雛形。在漫長的歷史過程中，雲南發展起眾多卓具特色的名城古鎮，每一座名城古鎮，都訴說著一段輝煌的歷史，成為民族的標誌、時代的鏡子。

雲南民族地區的許多名城古鎮，不僅是中國大地上的偉大營構，而且是一種獨具民族文化品格神韻的時空存在。它們與以中原漢文化觀念為城市主體精神的形式構架相比，有著很大差異，形成以本土和外來多元文化交融的地域文化和民族特色。世界文化和自然遺產的麗江古城，絕不模仿中原王城的城建禮制，而是依山就水，不求方正，不拘一格地隨地勢水渠建房布街，道路也結合水氣順勢而建，整個古城結構自由活潑而充滿靈氣。茶馬古道上的獨克宗古鎮能成為中國最佳民族風情的魅力名鎮，就在於它以藏文化為主，融漢、納西、白等民族文化於一體，成為中國藏區一道獨具魅力的人文風景線。中國第一魅力名鎮和順的靈魂是古鎮傳統民風民俗和獨特的地方人文精神，彰顯著這座極邊古鎮、絲路僑鄉、大雅和順的個性魅力和地域特色。

雲南現有 5 座國家級歷史文化名城，9 座省級歷史文化名城，以及官渡、黑井、沙溪鎮寺登街、建水團山村等一批著名古鎮村落，構成了極富民族文化空間造型魅力的歷史長卷，成為雲嶺大地的「歌吟」與「凝固」的精神。

昆明的建城歷史到底有多長

昆明是一座有著 2000 多年歷史的城市。西元前 3 世紀初，楚國大將莊蹻就地稱王，並仿內地規制，在滇池沿岸「始築苴蘭城居之」，這便是最早的昆明城。自西元 765 年南詔建立「拓東城」（城址在今昆明市區），昆明正式作為一個城市，沿襲至今已有 1200 多年。西元 1253 年，忽必烈率領 10 萬蒙古軍隊，乘革囊渡過金沙江，滅了大理國後，次年又攻陷「拓東城」（時稱鄯闡），設置昆明千戶所，「昆明」由此正式成為一個地名。西元 1276 年，元朝設立雲南行中書省，派賽典赤·瞻思丁任雲南平章政事，將行省中心由

大理遷到昆明。自此，「雲南」正式作為省一級行政區劃和名稱，昆明成為雲南政治、經濟、文化的中心。

明清時期，昆明以磚城建築為其風格，經過認真規劃的城市呈「九里三分六道門，三山一水軸線清」的風貌，形成萬山揖手朝拜，環抱五百里滇池，依山面水，負陰抱陽，結穴上乘的山水城市。1905 年，昆明自闢為商埠，成為一個開放的城市，1928 年正式置縣。

昆明是雲南省省會，是國務院首批公佈的 24 座歷史文化名城之一，被譽為「春城花都」，是享譽中外的旅遊勝地。正在實施的現代新昆明建設，將把昆明建成融春城、歷史文化名城、山水園林城市為一體的現代開放城市。

在哪裡可以集中看到昆明的傳統民居

在昆明的文明街歷史街區可以集中看到老昆明城的傳統民居。文明街歷史街區東至正義路，西至市府東街、雲瑞西路，北包括文廟、勝利廣場，南至景星街，是目前昆明僅存面積最大、文物建築較多、傳統街巷完整、傳統商業和民居建築較多的老街區，具有典型的明清時期商業、居住形態與風貌。整個文明街區占地 2067 平方米，臨街建築多為具有昆明傳統民居特色的底商上宅、前店後院的傳統建築。

典型的傳統老民居如景星街吉祥巷 18 號修復更新為「昆明老房子茶苑」。它始建於清咸豐年間，房子構建方正齊整，是典型的「一顆印」結構。文明街小銀櫃巷 7 號已修復更新為「金蘭茶苑」，它是滇軍名將、護國元老、昆明市第一任市長馬鍔的故居。兩層樓房造型典雅，集木雕、石雕、磚雕等民居的「一顆印」、「四合五天井」、「三坊一照壁」等典型特徵於一體。2001 年，馬家大院被聯合國教科文組織授予「亞太地區歷史建築保護獎」。

文明街歷史街區是一部活的歷史、凝固的史書。充滿市井情調的老街，因古老帶著舒朗和雋永，成為昆明人心目中的「老昆明」，吸引著中外遊客紛至遝來。

你知道大研鎮鎮名的由來嗎

麗江古城也稱「大研鎮」，它地處橫斷山脈腹地，因美麗的金沙江而得名。大研鎮四周青山環抱，中間綠水縈繞，形如一方碩大的石硯。古時「研」和「硯」相通，所以古城叫大研鎮。古城選址獨具特點，充分利用山川地形及周圍自然環境，以「三山為屏」。背靠獅子山，西北及東北依象山及金虹山，形成一個半圓形的避風港，擋住了玉龍雪山凜冽的雪風，自成一個四季如春的小氣候。古城構思巧妙，佈局合理，融自然與人文為一體。這也是中國歷史文化名城中唯一沒有城牆的古城。據說這是因為麗江世襲統治者姓木，築城勢必犯「木」字加框而成「困」字之故。

麗江古城有著密如蛛網的潺潺流水環繞城池，源頭活水來自象山腳下的黑龍潭。到了城邊，水分三路，而後又分成無數支流，溪水蕩漾，穿街繞巷，入家過屋，清波淙淙流淌。350 多座小橋像一隻只大小不同、形態各異、質料不同的鐲子鑲嵌在古城流水之上。古城保留了大片明清年代的民居建築，均為土木結構屋面樓房，多數為三坊一照壁、四合五天井的民居。民居佈局合理，注重裝飾，精雕細刻，門窗為鏤空花鳥圖案，色彩熱烈奔放。庭院內植花木，擺放盆景，意趣盎然。獨具特色的小橋、流水、人家、納西象形文字、納西古樂、三疊泉、麗江粑粑、放河燈、民族打跳、五彩石路 10 大自然景觀、民俗文化，使古城成為融自然、歷史、民族文化為一體的世界級旅遊風景區，被譽為「活著的文物」、「民居博物館」、「高原姑蘇」和「東方威尼斯」，被評選為中國最美六大古村古鎮之一。

麗江是世界遺產的寶庫，擁有世界文化遺產麗江古城、世界自然遺產「三江並流」和世界記憶遺產東巴古籍文獻 3 項世界遺產。

雲南省有哪兩座較大的古城被稱為「文獻名邦」

大理和建水古城被稱為「文獻名邦」，都是國家級歷史文化名城。以盛產大理石而馳名中外的大理是一個迷人的地方，屬大理白族自治州。大理城是雲南歷史最悠久、記載最豐富的古城之一，形成了燦爛的南詔大理文化，成為人文鼎盛的文獻名邦，被譽為「亞洲文化十字路口的古都」，榮獲首批「最佳中國魅力城市」稱號。在唐宋時期，大理一直是雲南的政治、經濟、文化中心。元朝建立了行中書省，首府才遷到了昆明，但大理仍不失為滇西

第一大城。大理古城歷史文化遺產豐厚，文物古蹟星羅棋佈，出土文物琳瑯滿目，一大批風格獨特的古建築保存完整。

大理有著綺麗的湖光山色、古老的文化遺蹟、濃郁的民族風情、溫和的氣候、四季常開的花卉。人們常以「風花雪月」來形容大理，大理的美就包含在上關花、下關風、蒼山雪、洱海月這四大奇景中。大理古城保存著明清府城的格局，街道整齊，民居建築古色古香，環境清幽。民居以「三坊一照壁」、「四合五天井」建築式樣為主，雕樑畫棟，加之「家家養花，戶戶流水」，充滿著中國建築「古、秀、雅」的氛圍。

建水曾經是臨安府治所在地，始建於唐代元和年間，南詔時期即在此建「惠曆」（漢語為建水）城。作為滇南地區政治、軍事、經濟、文化和通往東南亞地區的國際通道，經歷了大約 7 個世紀的輝煌時間，故素以「文獻名邦」、「滇南鄒魯」的盛名而享譽海內外。每逢「鄉試」，中舉者占雲貴兩地半數之多，故被人們贊為「臨半」。

建水歷史上文風頗盛，許多古建築都與「文」字相連，如文廟、文筆塔、煥文書院等。建水久遠的歷史建築使它最具有「古建築博物館」、「民居博物館」、「井之世界」的美譽。境內文物古蹟薈萃，有建於元、明、清時期保存完好的廟、橋、塔、樓、井 100 餘處和一批傳統民居；有建築規模僅次於山東曲阜孔廟的「建水文廟」；有保留宋代建築風格、元代大型木構建築的「指林寺」大殿；有雄鎮滇東南、氣勢宏偉的「朝陽樓」；有被譽為「滇南大觀園」的朱家花園。有歷朝歷代留下居民飲用水來源的各式水井，以及革命偉人朱德的故居等。它們是建水不平凡歷史的佐證，同時又閃爍著古老文明的光彩。

南詔的發祥地在什麼地方

巍山古城是南詔古國的發祥地和南詔初期的都城所在地。巍山是雲南省最早設置郡縣的地區之一，早在西漢元封二年（西元前 109 年）就在此設置邪龍縣。巍山的繁榮是在唐朝。南詔始祖細奴邏在此建立「大蒙國」和第一代都城「壟圩圖城」。至其孫皮邏閣統一六詔建立「南詔國」，南詔共傳位 13 代，歷時 253 年。在巍山經營了 4 代，歷時 114 年。明清以來，隨著中

原文化和文人的湧入，巍山講學課試之風盛行，詩文著作在民間廣為流傳，是清敕封的雲南四個「文獻名邦」之一。

巍山至今仍完好地保持著 600 多年前建城時「四方如印」的棋盤式格局，以文筆樓為中心，東西南北四條主街道、大街小巷縱橫交錯，主街道兩側明清之際的土木結構中式民居建築依然保存完好。古城現存建築中以北門城樓拱辰樓和文筆樓最有名。拱辰樓由 78 根合抱的大圓柱支撐，四面出廈，雄偉壯觀。古樓南北兩面分別懸掛「魁雄六詔」和「萬里瞻天」巨匾。文筆樓古名凝秀樓，簷牙高挑，俊秀挺拔。古城附近還保存著文廟、關帝廟、文華書院、太陽宮等明清建築，呈現著古色古香的韻味，屬國家級歷史文化名城。

和順為何稱為西南絲綢古道上最大的僑鄉

和順鄉位於騰衝縣城南 4 公里，古名陽溫登鄉，因有和順河流過而改名和順鄉，取「雲湧吉祥、風吹和順」之意。和順鄉歷史久遠，風光秀麗，文化發達。古老的中原文化與西南少數民族文化和諧共處，與外來的東南亞文化碰撞融匯，集中體現了中華文化的博大和寬容。和順，不僅在雲南，而且在全中國均是出了名的僑鄉。和順華僑分佈在緬甸、泰國、印尼、新加坡、日本、加拿大、美國等 10 多個國家。和順以華僑出國歷史長，僑屬多而成為中國著名僑鄉、西南絲綢古道上最大的僑鄉。和順不但華僑多，而且出過許多僑領人物，用人傑地靈來形容它一點也不為過。大名鼎鼎的哲學家艾思奇、教育家寸樹聲、華僑領袖寸如東等一大批名人便出自和順，至今和順鄉還完好地保存著艾思奇的故居紀念館。

幾百年來，和順鄉人歷盡艱辛，在異國他鄉建立了自己的事業基礎，他們有的開採玉石、翡翠、琥珀等，有的經營土產百貨，致富之後的雄商巨賈，回到家鄉，置辦家產，做公益事業，形成亦商亦僑、亦農亦儒的生存方式，使和順成為漢文化與南亞文化、西方文化交融的視窗。走進和順鄉，只見古樸典雅的祠堂、牌坊、月臺、亭閣、石欄比比皆是。水碓是和順的名景，這裡風光如畫，碧波蕩漾的雲龍潭如一面明鏡，倒映出古色古香的雲龍閣。和順鄉還有一組氣宇軒昂的建築群，那就是有「在中國鄉村文化界堪稱第一」的著名的和順圖書館，1928 年由旅緬華僑捐資興建，至今藏書 6 萬多冊，其

中有無數珍本、孤本，被稱為「文化之津」。和順也是中國農村創辦中學，創辦女子師範學堂最早的鄉鎮之一。和順雖為極邊古鎮，卻被譽為絲路僑鄉、大雅和順，2005 年被評選為「中國第一魅力名鎮」。

茶馬古道上唯一倖存的古集市是哪一個

茶馬古道上的最後一個古集市——沙溪鎮寺登街，2001 年 10 月 11 日，入選 2002 年 101 個《世界瀕危建築保護名錄》，與義大利龐貝古城、埃及國王古墓、美國聖托馬斯教堂齊名。

沙溪位於雲南劍川縣西南部，是一個青山環繞的小壩子，面積 26 平方公里，是一個以白族為主，漢、彝、傈僳族共居的少數民族居住地。寺登街南北走向呈「一」字形排開，形成南北長約 400 米，東西寬約 2 米的街巷，路面由青石板夾五花石鋪就。沿街建築形式為前鋪後院，二層樓房格局，院落設中堂、偏堂、廂房、廚房、花園、廁所、馬廄，可供過往的馬幫和行商住宿。寺登街的興教寺建於明代永樂十三年（西元 1415 年），不僅具有宋元風格，而且富有白族特色和藏密殿堂特點，是中國現存的明代白族阿吒力佛教寺院。興教寺對面的古戲臺是寺登街區域最重要的古建築之一，前臺後閣，魁星閣連帶古戲臺，結構獨具匠心，構思不凡。古戲臺的木雕與建築形式皆具大理劍川風格。

寺登街是沙溪的靈魂與核心，是一個集中了寺廟、古戲臺、商舖、馬店的開闊的紅沙石板街面。民房建築保持了典型的白族民居建築特色，為「三坊一照壁」、「四合五天井」大院格局。古橋馬道密佈，古巷道寨門依然存在，與功能齊備的古集市組成一個市井生活活動圈。被人們讚譽為「茶馬古道上唯一倖存的古集市」。

團山村傳統民居知多少

團山村距建水 13 公里，占地面積 1564 平方米，目前村裡有 252 戶人家。這裡最早的居民是彝族，團山是彝語的發音，即「圖手」，建水方言譯為漢字「團山」，意思是「有水有金有銀、風光秀美的地方」。這個建於清朝末年的小村莊，是目前中國漢族傳統民居建築和古建築保存得較完好的村莊之

一。團山村擁有完整、真實的聚落格局，以及數量眾多、風格多樣的古建築和傳統民居，是一個濃縮了中國本土文化色彩的原生態古村落，一個充滿人文生命的古村莊。

團山村民的始祖是一位從中原一帶過來的張氏人家，建村時由於受中原文化和當地文化的影響，其建築風格在中原漢式傳統設計中巧妙地吸收了彝族土掌房的建築樣式，有一進院、二進院、三進院及縱橫組合連接而成的建築院落，包攬了雲南傳統民居中的「四合五天井」、「三坊一照壁」、「跑馬轉角樓」等傳統形式，青瓦屋面，簷角高翹，白灰粉飾外牆，並在山牆的山尖、勒腳、牆裙處，用青磚勾勒，每座房屋都以天井為核心。每座建築裝飾的木雕、石雕、磚雕及彩繪書畫佈局合理，製作精細，層次分明，簡繁得體，屏門、格扇、樑柱、走廊、屋簷等無一不是精美絕倫的藝術作品，尤其是木雕屏門與格扇窗的雕刻圖案豐富多彩，其手法之細膩，工藝之奇巧，圖案之精美，寓意之吉祥，讓人讚歎不已，堪稱世間一絕。再加上鎦金裝飾，更是富麗堂皇。團山村的小巷彎彎曲曲，全部為青石板鋪路，青苔點綴，曲徑通幽，散漫著歷史的餘韻。

會澤──「錢王之鄉」

會澤是滇東北烏蒙山巔上的一顆高原明珠，這座有 2000 多年歷史的文化古城，曾因豐富的銅礦資源鼎盛一時。明清以來，會澤、東川所產滇銅為全中國之首，專供京城鑄幣。銅礦資源的開採、冶煉、鑄造、京運，不僅創造了人間奇蹟，而且還創造了銅商文化的輝煌。明清時期，會澤已是滇銅名都，發展成為眾人嚮往的「淘金地」，儼然成為清政府的「經濟特區」。全中國十省八府均在會澤設立了專門的辦銅機構，108 座古樓的會館、寺廟和上百處的清代民居，訴說著歲月如歌的歷史，至今深幽的京運古道還迴響著馬蹄與銅鈴聲。

獲得世界金氏之最的「嘉靖通寶」，使會澤成為著名的「錢王之鄉」，折射出會澤鑄幣與銅文化的輝煌。「嘉靖通寶」為方孔圓錢，直徑 57.8 公分，厚 1.12 公分，重 41.5 公斤，是目前世界上最大最重的金屬古錢幣。錢幣屬紀念性質，明代嘉靖年間，東川府開始鑄錢時，為紀念開爐而鑄。

為什麼說官渡自古有「小雲南」之稱

官渡位於昆明市南郊 10 公里，是滇文化的發祥地之一。4000 多年前這裡就有人居住，因臨近滇池，先人們以捕食螺螄為生，長此以往，螺螄殼堆積如山，厚度為 3 米 ~8 米。現存的許多古建築就建在這一新石器時代的貝丘文化遺址上。宋以前設渡口，漁舟和過往的官船都停靠這裡，「官渡」由此得名。

官渡鎮歷史悠久，南詔大理國時期，已是滇池北岸的一大集鎮和交通要衝，「茶馬互市」的重要組成部分，與晉城並稱為昆明的兩大歷史名鎮。元代與昆明同時設縣，明清時期已成為商業、手工業發達的集鎮。昔日的官渡，商賈雲集，店鋪林立，繁華異常。官渡古鎮文物古蹟眾多，人文景觀豐富，在不到 1 平方公里的面積內就有唐、宋、元、明、清時期的五山、六寺、七閣、八廟等多處景點，實為罕見。有官渡象徵的國家級重點文物保護單位——金剛塔，還有上百間保存完好的四合院、一顆印式民居，自古有「小雲南」之稱。

修復後的官渡古鎮成為集中展示老昆明民居建築、宗教文化、民族民間工藝、地方戲劇表演、傳統食品加工、餐飲小吃等地方傳統的「活化博物館」。

劍川千獅山有何特色

劍川位於大理白族自治州北部，其石雕歷史悠久，底蘊深厚，尤擅石獅雕刻。其中，最著名的石獅雕刻首推滿賢林。滿賢林最有特色，最能吸引遊客的則是其規模宏大、氣勢壯觀，擁有世界上數量最多的石獅群和最大的石獅王。因此，劍川千獅山被稱為「世界雙絕」。

從入山處的石牌坊沿著步道前行，從山腳到山頂，道路旁、山谷裡、懸崖上，只要有石頭的地方，大多被雕成了獅子。形態各異的 2400 只石獅子，它們或走、或立、或坐、或臥、或獨處、或群聚，精雕細刻，栩栩如生，洋洋灑灑，氣象萬千，集中展示了中國魏、晉、南北朝、隋、唐、元、明、清時代的石雕獅子藝術風格，被譽為石雕藝術的寶庫。千獅山還有世界上最大的石獅王，由一塊天然巨石雕琢而成，獅王身高 25 米，正面寬 12 米，側面寬 15 米，是世界上體量最大的石獅子。此外，還有雕刻千頭石獅的「石獅

壁」，雕刻石獅最多的石牌坊。劍川縣還在繼續進行石獅的設計雕琢，發展目標是為滿賢林千獅山雕琢 6000 只石獅。

孟連娜允古城——現存傣族城鎮中最具有代表性的歷史文化名鎮

孟連隸屬思茅市，西部和南部與緬甸隔江相望，山水相連，是通向東南亞的自然通道。孟連是一塊五彩斑斕的土地。神奇的邊陲，美麗的熱土，多彩的風情，無不顯露出誘人的風采。孟連的娜允古鎮始建於西元 1289 年，元朝在此設「木連路軍民府」，罕羅法成為第一代土司，以後歷朝都有賜封。土司官居四品，直到 1950 年 4 月，孟連解放，孟連的土司制度才宣告結束。歷代共有 28 位土司，歷時達 660 年。

娜允古鎮有著濃郁的傣族文化氛圍。古老的土司衙門、宗教建築、有嚴格等級劃分的民居等，構成了娜允古城的外貌特點。其間隨處可見的歷史、宗教、節日、民俗、服飾、飲食、音樂、舞蹈、紡織、刺繡等場景，成為人們瞭解傣族歷史文化藝術最好的途徑。古城的主體建築為桿欄式，分上城、中城、下城、左寨、右寨。其中，上城為土司和家奴居住地，中城為撫司署官員家屬居住地，下城為室撫司署議事庭長和幾位下級官員的居住地，左右兩寨為室撫司署林業官和獵戶居住地。娜允古城上城現存孟連宣撫司署和佛寺兩個古建築群。

娜允古城蘊藏著極為豐富的建築文化、宗教文化、土司制度文化、舊石器文化和傣族歷史文化，是現存傣族城鎮中最具有代表性的歷史文化名鎮。

你知道大理喜洲的「風水樹」嗎

喜洲古稱「大厘城」，在南詔大理國時期，因其富饒和氣候宜人成為王侯的避暑休閒之地，同時也是茶馬古道一個重要的中轉站，來往的馬幫都要在這裡停留。一來到喜洲，首先見到的是兩棵繁葉如蓋的大青樹，這是在中國北方難得見到的一種喬木，俗名叫「萬年青」，學名是「高山榕樹」。白族人認為，大青樹是一個村莊興旺的象徵，因此又把它稱為「風水樹」。這種樹常與戲臺一起組成村民的集體活動中心。喜洲的這兩棵樹，年代古老。傳說這兩棵樹一雌一雄，一棵萌發而另一棵落葉，一棵結果而另一棵永不結

果。週而復始，交替繁榮。勞動間歇時，村民常在樹蔭下小憩。「繞三靈」時，長蛇陣般的隊伍要繞著它狂歡，就是村上的人過世了，送葬的人群也要朝著它繞一週，並把紙幡插在樹下焚燒，寄託著逝者對村莊故土的依戀。每當秋天到來，大青樹棲滿了雪白的鷺鷥，成為喜洲天人合一的生態景觀。

喜洲鎮以四方街為中心，青石鋪成的道路兩旁都是兩層木結構的白族民居和作坊商號，民居建築代表了大理白族民居風格，以「三坊一照壁」、「四合五天井」封閉式庭院為典型格局，不少名家大宅由幾個院落組成，成為白族民居民俗的展館。

建塘鎮「藍色月光城」

香格里拉縣城叫建塘鎮，分古城中心鎮及新城兩大塊。香格里拉縣即中甸縣，藏語稱「結塘」。古城中心鎮，位於縣城中部草原，四周雪山環繞，草原地勢開闊，是茶馬古道及滇藏公路的必經重鎮。

古城的中心鎮設於大龜山上，舊名「獨克宗」，是「藍色月光城」之意，唐吐蕃在金沙江沿線設神川督府，並在今大龜山上建城堡。明弘治六年（西元 1493 年），麗江木氏土司佔領中甸縣，在此建大當香各寨，又在今奶子河畔設大年玉瓦寨，藏語稱「尼旺宗」，意為「日光城」。兩城遙相輝映，構成極負盛名的香格里拉，意為「心中的日月」。

古城內的街市環山而建，建築全為土牆和木板式屋蓋，為迪慶藏區特色建築之一。道路為條石鋪陳，城內分金龍、倉房、北門三街，中心為集市交易的四方街，是藏區保存最具特色、最完好的古城。

千年古鎮剝隘知多少

剝隘屬富寧縣所轄，與廣西百色市相鄰。它得天獨厚，地處駄娘江、娜馬河和普廳河三條江河交匯而形成的右江起點。右江曾經是中國西南貿易的一條黃金水道，堪稱雲南通往兩廣及東南沿海地區的「水上絲綢之路」。古代，滇銅和大理國的馬匹等都從這裡進入兩廣等地區，沿海省份的海鹽和布匹等從這裡進入雲南，因此剝隘有「滇粵津關」之稱。剝隘在宋代名為「剝岸」，以隘口於河岸而得名，明初開始設立商埠，清代已有百餘家商號，店

鋪鱗次櫛比。商船通宵進入剝隘碼頭，商賈夜以繼日交易，江中常有畫舫穿梭，鼓樂之聲不絕。

剝隘曾是火暴了幾個世紀的大碼頭。從前進出大碼頭的是來自江浙湖廣的大賈，於是小鎮上的酒樓、戲院、花房應運而生。加之鎮上眾多的茶鋪、飯館、馬店，古鎮繁華興盛。後來，由於交通區位的變化及其他原因，剝隘的繁華不再。然而，由於剝隘是富裕的魚米之鄉，它在本地區仍不失為物資交流的中心。

隨著百色水利樞紐工程的建設，2006 年庫區蓄水，這座曾經被稱作「滇粵津關」的千年古鎮沉入庫區，形成 300 公里的優良航道，一個嶄新的剝隘鎮也易地重建。

黑井古鎮和石羊古鎮因何而得名

黑井鎮和石羊鎮（白井鎮）分別位於祿豐縣和大姚縣，是雲南省歷史文化名鎮，分屬雲南鹽業資源最為集中的「滇中九井」。雲南地下蘊藏著豐富的鹽滷資源，人們很早就開始挖鹽井，取滷煮鹽，這種鹽就叫井鹽。據說，最初發現黑井的是一名叫李阿召的彝族婦女，在放牛時，她注意到一頭黑牛常去舔山崖壁，飲崖下水。阿召一嘗，發現是鹽滷水，於是人們開鑿為鹽井，命名為「黑牛井」。叫來叫去，便成了「黑井」。早在東漢初期，黑井鎮就在開井煮鹽，1000 多年來，他們一直用一種古老的大鍋煮鹽，生產出潔白味正的鍋鹽，因此，黑井有「兩迤名高第一泉」的美譽。鍋鹽純度高，雜質少，穿透力強，是馳名中外的宣威火腿專用鹽。黑井因鹽富甲一方，巨額鹽稅曾使雍正皇帝欣然提下「靈源普澤」大字，以資嘉獎。歲歲年年，人事滄桑，當所有繁華都曲終人散時，依山傍水的黑井，留下的是蜿蜒曲折的街道，紅沙石料砌築的錯落有致的古老民居和苔蘚斑駁的節孝坊，向人們講述逝去的輝煌。

石羊鎮製鹽業始於西漢，所產井鹽潔白如雪，曾是南方絲綢之路的重要驛站。這裡還有一頭漢白玉雕成的石羊為其象徵，附會著發現鹽井的美麗傳說。昔日，石羊鎮商賈雲集，有著由財富堆積起來的繁華。現今，古鎮中青石板驛道上的騾馬蹄印仍清晰可見，充滿氤氳濕氣的古鹽井還能觸摸到歷史

的痕跡。建於明洪武年間的孔廟和重達 1.4 噸的孔子銅像，南北對峙的雙塔，「封氏節井」大型浮雕，「七寺、八閣、九座庵」和穿鎮而過的石羊河上的三步兩座橋，無不折射出鹽都文化鼎盛時期的繁華。

[生態奇葩]

雲南地處低緯度高原，氣候類型豐富多樣。這使雲南成為花草樹木生長的沃土，飛禽走獸生活的理想家園，贏得了「動植物王國」的美譽。種類豐富的雲南動植物中，不乏珍禽異獸、美木良材和奇花異卉，有珍稀的滇金絲猴，黑頸鶴，大群的亞洲象，體重達 1 噸半的野牛，美麗的綠、藍孔雀，會唱「茶花朵朵」的野雞，昂貴的冬蟲夏草，高達 80 多米的望天樹，古老的紅豆杉，世界山茶之王，世界杜鵑之王，珍貴的野生稻，聞音樂起舞的跳舞草……而且，這裡不少植物還塑造了許多奇特的景觀，「樹包塔和塔包樹」、「獨木成林」、「絞殺現象」、「老莖生花」、「空中花園」、「板根現象」……大自然精心繪製的一幅幅美麗畫卷，讓人眼花繚亂，目不暇接。

你見過奇特的「樹包塔」和「塔包樹」嗎

「樹包塔，塔包樹」位於景穀縣城南面大寨官緬寺佛殿前，省級重點文物保護單位。兩座佛塔始建於清順治元年（西元 1644 年），造型與體量大體相似，均為紅沙石亞字形仰蓮、複蓮多層疊式小乘佛教塔。塔頂呈葫蘆形，四方形的塔基座，上圓下方，塔座方長 4 米餘，每方均有豐富多彩的浮雕圖案，造型優美。其中左塔高 10.7 米，塔身有 21 層沙石浮雕，右塔高 7.2 米，塔身有 20 層沙石浮雕。兩塔周圍都有力士托扛的形象，同時又與大樹結下了不解之緣。

約 200 年前，左塔頂中央長出一株榕樹，至今樹高約 25 米，兩圍多粗，枝葉繁茂，粗壯的根藤向塔四周蔓延，緊緊地將佛塔包住，好似一把綠色的大傘掩罩著塔，樹塔融為一體，美妙和諧，為「樹包塔」。右側佛塔頂中心也長有一株一圍多粗的榕樹，高約 20 米，由於樹齡不大，樹蔭遮蓋僅方圓 10 多平方米。根藤尚未包圍塔身，雄偉壯實的白塔從四方把大榕樹緊緊地包裹在中心，為「塔包樹」。塔邊環境清幽，清泉淙淙，伴以和尚朗朗誦經聲，給人一種悠遠曠世的感覺。

　　塔包樹與樹包塔究竟是怎樣形成的，至今仍是一個不解之謎。人們普遍認為是鳥雀把大榕樹種子帶進佛塔的磚縫中，天長日久，遇到氣候濕潤則生根發芽破土而出，數百年後便長成了今天的奇觀。

　　佛塔為佛教的崇拜物，塔身上雕有佛、菩薩、天神及唐僧取經、孔雀公主等民間傳說，有重要的文物價值；榕樹為傣家村寨的風水樹，「樹包塔」與「塔包樹」二者相互交融，造型優美，是一件大自然的藝術品，不僅在雲南古塔之林中獨樹一幟，也為那裡的佛教藝術增添了光彩。

　　雲南為什麼多「獨木成林」

　　「獨木難成林」是世人皆知的道理，然而在雲南這塊神奇的土地上，榕樹卻以其獨特的生長方式，打破了「獨木難成林」的自然規律，塑造了一處處的「獨木成林」景觀。

　　榕樹有不擇土壤，生長迅速的特點。在眾多的榕樹中，有 20 多種擅長氣生根。從枝幹上初生的氣根細如麻線，飄飄忽忽，宛若拂塵。待樹高枝旺，數不清的氣根順著橫枝垂吊生長，越長越長。觸及地面時，部分氣根就紮入泥土，似根似樹的氣根群根須相連，枝葉相接，組成了「獨木成林」的景觀。滇南、滇西南邊緣地處熱帶地區北緣，這裡緯度低，長夏無冬，氣候溫暖濕潤，特別適宜榕樹的生長。還有，這裡的人們視榕樹為神樹，只種不砍，使榕樹在所有樹種中占的比重最大。因此，無論在樹林中、山壩間、村寨裡，還是道路旁，都可見到榕樹，要麼「獨木成林」，要麼相連成片。

　　在眾多「獨木成林」的景觀中，以西雙版納省級口岸猛海縣打洛鎮那株「獨木成林」榕樹最為有名。這株榕樹位於鎮政府以南約 4 公里的森林公園內，據說樹齡已達 200 多年。樹高約 28 米，主幹不會太粗大，但在距地 10 米左右的地方分成兩條粗枝伸向兩側。枝幹上並排長出 30 多條氣生根紮入泥土，變成了支柱根。這些支柱根粗的直徑達三四十公分，細的只有 10 餘公分，形狀和顏色都與母樹一模一樣。樹幅面積達到 120 平方米，枝葉茂盛，既像一道籬笆，又像一道綠色的屏障。這株成林獨樹背靠青山，面對平壩，有翠竹掩映，有竹樓襯托，加之長在風光迷人的打洛江畔，可說是占盡天時地利，早已馳名中外。

你知道傣族的「五樹六花」嗎

在西雙版納傣族村寨，五種樹、六種花不僅被看做是吉祥物，而且是傣族的象徵，受到傣族人民的崇敬和愛護，得到了普遍推廣和種植。「五樹六花」由於傣族居住地域環境的不同，各居住區有所差別，但大同小異。這五種樹分別是菩提樹、大青樹、貝葉棕、檳榔樹、椰子樹或鐵力木，「六花」分別為蓮花、緬桂花、雞蛋花、文殊蘭、黃薑花和地湧金蓮，有些地方也把紅木槿或刺桐花作為六花之一。

「五樹六花」之所以會成為傣族聚居區的象徵物，一是因為「五樹六花」在西雙版納分佈廣，容易種植，二是「五樹六花」與佛教有著重要的密切關係。傣族信仰南傳上座部佛教，而且是全民信教。在「五樹六花」之中，至少有四種樹、一種花是南傳上座部佛教的禮儀植物，這四種樹是菩提樹、大青樹、貝葉棕和鐵力木，一種花是蓮花。

佛經說，佛祖釋迦牟尼在菩提樹下精心修煉成佛，因此，菩提樹是崇信佛教人們的「聖樹」，在西雙版納的大小佛塔周圍、寺廟旁、寨子邊、庭院裡都有栽種。在傣族的寨規中，把保護菩提樹與保護佛寺和佛僧放在同等重要的位置。無論它長在什麼地方，都會受到精心保護。

大青樹與菩提樹的樹形大同小異，可謂姊妹樹。佛經中，有佛祖在成佛之前也曾依附大青樹靜心修煉的記述。因此大青樹被尊為神樹，傣家人對它也十分愛護。

貝葉棕的葉片叫貝葉，它是佛門弟子記錄佛教經典和其他經典的重要材料。在緬紙尚未問世的年代，貝葉是傣族唯一的書寫材料。據說，傣族84000多部佛經是書寫在貝葉書上的，因此貝葉成為知識、文化、文明的象徵，學者們將傣族文化又稱之為「貝葉文化」，因而，貝葉樹也備受虔誠信佛弟子的敬重。

珍稀喬木鐵力木，種子含油率極高。在缺油年代，鐵力木的種子是佛門弟子從事佛事活動時，用以點佛燈的主要原料。

　　蓮花也與佛教的傳說相關，佛門弟子拜佛時，多是手捧此花，供奉在佛祖塑像前，表示對佛的虔誠。

　　緬桂花、雞蛋花色彩鮮豔，香味濃郁，是傣家少女的頭上飾品之一，備受人們的青睞；文殊蘭、黃薑花不但花色美麗，更重要的是具有較高的藥用價值；椰子樹和檳榔樹是傣族人民最喜歡的庭院植物，其身姿綽約，可謂傣家少女的化身。

　　傣族人民崇尚自然，熱愛美，因此才有傣族的「五樹六花」。傣族有良好的生態觀，培育了豐富優秀的民族植物文化，贏得了「森林民族」的美譽。

　　雲南「八大名花」各是屬於什麼氣候帶的花卉

　　雲南的「八大名花」分別是山茶花、杜鵑花、報春花、玉蘭花、百合花、蘭花、龍膽花和綠絨蒿。這八大名花的種類和品種非常豐富，花色各異。

　　山茶花被列雲南八大名花之首，為昆明市市花。雲南山茶，屬山茶科山茶屬，以花大色豔著稱於世，所以又稱「大茶花」。目前，雲南已知的品種有 35 屬 106 種。雲南山茶是自然界少見的大花常綠喬木，高可達 10 余米，花期從 12 月至第二年 4 月，按品種不同陸續開放。雲南山茶最早的栽培中心在騰衝、大理一帶，漸次遍及全中國，傳到世界各地，屬亞熱帶、溫帶花卉。

　　杜鵑花屬杜鵑科杜鵑屬植物。雲南有杜鵑花 400 多種，被稱為世界杜鵑的地理分佈中心。杜鵑多為 1 米 ~2 米的小喬木或灌木，生長環境一般在海拔 800 米 ~4500 米的高山、低丘和田野。雲南以滇西高山地區分佈的種類最為豐富，尤其是在海拔 2400 米 ~4000 米的高山冷濕地帶。

　　報春花是多年生草本花卉。雲南約有 160 多種，占全中國報春花種類的一半。報春花株高在 5 公分 ~50 公分，花朵繁多，色彩豐富，常常叢生成片。報春花的生態環境多種多樣，但其分佈多集中於滇西北的金沙江、瀾滄江、怒江的高山草地，尤以海拔 2500 米以上者為多。

　　玉蘭花是木蘭科植物，有喬木、灌木之別，以花大、芳香而聞名。雲南的玉蘭花有 9 屬 80 餘種，木蘭科植物雖然廣泛分佈於亞洲、美洲的溫帶、

亞熱帶及熱帶地區，但是論種類之多、資源之豐富，仍以雲南為最，其中不少種類為雲南主產或特產。

百合花是單子葉百合科百合屬多年生根草本植物。百合屬植物絕大多數分佈於北溫帶和亞熱帶。雲南的百合花有 40 多種，其花期長，花色多，有的還具有香味，既可盆栽觀賞，又可植於庭院、花壇，還可切花做鮮花出售，是一種普遍受人喜愛的花卉。

蘭花是蘭科蘭屬多年生宿根草本植物。蘭科植物是植物世界中種類最多、分佈最為廣泛的一個大家庭，從溫帶、亞熱帶到熱帶雨林區域都可看到它們的蹤影。雲南的蘭科植物有 100 餘屬 530 種，基本上分為兩類：地生蘭和氣生蘭。

龍膽花是龍膽科龍膽屬植物的統稱，該屬植物產於溫帶各地。雲南有 60 種左右，以滇西北高山和亞高山地區最為集中，多數生長在海拔 2000 米 ~4800 米的高山溫帶地區和高山寒帶地區。龍膽花系多年生或一兩年生草本植物，最高不過四五十公分，大部分是矮小貼地叢生，常成片生長。

綠絨蒿是罌粟科中綠絨蒿屬植物的統稱。主產於亞洲中南部，雲南有 17 種，多集中分佈在滇西北海拔 3000 米 ~5000 米的雪山草甸、高山灌叢、流石灘，少數種類延至滇中、滇東北的亞高山地帶。綠絨蒿華麗多姿，是一年生或多年生草本花卉，柱高 6 公分 ~160 公分，花大色豔，色彩豐富，也是一種很有名的高山花卉。

到哪裡可以看到熱帶雨林的奇特景觀

世界上熱帶雨林主要分佈於南美洲的亞馬遜河流域、非洲的薩伊河流域和印尼等地區。西雙版納位於中國雲南省南端，這裡也生長著大面積的熱帶雨林，是中國大地上屈指可數的綠色寶地，也是世界北迴歸線上僅存的一片綠洲。她美麗、富饒、神奇，猶如一顆璀璨的明珠鑲嵌在中國的西南邊疆，吸引著中外絡繹不絕的遊客。

西雙版納熱帶雨林自然保護區總面積為 2420.2 平方公里，分佈於西雙版納州景洪、猛臘、猛海 3 縣境內，由 5 個自然保護區構成。西雙版納是中國

熱帶雨林生態系統保存最完整、最典型、面積最大的地區，也是當今地球上少有的動植物基因庫，被認為地球的一大自然奇觀。連片大面積的熱帶森林，具有全球絕無僅有的植物垂直分佈的「倒置」現象，深受中國外矚目。在這5個保護區裡共有5000多種植物繁茂生長，占全中國植物種類的1/6，眾多的植物種屬交錯生長，保護區裡的野生動物多達750多種，占全中國野生動物種類的25.4%。豐富的動植物資源使西雙版納熱帶雨等林贏得了「植物王國」、「動物王國」、「藥物王國」的美譽。

西雙版納的熱帶雨林，是大自然精心繪製的一幅美麗畫卷。踏入雨林，您不但可以觀賞到高達80米的望天樹、珍貴的野生稻和聞樂起舞的跳舞草，還可以看到中國唯一的大群亞洲象，體重達一噸半的野牛，珍稀的綠、藍孔雀，會唱「茶花朵朵」的野雞；另外，您還可以領略熱帶雨林中的「絞殺植物」、「獨樹成林」、「老莖生花」、「空中花園」和「板根現象」等奇觀異景。所以，有人把西雙版納熱帶雨林比作是一座千變萬化的「科學宮」，其奇異景象，使人眼花繚亂，目不暇接。

雲南奇樹知多少

雲南省的植被類型、植物種類、植物遺留種和特有種均為全中國之首，故有「植物王國」之稱。在這個植物王國裡，生長著不少極為珍貴和罕見的奇樹異木。

世界最輕的樹——輕木。原產於美洲和西印度群島，1962年引種於西雙版納，每立方米僅有115公斤，10米長的樹幹一人就可以抬走，不易變形，加工容易，導熱率較低，是極好的絕緣、隔音和製作浮標、救生衣、塑膠貼面墊底的材料。輕木是雲南經濟價值較高的樹種之一。

世界最毒的樹——見血封喉樹。生長在雲南西雙版納的熱帶雨林地區，又名箭毒木，是國家級保護樹種。這種樹的樹皮或枝條破裂後，會流出乳白色的劇毒乳汁，人和動物吃了會引起心臟麻痺而中毒死亡，誤入眼中會使雙目失明，人和動物若被塗有毒汁的利器刺傷即死，故叫「見血封喉」。

　　世界最昂貴的醫用樹種——紅豆杉。生長在雲南省西雙版納、雲龍縣等國家級自然保護區內，被列入中國一級珍稀瀕危植物。紅豆杉的根、莖、枝葉和樹皮內紫杉醇的含量是世界上最高的，而紫杉醇是目前世界上最昂貴的治療癌症的藥物。

　　生長最快的樹——奇蹟樹。栽培在西雙版納猛侖地區，也叫團花樹，是一種挺拔秀麗的高大喬木。它有金黃色美麗的樹幹，均勻細密的紋理結構，木材質地堅硬，抗蟲腐，不翹裂。生長速度最快，每年平均長高 3 米 ~3.5 米，長粗 3 公分 ~4 公分，8~10 年即長到 30 米 ~40 米高，單株材積 1.5 立方米左右，是全中國罕見的速生用材樹種。而且，它有耐氣候乾熱、土地瘠薄的驚人能力，在世界上被譽為「寶石樹」。

　　世界上最長壽的植物——龍血樹。在西雙版納熱帶植物研究所裡，有一種生長緩慢而耐乾旱的喜光樹，此樹樹幹粗短，樹皮灰白縱裂，樹葉繁茂。這種樹，用刀在樹皮上面一劃，便會流出像鮮血的樹汁，為此，人們稱這種流血樹為「龍血樹（也稱血竭）」。龍血樹的汁液可入藥，主治跌打損傷、血瘀疼痛、風濕麻木、婦科雜症等病。據專家研究，龍血樹樹齡可達 8000 多年，是地球上最長壽的樹。

　　熱帶雨林中的「巨人」——望天樹。是龍腦香科的樹木，它高達七八十米，如鶴立雞群一樣，把巨大的樹冠高舉於熱帶雨林林冠層上，這不僅在西雙版納，而且在東南亞熱帶地區，也是最高大的樹木了。稱它為熱帶雨林中的「巨人」，一點也不過分。

　　可以看到野象出沒的地方在哪裡

　　野象谷位於景洪以北猛養國家級自然保護區，位於昆洛國道旁，由於此地的河流分為三岔，故又名「三岔河森林公園」。這裡是中國僅存的亞洲象自然保護帶，是西雙版納最令人神往的森林公園和觀賞野象活動的景區。該區為低山淺丘的寬穀地貌，海拔 747 米 ~1055 米。區內溝河縱橫，森林茂密，為亞洲象等野生動物提供了最適宜生長、繁衍的棲息之地。

在猛養自然保護區東西兩片區的結合部，森林茂密，鳥獸眾多，是生活在兩片區野象交流彙聚的唯一通道。這裡原來就有一個野象經常出沒飲水的象塘，自 20 世紀 80 年代末期開始，區內工作人員長期在象塘附近的河畔投放食鹽，對野象進行引誘，成群的野象不時出現在河畔，到象塘飲水和舔食人工投放的食鹽，以補充體內的需要。經過多年招引，西雙版納野象谷已成為野象頻繁光顧的地方。這裡是中國唯一能安全看到亞洲野象的樂園，這裡的野象大約有 50 群，300~350 只。野象常常在傍晚、夜間和清晨三五成群地出沒在河邊、密林，甚至到公路上徜徉，踱到人們視野內覓食、飲水、洗澡、散步、嬉戲。

在這裡，遊客可沿著架在樹上的空中長廊安全地觀測野象自由自在的嬉戲覓食，也可住在大樹旅館觀測野象夜間的活動。在原始森林裡，還辟有一條 10 多公里的旅遊冒險線，供遊人沿著野獸的足跡考察野象、野牛等野生動物的生活習性，沿途建有觀象臺，道旁有奇樹異木、古藤老蔓、絞殺植物等獨具特色的自然景觀，偶爾還可見到珍稀的犀鳥、綠孔雀、灰葉猴等動物。

三岔河自然保護區以其特有的熱帶原始森林景觀和數量較多的野生亞洲象，吸引了眾多的中外遊客，是西雙版納旅遊景點的佼佼者，是集旅遊、渡假、林業科普、會議和教學為一體的綜合性旅遊景區。

雲南茶花開得最多的樹在哪裡

玉峰寺位於玉龍山南麓，距麗江大研鎮 15 公里，系清朝康熙末年建，它是麗江五大喇嘛寺之一。玉峰寺共有 3 個院落，在其西北面偏院中有一株被譽為「天下第一樹」的「萬朵茶花」獅子頭，這是雲南茶花開得最多的樹。據說，因為有此茶樹，後來才建了玉峰寺。

據考證，「萬朵茶花」樹為明代成化年間（西元 1465—1487 年）所種，至今樹齡已有 500 多年。大旅行家徐霞客（西元 1586—1641 年）於明崇禎十二年（西元 1639 年）二月十日遊麗江，曾觀賞過這裡的山茶樹，在其《遊記》中寫道：「樓前茶樹，盤蔭數畝，高與樓齊……疑為數百年物。」寺內喇嘛一代傳一代，對這棵山茶樹精心護養。他們在每年冬季施入花肥，還用

菜子油擦抹樹幹和澆灌根部，增加養分，使這棵 500 多年高齡的古樹老而不衰，樹幹光滑，枝繁葉茂，茶花應時怒放而久開不敗。

這株「山茶之王」屬雲南山茶種，每年「立春」初放，到「立夏」方盡，花期長達 100 多天，分 20 餘批開放，每批千餘朵，總共要開 2 萬餘朵，「萬朵山茶」因此得名。花匠為便於觀賞，限制它的高度，從主幹 1 米多就將其編織成蔭地近 17 平方米的三坊花牆、一頂華蓋的大花棚，歷代相傳。步入庭院，花枝拂袖牽衣，花朵在眼前頭上競相開放，人在花樹旁，花在人群中，令人目眩神迷。

若是細心觀察，就會發現樹若一棵，花開兩樣，一種是「九蕊十八瓣」的「獅子頭」酥嫩艷瑩，每朵花都有 7 吋盤大；另一種是「單蕊山花」的俗稱「照殿紅」、「童子面」的紅花油茶，噴血吐焰，花朵只有 5 吋盤大。有的單花綴枝，有的並蒂開放，枝條交錯，難解難分，令人驚奇。原先，人們誤認為這是兩株不同品種的山茶並栽長成連理的「合歡樹」、「姊妹花」。近年來，據有關專家考察，認為該樹原以紅花油茶為砧木，獅子頭為接穗，嫁接後，因原樹砧木側枝並茂，故形成紅花油茶和多瓣獅子頭「一樹兩花」並雜而開的奇觀。

在中國的山茶花道之中，古人品山茶花有數絕：一為花美，二為壽長，三為氣魄大，四為葉茂，五為性堅，這株山茶之王幾乎擁有了古人讚美山茶的全部品格。中國著名植物學家秦仁昌讚歎說：「世界山茶之王在中國，中國山茶之王在雲南，雲南山茶之王在麗江。」

哪棵杜鵑稱得上「世界杜鵑之王」

杜鵑花，又名映山紅，泛指各種紅色的杜鵑花。其實，杜鵑花不僅只是紅色，它可因土壤酸鹼度不同而開出不同顏色的花。杜鵑花分佈於北半球溫帶及亞熱帶，全球 800 多種，中國就有 600 多種，而雲南一省有近 300 種之多。無疑，中國是杜鵑花的原生地，而雲南又是其分佈中心。

杜鵑屬常綠或落葉灌木。杜鵑花多為高一二米的灌木和小喬木，亦有高僅幾公分，匍匐於岩石地面的匍行杜鵑、紫背杜鵑，還有高達數丈，繁花萬

朵的大樹杜鵑、巨魁杜鵑。杜鵑的花成頂生傘形花序，由數朵鐘狀或漏鬥狀的花朵組成，宛如一個飽滿的繡球。葉片多為革質，大如枇杷，小似指甲。花色豐富，多姿多彩。更有帶條帶塊，一花幾色的杜鵑，真是千變萬化，無奇不有。杜鵑果為蒴果，種子細如塵埃，播種尚需精心管理，方能出土成苗。杜鵑花在雲南生長於海拔 800 米~4500 米的高山、中山、低丘和田野，以滇西部高山種類最為豐富，常成密集的杜鵑花灌叢或純林，也有連綿一二十公里盡為杜鵑花的「花海」奇觀。

雲南高黎貢山的大樹杜鵑，是世界杜鵑中最為高大的品種，最早為英國傳教士傅禮士於 1919 年發現。這是生長在高黎貢山上一株高 25 米，直徑 2.7 米，樹齡 280 年的大樹杜鵑，傅禮士僱人砍倒並鋸走木材圓盤作為標本，現仍陳列於大英博物館。然而，1981 年 2 月，馮國楣等人在騰衝縣界頭海拔 2400 米的高黎貢山原始森林中，找到了一株更為高大的大樹杜鵑，株高 27 米，基徑粗達 3 米多，在離地面約 4 米處分為三杈。這棵杜鵑花王樹齡約有 630 年，是迄今所發現的世界上最大的大樹杜鵑。這棵「世界杜鵑之王」的花序是一個十分秀美的花團，水紅色，每個花序由 20~24 朵長 6 公分~8 公分、口徑 6 公分的鐘形花朵組成，花序直徑達 25 公分。這頂天立地的大樹杜鵑，茂盛樹冠遮天蔽日，燦爛的花朵美若雲霞。

滇金絲猴的家園在哪裡

滇金絲猴又稱黑仰鼻猴、黑金絲猴、雪猴，是中國特有的、極珍稀的國家一類保護動物。滇金絲猴模樣乖巧可愛，性情活潑好動。在動物界中，長得最像人的就是滇金絲猴。它兩眼間的距離與人的十分接近，也是除人之外唯一有鮮豔紅唇的靈長類動物。滇金絲猴的仰天鼻、頭頂有尖形黑色冠毛，眼周和吻鼻部青灰色或肉粉色，鼻端深藍色。毛色比較單調，背、體側、四肢外側和尾均為棕灰、灰黑色，喉、頸、上肢內側、臀部為白色，胸部乳白，腹部橘黃色。滇金絲猴既能適應樹棲生活，也能適應地棲生活。構成滇金絲猴群體的基本單位為家庭，主要以松蘿為食。

滇金絲猴在動物系統分類上，隸屬於靈長目，猴科，金絲猴屬。科學家發現，金絲猴屬在系統發育上，正處於舊大陸猴與猿之間的特殊分類地位，

因此，研究金絲猴對於人們認識和瞭解人類自身的進化歷程有著特別重要的意義和極高的學術價值。

據雲南史料記載，中國古代的滇金絲猴分佈區域廣泛。後來受人類活動影響，被迫退縮到滇藏交界處，終年生活在海拔 3000 米以上的冰川雪線附近的原始高山針葉林中。滇金絲猴是在世界上海拔最高、生存環境最嚴酷地區生活的非人靈長類動物。具體來講，滇金絲猴在滇西北的少數地區，如雲南德欽、維西一帶的白茫雪山自然保護區，香格里拉的碧塔海自然保護區和玉龍雪山、哈巴雪山自然保護區，雲龍縣中部天池自然保護區，高黎貢山自然保護區，鹽井自然保護區等地區有分佈。另外，在蘭坪、劍川縣渺無人跡的海拔 2000 米 ~4000 米的針葉林中也偶有分佈。滇金絲猴有垂直的季節性遷徙的特點，冬季下到海拔較低處活動。從總體看，滇金絲猴分佈區狹小，數量少，各自然種群成島狀分佈，相互隔離。

黑頸鶴主要在雲南省的什麼地方越冬

黑頸鶴為大型涉禽，屬鶴形目，鶴科，鶴屬。全長 1.2 米左右，體重約 5 公斤，抬頭昂立時，幾乎與人同高。黑頸鶴頭頂裸露，呈暗紅色，眼下有一小形白斑，前頸和上頸羽毛、飛羽、尾羽均為黑色，體羽灰黑色，外觀黑白分明，「舞姿」飄逸，體態幽雅。據說，人們可以根據其早晨的叫聲變化辨別出天氣的陰晴，所以深得人們的喜愛，被譽為「神鳥」。黑頸鶴具有重要的科學研究和觀賞價值。

黑頸鶴是全球 15 種鶴類發現最晚的，也是世界上唯一生長、繁殖在高原的鶴類，是中國的三大國寶（大熊貓、金絲猴、黑頸鶴）之一，國家一類保護動物。由於黑頸鶴的生活條件嚴酷，幼體死亡率很高，所以野生的種群數量極為稀少。國際上已把黑頸鶴列為急需挽救的瀕危物種。

黑頸鶴為候鳥，其分佈區狹窄，目前，世界上僅存的黑頸鶴大部分在中國繁衍棲息，主要分佈在中國的青藏高原、雲貴高原和四川北部地方，一般在高海拔的高原湖泊、沼澤地帶或湖邊灌木叢中生活，主食魚、蛙、螺、蝦等。黑頸鶴在中國青海和四川西部的高山草甸、湖泊或者湖中小島上的沼澤地帶

繁殖，遷徙時經青藏高原、川西西南部、貴州西部及西藏南部到更遠地區過冬。

目前，約有 2500 多隻黑頸鶴在雲南越冬，迪慶的納帕海、碧塔海，麗江拉海市、寧蒗縣的瀘沽湖都可見到黑頸鶴光顧，而雲南東部因擁有完整的高原濕地生態系統，成為黑頸鶴理想的越冬場所。昭通市西部的大山包海拔 2000 米 ~3662 米，地形屬高山丘陵，坡度平緩，有寬闊的草場、豐盛的水草，草甸沼澤星羅棋佈，空氣清新，為黑頸鶴安全越冬提供了理想的環境。

蝴蝶和雲南少數民族習俗有什麼關係

雲南自然條件得天獨厚，是中國蝴蝶資源最豐富的地方，久而久之，蝴蝶和人們結下了不解之緣。

首先，蝴蝶以其美麗的形象，簡潔的對稱圖案和鮮麗的色彩，博得了人們的青睞。這一點，在少數民族的服飾中表現得非常突出。彝族、苗族、白族、傣族、景頗族和阿昌族等少數民族的服飾中，全身上下，帽飾、衣飾、腰飾、裙褲、鞋子上幾乎都出現過蝴蝶的形象。苗族的蠟染、白族的紮染、彝族的挑花、傣族的織錦中，蝴蝶圖案也屢見不鮮。

其次，有的民族會把某種蝴蝶或某一場景中的蝴蝶看成是一種神怪世界的「精靈」。白族先民對那些個體較大、顏色純淨的黑色或麻灰色蝴蝶感到敬畏。一家人的院子裡、房屋裡，只要飛來這種蝴蝶，便認為一定是有什麼災難事件即將來臨。於是請來法師道士，唸經驅鬼，在蝴蝶周圍撒些生米熟飯，對蝴蝶燒香磕頭，請它離去，「災難」也就隨之「飛」走了。在景頗人送葬時，倘若野地裡、山路上、墓穴旁出現蝴蝶，景頗人便會認為死者的靈魂，必是由這個「使者」來馱往「另外的世界」去享福了。因此，景頗人對蝴蝶也是又敬又怕。

在大理市，還有一處與蝴蝶有不解之緣的景與俗。那就是蝴蝶泉三絕——清冽的蝴蝶泉水、陰鬱的蝴蝶樹和那奇特的「蝴蝶會」。蝴蝶泉屬冷水泉，清冽的泉水從泉底鵝卵石和白沙中湧出，一出地表就會聚成潭，沒有任何汙染。從這個潭中流出的泉水被蓄積在人造的三個一個比一個大的水潭之中，

成為公園中最顯眼的景觀。再說「樹」，橫跨蝴蝶泉上那棵粗壯古老的被人們稱作蝴蝶樹的合歡樹，枝葉繁茂，每當 4 月初開花時節，各種蝴蝶彙集於此，白天花瓣張開如一只只蝴蝶，夜晚花瓣合攏吐出一陣陣清香。最後說「蝶」，每年陽春三月到五月之間，蝴蝶樹開花，獨特的花味使蒼山洱海邊的各種蝴蝶彙集於此，大如巴掌，小如蜜蜂，數以千萬，五彩繽紛的各種蝴蝶飛來飛去，形成蝴蝶盛會。最為奇特的是，蝴蝶在樹枝上連鬚勾足，成串地懸掛在泉邊的合歡樹上，蔚為壯觀！4 月 15 日是「蝴蝶會」，周圍的白族群眾紛紛前來觀看蝴蝶盛會。

為什麼用「月光下的鳳尾竹」描寫德宏傣族村寨的景色

「月光下面的鳳尾竹，輕柔美麗像綠色的霧，竹樓裡的好姑娘啊，光彩奪目像夜明……」著名音樂家施光南所作歌曲《月光下的鳳尾竹》，悠揚動聽，極具民族情調，給人以心曠神怡的感覺。聽著這首傣家竹情戀歌，不由聯想起那鬱鬱蔥蔥的鳳尾竹林中，別具一格的傣家竹樓散落其間，有如天上的明星。在柔柔的月光下，竹樓裡金孔雀一樣美麗的姑娘，以傣家人獨特的愛情方式，裝點著村寨的風月。

德宏傣族村寨就是這樣一幅細筆描繪、亮彩暈色、意境輕柔、令人陶醉的美麗畫卷。生活在這裡的傣家人與鳳尾竹有不解的情緣，傣家人愛竹，他們在道路旁、河堤上、村寨周圍、壩子邊種竹。構成了小橋流水竹林人家、沿路順河綠色長龍、壩子山坡茫茫竹海的傣鄉美景。傣家人像竹，婀娜多姿的鳳尾竹不就是傣家少女，蘊涵著無限柔情；傣家人嗜竹，在傣家人眼裡，「竹」全身是寶，竹筍可製作 10 多種食品，美味可口，久食不厭，成竹可蓋竹樓，竹竿和竹葉可制桌、凳、籮、盆、帽等上百種工藝品，堪稱傣族竹編一絕。竹子與傣家人似乎有著說不完，道不盡的情義。尤其是芒市壩，竹林相連成片，被稱為是「鳳尾竹環抱的壩子」。

搖曳多姿的鳳尾竹之所以享譽中外，更是離不開傣家竹樓的襯托。傣家的竹樓大多坐落在平壩、江邊、湖畔上，掩映在片片的鳳尾竹林裡。竹樓分為上下兩層，樓上通風又防潮，用來居住人，樓下可以用來飼養牲畜，存放常用的農具和雜物。遠遠望去，迷人的小竹樓裡似乎有太多令人想像的地方。

　　傣族人民生活的地方白天很熱，所以他們喜歡在晚上活動，特別是在明月當空的夜晚，皎潔的月光，靜靜地灑在一片片鳳尾竹上，參差斑駁的竹影在風中搖曳。微風輕拂鳳尾竹，遠看像一層綠色的霧在舞動；瑞麗江靜靜地流淌，江水在銀色的月光下波光粼粼；竹樓里美麗的阿妹深情地凝望窗外，竹樓外癡情的阿哥愛慕的葫蘆絲聲，在靜謐的夜晚愈加纏綿，傾訴著心中的愛戀。如此美景和意境，不知醉倒了多少中外遊客。

「冬蟲夏草」是動物還是植物

　　「冬蟲夏草」又稱「夏草冬蟲」、「蟲草」。冬蟲夏草形態十分獨特。說它是植物吧，又像動物。你看它的根很像一條蟲，有紅紅的頭，清晰可見的嘴，八對整齊對生的足。說它是動物吧，卻又像植物，你看，這條蟲的頭部不是長出了一根草嗎！實際上，冬蟲夏草是蟲和菌的結合體，是一種寄生在蝙蝠蛾幼蟲上的蟲草菌。

　　每年盛夏，高海拔的雪山草甸冰消雪融，萬物復甦。體小身花的蝙蝠蛾也開始在花草樹木上產卵，繁殖後代。蛾卵經過自然孵化變成小蟲鑽進潮濕疏鬆的土裡，依靠吸收植物根莖的營養長大，逐漸變得又白又胖。這時，一種球形子囊菌便鑽進蟲體內部寄生，受真菌侵染的幼蟲，逐漸蠕動到距地表二三公分的地方，頭上尾下而死，這就是「冬蟲」。幼蟲雖死，體內的真菌卻日漸生長，到了第二年春末夏初，蟲草菌在蟲體內抽出子座，露出地表 4 公分 ~10 公分，形成一株紫紅色的小草，頂端帶有鳳梨狀的囊殼，這便是「夏草」。在形成「夏草」之時，蟲草體內的有效成分最多，是採集的最好季節。夏草囊殼內子囊孢子成熟後，從囊孔射出，隨風飄遊，待機又鑽入別的蟲體繁殖，迴圈下一輪「冬蟲夏草」。正如清代《植物名實圖考》中記載：「冬在土中，身為老蠶，有毛能動，至夏則毛出土上，連身僵化為草。」這就是冬蟲夏草。

　　冬蟲夏草一般生長在氣候高寒，土壤濕潤，且含有機質的高山草甸頂部、分水嶺兩側的草地及地勢較平緩的山坡上。冬蟲夏草僅分佈於中國，產於四川、雲南、甘肅、青海、西藏等地。其中青海產量最多，約占全中國總產量的 40%。在雲南，迪慶、怒江州是蟲草的主要產地之一。

蟲草是名貴山珍藥材，價格十分昂貴，每公斤上品售價近 20 萬元台幣，被人們譽為「地下黃金」。傳統醫學認為，冬蟲夏草性甘味平，具有益肺、腎，止咳喘，補虛損，益精氣的功能。在中藥中常作重要引劑，對諸虛百損有較好的療效。蟲草除了藥用外，平常食用也大有裨益。蟲草是中國傳統出口商品之一，在國際市場上享有盛譽。

紅豆杉有什麼神奇的醫用功效，產於何地

紅豆杉始載於《東北藥植志》，又名紫杉，也稱赤柏松，系紅豆杉科，在地球上已有 250 萬年的歷史，是第四紀冰川期遺留下來的古老樹種。紅豆杉屬常綠喬木，樹皮灰褐、灰紫色或淡紫褐色，裂成鱗狀薄片。大葉開展，一年生枝綠色，秋後呈金黃色或黃綠色，二年生以上變為褐色至深褐色。紅豆杉果實成熟時，紅果滿枝，豔麗多姿，宛如南國的「相思豆」，故而得名。

紅豆杉幹縮性小，硬度大，韌性強，材質細密，是軍工及優良建材。紅豆杉除了具有一般樹的使用價值外，其樹形挺拔，樹冠美麗，還是一種珍貴的旅遊觀賞樹。但更為主要的是，從紅豆杉根、莖、枝葉和樹皮中提取的紫杉醇具有獨特的抗腫瘤和抑制腫瘤作用，被確認為目前國際上最有開發前途的抗癌藥物。由於紫杉醇價值倍於黃金，因此紅豆杉被稱為「黃金樹」，成為世界上最昂貴的藥用樹種。紅豆杉還含有豐富的有益於人類健康的生物黃酮，是迄今為止找到的最佳的具有天然抗氧化（抗衰老）物質的植物。另外，科學家還發現紅豆杉能提高人體免疫能力，使人體的自然免疫功能得以恢復。

紅豆杉對其所生長的小環境要求很嚴格，在海拔 2500 米 ~3000 米的深山密林之中才可以見到它的蹤影。其特點是：分佈地域廣，生長分散，無純林，多為林中生木，成材慢。中國是紅豆杉的原產地，儲量占全球儲量的一半以上。有 5 個種類，即東北紅豆杉、西藏紅豆杉、雲南紅豆杉、南方紅豆杉、中國紅豆杉（變種）。其中雲南紅豆杉主要分佈在滇西與滇北 16 個縣，約 9 萬平方公里，多為散生；南方紅豆杉主要分佈在滇東、滇西南。紅豆杉天然資源有限，已被列為珍稀瀕危植物。

中國的第一棵橡膠母樹在哪裡

　　橡膠是一種重要的工業原料。中國橡膠的主產區是海南、臺灣、廣西、雲南等省區。雲南的主產區又在西雙版納，約有 86667 平方米。而德宏僅約有 6667 平方米，雖不是主產區，但德宏橡膠在中國橡膠種植史上有著不可磨滅的歷史貢獻。

　　清光緒三十年（西元 1904 年），干崖宣撫司第 24 代土司刀安仁（傣族，舊民主主義革命者）推行實業救國政策，從馬來西亞運來一批三葉橡膠苗種植在大盈江新城鳳凰山南坡上。這是中國引種的第一批橡膠樹。它比臺灣引種橡膠早兩年，比海南引種橡膠早一年。後來因戰亂、管理不善，至 1950 年只剩 2 株，現尚存 1 株。這株橡膠樹是中國引種最早，樹齡最大的一棵。橡膠樹的引種成功，為中國橡膠工業的發展奠定了基礎，同時推翻了外國學者認為的北緯 24 度以北不能種植橡膠的定論。被譽為中國橡膠第一樹，被人們稱為「中國的橡膠母樹」，這株橡膠母樹已度過了百年壽齡，膝下已兒孫滿堂。

　　這顆橡膠樹有較高的科學研究價值，已被列為國家重點保護樹種。它至今沒有流膠，雖有百歲壽齡，但仍挺拔蒼翠，老枝縱橫，鬱鬱蔥蔥。樹高 20 餘米，主幹圍 2 米多，主幹根部直徑 90 餘公分，是中國樹冠最高、樹幹最大的橡膠樹。它為傣族人民寫下光輝的一頁，永遠激勵著德宏人民為生產自己的橡膠進行著不懈的努力。

波葉海菜花知多少

　　位於雲南寧蒗縣與四川鹽源縣之間的瀘沽湖，面積約 50 平方公里，平均水深 40.3 米，是雲南的第二深水湖，湖水清澈，透明度為 7 米 ~17 米。過去，這裡地處偏僻，森林茂密，人煙稀少，自然環境破壞較輕，因此湖水異常潔淨，是中國目前少有的汙染程度較低的高原深水湖之一。

　　正由於湖體具有獨特的優良水質和自然環境條件，使瀘沽湖中產生了獨有的水生植物波葉海菜花。波葉海菜花不僅組成湖中大面積單優植物群落，還是其他水生植物群落的重要成分，是湖中水生植物的生物特徵。波葉海菜花可作菜蔬，是絕對的綠色食品；又可作飼料，餵豬或餵魚；更有新的說法，波葉海菜花是最有效的減肥食品。從生物學角度看，波葉海菜花是多年生沉

水草本植物，水鱉科，水車前屬，雌雄異株。葉叢沉浸水下，葉片隨水深、地區和時間的不同而形態各異。花大，單性，且晶瑩潔白，直徑 4 公分 ~5 公分，雄株佛焰苞含雄花多數，可達 40~50 朵；雌株的佛焰苞含少數雌花，常 2~7 枚或更多。花先後在水面開放，花後連同佛焰苞沉入水底，花期全年。成熟果褐色，果皮肉質，富含黏液，種子多數。波葉海菜花生長在瀘沽湖 1 米 ~15 米深的淺水帶，水體汙染反應敏感，可用來評價、監測和預報環境品質。

波葉海菜花由於花期長，此開彼謝，使瀘沽湖面常年繁星點點，構成了高原湖泊特有的景觀。優良的水質，豐富的水生植物資源，為魚類的繁衍和分化創造了良好的條件。瀘沽湖寬廣的水面及其東南側淺水沼澤，為鶴類和其他水禽優越的越冬場所，其中黑頸鶴、白鶴為國家重點保護的珍稀鳥類。瀘沽湖四周風景秀麗，如詩如畫。現在，這裡已建立了自然保護區。

高原湖泊中有些什麼奇魚

雲南不僅孕育了豐富的陸生野生動物，高原湖泊中還遊弋著豐富的雲南土著魚類，占全中國淡水魚特種數的 42.2%，居全中國第一。豐富的雲南土著魚曾是百姓餐桌上的美味佳餚，但由於水體汙染、過度捕撈等原因，高原湖泊中奇特的土著魚，如抗浪魚、裂腹魚等的種群數量逐漸減少，有的甚至面臨絕種的危險。

雲南第一水深的撫仙湖中有特產魚類 20 餘種，而最獨特的要數抗浪魚。抗浪魚是撫仙湖裡獨有的魚種。它的個頭不大，只有五六寸長，生活習性十分神秘。從立春至立秋這一段時間是抗浪魚的盛產期。在這段時間裡，抗浪魚從深水中游到岸邊淺灘上，在卵石岩礁上產卵，繁衍後代。抗浪魚的魚汛期（產卵期），都是很有規律的，漁民們總結出這個規律叫「來三去七」，即來三天去七天，這樣反覆至立秋後，便漸漸稀少，以至絕跡。抗浪魚在深水中度過冬天，到次年立春後再出現。它們來產卵時都是成群結隊，甚至成片成塊，多如粗糠螞蟻，鋪滿淺灘，在淺灘或是岩石邊嬉戲產卵，產完卵後便遊回深水中，看不見一點蹤影。根據抗浪魚這種生活習性，撫仙湖的漁民捕魚不用魚鉤，而採用香把捕魚、彎溝捕魚或魚籠捕魚的奇特方法。

　　雲南的瀘沽湖，屬半封閉生態系統，湖水異常潔淨，優良水質和豐富的水生植物資源為魚類繁衍和分化創造了條件。瀘沽湖以盛產高原冰水河湖特有的裂腹魚為特色。裂腹魚的排泄生殖孔和臀鰭兩側，各有一排特大的鱗片，有點像裂開的口子，故而得名。裂腹魚是瀘沽湖自然保護區主要保護對象，是原始的魞亞科魚類，隨著青藏高原的隆起、生活環境的變化逐漸演變而來，具有重要的科學研究價值。裂腹魚肉質細嫩鮮美，蛋白質含量豐富，是食用魚中佳品。近年來，由於引進捕魚技術和捕具，加上人工放養魚苗時未經純化，帶進的麥穗魚在湖中形成優勢種群，使裂腹魚瀕於絕滅。

　　分佈於其他高原湖泊的春鯉、大眼鯉、大頭鯉、雲南鯉、翹嘴鯉、銀白魚、雲南鮰等特種魚，由於近年來圍湖造田、水質汙染、引種不慎、酷漁濫捕等原因，造成資源破壞極其嚴重，目前已瀕臨滅絕。

　　〔民族村寨〕

　　去哪裡體驗濃郁多姿的民族風情？請到雲南的民族村寨吧！

　　「雲南有萬種民族風情」。中國有 56 個民族，雲南有 52 個，其中人口在 5000 人以上的有 26 個，每個民族在語言文字、宗教信仰、待人接物、衣食住行、節日喜慶、娶嫁生喪方面獨具特色，雲南是中國多民族大家庭的縮影。遊走在雲南民族村裡，您可以在有限的天地裡盡覽雲南獨特的多民族風情；深入邊地的民族村寨，不僅可以體驗純樸的民風民俗，還可以領略美麗的田園風光、山水景緻，體會到人與自然和諧相處的曼妙之美。「芳草鮮美，落英繽紛」、「阡陌交通，雞犬相聞」的畫面絕非虛無之事。雲南的村村寨寨，是一首雋永的山水詩，也是一幅秀美的山水畫，更是一部激越高亢的田園交響曲。

　　在哪裡可以集中欣賞雲南各少數民族的民居，體驗各少數民族的風俗

　　人們常說「雲南有萬種民族風情」，到哪裡可以集中欣賞到雲南多民族的民俗風情，請到雲南民族村。

　　雲南民族村，位於昆明市南郊滇池水濱，昆明滇池國家旅遊渡假區內，自然環境一流，交通極為便利，各類設施齊全，旁邊還有全中國少有的民族

博物館，規模龐大，藏品豐富。雲南民族村於 1992 年正式開村，為了反映和展示雲南 26 個人口在 5000 以上人的民族風土人情，以自然村落式的民族民居建築為特色，為雲南的 26 個民族各建一村。目前，雲南民族村已建成白、彝、納西、拉祜、布朗、佤、基諾等 26 個民族的村寨群落，並配以民族團結廣場、民族歌舞演出廳、民族博物館、民族蠟像館等，它是雲南民族的一個縮影。

漫步在民族村，只見村舍錯落有致，民族風情古樸濃郁。園中有園，村外有村，千變萬化，異彩紛呈。而且到處花紅柳綠，碧波粼粼，笙歌不絕，舞影婆娑，雲南主要民族的房屋建築、音樂舞蹈，都可以在這裡領略到。移步換景，吉祥的傣寨白塔、壯觀的大理白族三塔、高聳的彝家圖騰柱、源遠流長的納西東巴文化、佤族的木鼓、布朗族的婚俗、基諾族的太陽鼓、拉祜族的蘆笙舞、雪域高原的藏族佛寺、哈尼族的龍巴門、德昂族的龍陽塔、景頗族的目腦縱歌、奇特的摩梭人母系社會形態、驚險的傈僳族上刀桿活動以及風趣的群像表演、精美獨特的風味美食等，令人陶醉，流連忘返。難怪有人說：不用走遍雲南，在民族村裡，就可以飽覽到雲南高原上 26 個民族濃郁的文化風情和熱情好客的精神風貌。

另外，民族團結廣場、民族歌舞服飾表演廳等設施聚各民族文化藝術珍寶為一堂，如古樸優美的民族樂舞、驚險刺激的少數民族絕技等。在「潑水節」、「火把節」等民族節日裡，村中還舉辦多種慶祝活動，多姿多彩的民族節慶，造型各異的民居建築，優美的村寨風光和歡快的喜慶氣氛，都令遊客流連忘返。

雲南民族村，集雲南各民族的歷史文化、民俗風情、建築藝術、音樂舞蹈、宗教信仰、生活環境為一體，它展現著雲南多民族並存的斑斕，讓人在一步一景的橫幅中體味著民族文化的博大，堪稱「民俗大觀園」。村內結構巧妙，佈局美觀典雅，風光優美迷人，真實親切，已是全中國有名的主題公園之一。

雲南哪一村在從事「一村一業，一戶一品」的經營

在大理白族自治州鶴慶縣西北部，有一個聞名遐邇的新華村，一個集田園風光、白族風俗和民族手工藝品生產加工為一體的村寨。

新華村依山傍水，不僅風景優美，民風濃郁，還有著悠久的民族工藝品生產歷史。這裡的白族藝人自唐朝南詔國時期，便開始手工製作金、銀、銅民族手工藝飾品，並世代相傳，沿襲至今。近代則以石寨子（新華村舊稱）、秀邑、河頭等白族村寨最為著名。新華村人傳承了古老的銀器手工藝文化，所製作的民族工藝品，無論是工藝還是規模，都是獨一無二的。

近幾年來，新華村的大多數工匠在家中開起了作坊，就地加工生產。工匠們各有所長，各有特技，有的幾代人擅長打製白族婦女愛戴的銀鐲、項鍊、耳環等首飾，有的擅長打製法號、轉經筒、佛盒等藏傳佛教法器，有的擅長製作傣族姑娘的銀絲組合腰帶，有的專門打製彝族姑娘的領花、耳墜等銀飾物，還有的專門加工壺、盆、碗、瓢等銅質生活用品等。因此，新華村的民族工藝品製作規模，也被譽為「一村一業，一戶一品」。

雲南省的幾個歷史文化名村及其特色如何

雲南省會澤縣娜姑鎮白霧村，又被譽為「中國萬里京運第一村」，歷史悠久，文化遺產豐富，古蹟眾多。娜姑鎮絕大部分古建築均集中於此，保存完好的古老民居民宅達 3000 餘戶。明清時期的白霧村十分繁華，各省前來押運、採購銅的官員特使、商人等常駐於此，並建起了會館、祠堂、廟宇等 10 餘座，商號 150 餘家。如今，這個村仍然保持著古老純樸、山巒疊翠、古韻幽幽的風貌。

石屏縣寶秀鎮鄭營村距離縣城 10 餘公里，明初時明軍後裔由蒙自進入普勝村，傣族被迫遷往元江及西雙版納，鄭姓漢族在明洪武年間將普勝村改名為鄭家營，現居住有漢、彝、白、傣、哈尼等族，是一個典型的民族雜居村寨。該村村民的居住房屋，全是坐南朝北的木結構青瓦鋪頂四合院，大多屬於明清時代的古代民居建築，距今已有 400 多年歷史。其建築裝飾藝術以木雕最為豐富，雕刻、書畫均展示了中國文化的較高水準，許多還載入了中國藝術和民族的建築史冊，被中國外建築專家和學者稱為「中國明清民居建築的博物館」。

趣聞 雲南

　　諾鄧村，位於大理白族自治州雲龍縣境內，被稱為「千年白族村」。它是唐代南詔時期遺留的滇西北地方年代最久遠的一個村落，是雲南最早的史籍《蠻書》記載中至今唯存的原名稱一直未變的村邑。諾鄧村的居民全部都是白族，雖然自元、明以來江南地區移民大批遷來同原居民融合後，形成了「九楊十八姓」諸多家族，卻一直保存著完整的白族語言和風俗。村中還保留著大量的明、清兩朝建築和著名的玉皇閣道教建築群。村中民居住宅和道路街巷層層疊疊，臺梯相連，古色古香。村中還較完整地保存有古鹽井以及明代五井鹽課提舉司衙門舊址。據史載，雲南井礦鹽業在秦漢時期就已產生。從西漢至南北朝時期，漢朝設雲龍比蘇縣的原因就是鹽業，是研究雲南古代鹽業經濟文化的「活教材」。

　　雲南驛，位於祥雲縣東南處，離縣城 20 餘裡，是祥雲縣（古稱雲南驛）最早的縣城駐地。而祥雲縣更是歷史悠久，西漢元狩年間，由於彩雲現於南中，因此漢武帝給當地命名雲南。1918 年，因省縣同名，才將沿用了 2000 多年的「雲南」之名改為「祥雲」。雲南驛，曾是茶馬古道上的重鎮，至今還保留著一條 60 多年前盟軍修建的跑道和停放飛機的掩體，也是當今唯一集中了馬幫運輸、公路運輸、航空運輸和管道運輸等各個不同歷史時期運輸方式的地方，是人類交通發展史的活化石。村內，古老街區的古建築整體風貌基本保存完好，還有全中國現存最大和保存最完好的大馬店。

　　你知道雲南省著名的「蘭花村」嗎

　　雲南有 600 多種蘭花，占了中國蘭花種類的一半，不愧為蘭蕙的原野、芳草的山川。雲南不僅是盛產蘭花的重地，同時還擁有為數甚少、全中國著名的專業蘭花村，一是保山市隆陽區蘭花村，另一個就是玉溪市大營街蘭花村。

　　保山市隆陽區著稱蘭城，位於滇西峽谷區中心，是世界蘭科植物品種最多、品質最優、繁衍環境最好的「生物穀」和「蘭品種基因庫」。保山市蘭花村建於 1999 年，2002 年 5 月竣工，同年 6 月投入使用。該蘭花村占地面積為 40000 多平方米，建蓋蘭棚 3200 餘平方米，種植蘭花 10 萬餘株，現已初具規模。在蘭花村裡，到處飄散著蘭花的幽香，散發著蘭花文化的氣息，

房屋建築一家一戶，裡面有種蘭溫室，又有銷售鋪面，建築風格古色古香、端莊典雅，既像是西湖公園，又像是農家院落。整個蘭花村的建築中央小橋細流涓涓流淌，路旁樹枝隨風搖擺，蘭花香來，彷彿置身於繽紛芳香的蘭花仙境。分是一家一戶，合是一個基地，一個市場，又是一個公園，蘭花村集蘭花文化、園林文化、建築文化、旅遊業、環保農業效益於一體，堪稱中國蘭文化開發的典範工程。

玉溪蘭花村位於大營街鎮匯溪路以東，與景和園相鄰，總占地面積近26667平方米，共有27戶村民，投資達3000多萬元。其中蘭花精品、名品的種植溫室2000多平方米，集中了黃金海岸、蒼山奇蝶、奇花素、玉兔彩蝶、倚天奇蝶、劍陽蝶等30多種精品蘭花。蘭花展示中心100多平方米，景觀建築造型有百蘭字牌坊、百蘭圖牆等，是一個集蘭苑、住所、商貿、觀光、小型交流展示、文化休閒為一體的苑藝博覽園，也將成為雲南省蘭花種植、科學研究、旅遊觀光、文化休閒和蘭花交易的主要場所之一。玉溪大營街蘭花村，成為目前中國蘭花群體建築有史以來最大的設施之一，也是蘭花文化建築開發的典範工程。

「中國第一個鄉村民族博物館」設在哪裡

在任何一張中國地圖上，都找不到巴卡小寨這樣一個地方。但是現在，這個不起眼的村落卻成了基諾族的文化中心。旨在展示和傳承基諾族民族文化的「基諾族博物館」正式落成，成為「中國第一個鄉村民族博物館」。

基諾族是中國最後被識別的一個少數民族，是中國政府正式確認的單一的少數民族，總人口不足2萬人，主要居住在西雙版納傣族自治州景洪市的基諾山基諾族鄉等地，巴卡小寨就是基諾族鄉46個自然村中的一個，這裡至今還保留著杆欄式的木樓，保持著傳統的習俗。

基諾族自稱「基諾」，過去的漢文譯稱為「攸樂」，意為「尊崇舅舅的民族」。傳說基諾族是遠古時代從北方遷移來的，遷徙時曾經過昆明和峨山，輾轉來到西雙版納的猛遮和猛養，最終在基諾洛克定居。另外也有一種說法，相傳三國時代，孔明率軍南征至今天雲南省普洱、思茅一帶，部分士卒因睡眠掉隊而被丟落了。孔明為嚴肅軍紀不再收留他們，但贈與他們茶子、棉子，

還讓他們照自己帽子的式樣搭屋居住。於是這些人定居在此，自稱為「被丟落的人」，後取其諧音為「攸樂」，也就是今天基諾族的祖先。

50 年以前，基諾族還過著「刀耕火種」、「刻木記事」的生活。近半個世紀的風風雨雨，基諾族飛越了人類社會幾千年的歷史進程，從原始社會一步跨進了社會主義社會。在這個歷史巨變中，基諾族傳統的民族文化也受到不可避免的衝擊，傳統的民俗生活離他們也越來越遙遠。基諾族博物館，成了少數民族傳統文化的最好記錄者。

可以說，在一個僅 50 餘戶，不足 200 人的山寨，規劃、建設一座單一民族博物館，目前在中國也還是屈指可數。據悉，這是中國第一所為少數民族專門興建，並建在本民族村寨之中，直接為本民族傳習民族傳統文化服務的單一民族的博物館。基諾族博物館以基諾族「大公房」為原形，在 8 個展室中，用豐富的實物和圖片，把基諾民族從刀耕火種原始時代的服飾、飲食、紡織、狩獵到發展至今的方方面面，立體地展示出來，讓參觀者能感受到基諾民族獨特的民族文化和精神文化。

大等罕民族村在瑞麗市區南 10 公里，傣族稱之為「等罕弄」。該村風景秀麗，氣候宜人，遠看修竹點翠，近視柚樹成林，幢幢傣家竹樓掩映在竹林之中。尤其是柚樹花開季節，香氣瀰漫，枝頭掛滿碩果，婆娑的竹林、如傘的榕樹、翠竹、棕樹、傣家竹樓、新式磚瓦房……令人神往，因此，被稱為「農村天然公園」。密林深處的等罕寺，始建於清乾隆間（西元 1736—1795 年），正殿為干欄式建築，重檐歇山頂，左右穿鬥走廊與亭閣相連，就像傣族古代宮殿。

「孔雀之鄉」，是實至名歸的。如果仔細端詳德宏州的地形，你會發現德宏非常酷似一隻開屏的金孔雀，條條山脈像一根根開屏的雀羽，數十個山間盆地似一顆顆雀丹。由於德宏森林茂密，野生動物資源十分豐富，是孔雀定居的家園。在德宏各族文化中，孔雀不僅是美麗善良的和平鳥，也是真、善、美的化身；在景頗族創世史詩中，孔雀是百鳥之王，景頗先民就是從「百鳥朝拜孔雀」中學會了尊奉首領，創造了萬人齊舞的目腦縱歌；在很多佛寺建築、民族服飾上都有孔雀的形象；還有孔雀舞的翩翩舞姿……「孔雀文化

是各民族共同認同的文化」。現在，「孔雀之鄉」的美名已經成了德宏州發展旅遊業的一個響亮品牌。

為什麼說傣族園素有「綠孔雀羽翎」雅稱

人們常說，西雙版納是一隻美麗的綠孔雀，孔雀的尾巴在橄欖壩，傣族園就是孔雀尾巴上最美麗的羽翎。

西雙版納傣族園距景洪市 28 公里，曼將、曼春滿、曼乍、曼嘎、曼聽五個傣族村寨是傣族園景區的重要組成部分。傣族村民以農耕為業，用自己勤勞的雙手和智慧創造了豐富燦爛的傣族文化。在這裡，保存著最完好的干欄式建築，稻作文化、小乘佛教文化和民間文學藝術得到很好的傳承和弘揚，民風純樸，傣家人熱情好客；在這裡，一年四季青翠嫩綠、竹林環繞、果木成林，香蕉、椰子、檳榔、菠蘿蜜、杧果，給寨子灑下了一片片濃濃的綠蔭，幢幢竹樓掩映在青樹綠竹之中，陣陣熱帶花開的幽香隨風送來，一片清幽恬靜。古色古香的佛塔、佛寺與旖旎風光相互掩映，形成了具有獨特佛教文化內涵的風景名勝和園林景觀。

這裡是一片生命的綠洲，是一個世外的桃花源；這裡熱帶田園風光旖旎迷人，民風民俗獨特濃烈，人與自然和諧相處、完美融合……所以有人把它稱為「中國第一自然生態村」。挺拔高聳的椰樹、縱橫交錯的林蔭道、綠草地、花卉園，若隱若現的佛寺、佛塔和竹樓，更增添了傣族園的神秘和幽靜，充滿著詩情畫意，因此，傣族園素有「綠孔雀羽翎」的雅稱。景區內已開發了很多旅遊專案：曼春滿佛寺參觀、傣家民居參觀、趕擺、賧佛、旅遊購物、天天潑水節、民族歌舞表演、孔雀觀賞、曼聽佛寺活動、傣家樂專項旅遊等。可以說，沒有去過傣族園，就不算到過西雙版納。傣族園是西雙版納傣民族的縮影，濃縮了傣民族文化的精華。

對於許多人來說，傣族園已是珍藏在心裡的一份遙遠記憶，是一份永難拒絕的誘惑，可謂「一日做客橄欖壩，夜夜夢迴傣族園」。園林學家說，傣族園是庭院園林的典範；歷史學家說，傣族園是一座活著的民族歷史博物館；植物學家說，傣族園是植物王國的基因庫；文學家說，傣族園是人間仙境，是遠離鬧市、難得尋找到的世外桃源……

我們到什麼地方能感受「母系」社會的氛圍

「無父無夫的國度」，這一獨特的婚姻現象對人類傳統的婚姻制度是一重要的補充。這種現象說的其實就是以「娘親舅大、舅掌禮儀母掌財」為生活內容的摩梭人一帶的家庭特徵。

生活在麗江寧蒗縣瀘沽湖畔的摩梭人，他們世代都與祖母、母親同住，過著「走婚」的生活。男不娶、女不嫁，也知道誰是父親，只不過男子的角色不是照顧自己的孩子，而是以舅舅身份照顧自己的侄子女。而一家之中以「母親」為首，以「女性」為主，母親管家，因此，是「娘親舅大、舅掌禮儀母掌財」。據說，這裡至今仍然保留著古老的「母系」社會，它獨特的「走婚」風俗決定了其獨特的人文景觀。

瀘沽湖畔又被稱為「母親湖」。湖的四周青山環繞、森林茂密、古樹參天、流水潺潺。湖水碧波蕩漾，四季清澈，藻花點綴其間。湖中六島，亭亭玉立，林木蔥鬱。在這美妙絕倫的湖光山色之間，那獨特的「阿夏」婚姻、自然而原始的民俗風情，為這片古老的土地染上了一層神秘而美麗的色彩，而被稱為神奇的「東方女兒國」。

由於這道獨特的風景線，這裡已成為一個著名的旅遊風景區，而落水村是最重要的旅遊村之一。落水村又分為上落水和下落水，公路西側、房屋較矮小的一片屋群叫上落水，這裡的民居較古老；公路東側緊依湖畔且房屋高大的一片屋群叫下落水，這裡因旅遊業的發展，都已是幾層樓的現代民居了。而無論上落水的老民居，還是下落水的新民居，它們都是全木結構的房屋，四壁用削皮後的圓木，兩端砍上卡口銜楔疊摞而成，屋頂則用木板鋪蓋，上壓石塊，整幢房屋不用一顆釘子，也不用磚瓦，它不僅冬暖夏涼，而且因用銜楔整架結構而特別防震。這就是摩梭人的木楞房。

下落水湖邊有條彎曲的礫石小路，路邊的摩梭人都把自己家改建成旅社，隨小路一溜排開的木楞房一幢比一幢漂亮而有特色，有酒吧、百貨店和土產店等設施，加之小路旁有湖畔垂柳、木舟細浪等迷人風光，這裡自然成為旅遊者的大本營，小路也被冠以「摩梭風情路」的雅稱。住在「風情路」上的摩梭家庭旅社，是旅遊的一個好開始。置身湖光山色中，你能清晰感覺到，

純淨的空氣慢慢沁入每一根血管的過程。你可以細細觀賞木楞房；可以走進神秘的祖母房看一看；或到酒吧裡聽聽古老的「阿夏婚」故事；或來一碗鮮魚湯、一杯酥理瑪酒，品品瀘沽湖陽光的味道；就是漫步小路，摩梭姑娘們也會向你展示一道美麗的風景。

那醉人的湖光山色，古老原始而又神秘的民族風情，原始的宗教文化，如癡如醉的歌舞，使這裡成為旅遊者的天堂。

「中國最怪的村」、「中國現代第一奇村」指的是哪裡

一個人或者幾個人長期以洞為居不奇怪，但一個村的村民祖祖輩輩以一個山洞為居實為怪村。在雲南文山州廣南縣的安王彝家山鄉，就有這樣一個「中國現代第一奇村」。該村位於廣南縣城東南 100 多公里的南屏鎮安王辦事處的崇山峻嶺之中，名叫峰岩洞村。峰岩洞村奇就奇在全村 60 餘戶人家，300 餘口人，全部生活在一個方圓不到 1 平方公里的溶洞裡。溶洞坐東向西，周圍綠樹掩映。一個開闊的倒八形的洞口，充分吸收著洞外的自然光線和偏西的陽光。站在洞口，洞內整個村寨盡收眼底。各家房屋沒有片瓦遮蓋，樓面既是陽臺，也作屋頂。房屋或相連，或獨建，依洞勢高低錯落，分佈其間。建築風格與外界無異。有牆體立柱，有隔板籬笆，裝有門窗，地面平坦。牛馬有圈，豬雞有窩，人畜各得其所。一條人工石板路迂迴曲折連接各家各戶，洞內左側，株株石峰拔地而起，形如村邊叢林；洞頂乳石倒懸，藤蔓纏伸；右側一白色鐘乳石巨柱頂天立地，猶如一棵濃蔭密佈的常青樹庇護著整個村落。多少年來，洞中居民之間和睦相處，相安無事，由於這個村的村民居住環境奇特，被人們譽為「中國現代第一奇村」或「中國最怪的村」。

峰岩洞村在相當長的時間內不被外人所知，1991 年初，當地新聞報導了該洞奇景，引發了中國外有關人士極大的興趣，不少新聞記者前來採訪，一些地理、歷史和人類學者不畏山路崎嶇前往考察。由於外地人、外國人的介入，這扇封閉的門被打開了。而峰岩洞村又被稱為「中國最後的穴居村落」。1995 年底，在省、州有關部門的關心支持下，封閉的峰岩洞村有了一條修至洞口的簡易公路，洞內也通了電，有了照明。通電不僅給村民們生產生活帶來方便，也招來了更多的遊客探秘觀光。

趣聞 雲南

你知道花腰傣的由來嗎

雲南是個多民族的省份，不同的民族又有不同的支系。雲南的傣族也有很多支，主要分佈在瀾滄江邊的西雙版納和德宏州境內，而花腰傣則主要分佈在紅河流域的新平縣。花腰傣也有不同的支系，主要有傣雅、傣灑和傣卡。傣雅主要居住在漠沙鎮的大沐浴村等地，傣灑主要居住在嘎灑鎮的大檳榔村等地，而傣卡主要居住在腰街鎮南城村等地。

在滇中的哀牢山境內，有一個充滿傳奇的地方。據說很久很久以前，不知什麼原因百越民族開始尋求更富裕的安居之地。在以部落為單位的遷徙隊伍中，有一支貴族部落，因為他們身著華麗的衣服，所以行進緩慢，落在隊伍的後面。當他們來到紅河谷地的一片芭蕉樹前時，發現被砍倒的芭蕉樹已經長出了些許新芽。從來不知道砍倒的芭蕉樹會很快倒抽芽的貴族們以為前面的隊伍已經過去了很久，索性放棄了追趕，而後他們在哀牢山的紅河谷內定居了下來。因為部落裡的人腰間總是圍著一條長長的彩色腰帶，於是這個貴族部落有了一個好聽的名字——花腰傣。而遷走的那些部落最終落腳在了西雙版納和德宏等地。

新平花腰傣不僅在服飾文化上與滇南的傣泐、滇西的傣那有顯著不同，而且這裡的傣族不信佛教，沒有文字，不過潑水節，保留著中國傣族在未接受印度佛教文化影響之前原有的文化狀況，如信仰萬物有靈的原始宗教，其中又以原始農耕民族祭龍（求雨）和封建領主制時代的春耕禮最為典型。花腰傣婦女的服飾華美豔麗，文身染齒等習俗卻與古滇國貴族一脈相承，至今仍遺風不改。花腰傣婦女的盛裝用料考究，特別是傣雅和傣灑，多用綢緞，且刺繡精美，銀飾琳瑯滿目，綵帶束於腰間，絢麗多姿；一雙手戴幾對銀鐲，十個指頭都戴滿戒指，風姿綽約，整套衣服穿戴起來幾乎無法勞動，只能參加禮儀性活動，是富貴身份的象徵；這也從另一個側面證實了花腰傣是古滇國貴族後裔的說法。

這個叫「大沐浴」村的花腰傣，他們自稱「傣雅洛」，意思即是「遷徙中的落伍者」，是滇王室的後裔。大沐浴村依傍在紅河河畔，據歷史考證，這裡曾是古哀牢國「傣王」部落主要所在地、花腰傣花街節的創發地。「大

沐浴」，傣語意為「趕花街的地方」。大沐浴村是一個典型的花腰傣少數民族聚居村落，有 105 戶人家，如今已被建成了漠沙鎮沐浴傣雅文化生態旅遊村。

哪個村寨被稱為「奇峰異石中的村莊」

「奇峰異石中的村莊」，就是麗江老君山風景區內黎明石寨子自然村。老君山黎明丹霞地貌、「太陽三起三落」的奇異景觀是大自然鬼斧神工的佳境。

在村裡有一條沿小羊腸山路而下，流入黎明河的小河，順著這條河而上便可欣賞到黎明景區的一條亮麗風景線。這條小河的北岸儘是一座座石石奇峭、峰峰險峻、充滿神奇的丹霞岩峰。再往前走，可以看到擇夫石，她站在羊打腳和海米洛交界的山樑上，經風雨見世面，年復一年，日復一日，苦苦地等待著她的如意郎君。到了兩叉河，往左是本都底、依古洛和史誇底，往右是安吾洛，這時你無論選擇哪條路，前面都是奇峰異石圍抱著的 C 字形村莊。整個村子被岩峰石壁圍抱在中間，人們在赤壁寬大的懷抱裡，安身立命，愉快地勞動，幸福地生活。岩壁不同的高差呈現不同的顏色。低部層區的懸崖呈丹紅色，中部層區為赭紅色，上部層區以暗赤和呈白色為主。一群丹紅懸崖圍抱著一個村莊，另一群赭紅懸峰圍抱著第二個村莊，再來一群暗赤及白色的岩壁把最後一個村莊圍抱著，它們的色彩不僅主色分明，而且還有不計其數的顏色搭配，每種顏色都純淨明媚，鮮亮活潑，顯示出不同的個性。

這裡還有許多奇異的岩洞，最壯觀的是本都底的姐妹洞，她們一左一右，洞壁上八百羅漢坐禪唸經，栩栩如生。山間長滿了針葉和闊葉林，即使是高山對峙、峭壁陡生的岩壁，也長著鬱鬱蔥蔥的樹木，滿山滿坡的花草，競相開放，異彩紛呈。這裡的樹木花草生機盎然，又略帶些曠野仙山的神話色彩。家家戶戶的房屋都是背靠岩壁而建，開門見懸崖。他們吃的是從山裡親手種出的糧食，喝的是從高山深谷裡流出的清泉，宛如世外桃源，人間仙境。

怒江第一灣上的「桃花島」與《射鵰英雄傳》裡的「桃花島」有什麼不同

在武俠小說《射鵰英雄傳》中，金庸先生給人們描繪了一個世外桃源般的桃花島。有了著名的小說，也就有了小說中的桃花島。人們發現這個桃花島在浙江舟山群島上，發現這個風景優美的島與書中的水上桃花島相吻合，「仿似金庸武俠小說中的桃花島」。於是開始興建「金庸武俠文化村」，金庸先生還題詞「碧海金沙桃花島」。由於金庸先生對於舟山桃花島的貢獻，舟山還準備為金庸先生塑像。

可是只要細心，就會發現金庸筆下的東海桃花島應該是一個遠離凡塵的地方。而舟山群島上的桃花島，相傳是前秦隱士安期生在島上白雲山修道煉丹，「嘗以醉，墨灑於山石上，遂成桃花紋」，島名由此而來。雖然它現在是射鵰影視城，但是，金庸武俠小說熱給世人帶來的應該說是一個尋找世外桃源的機會。

雲南除了有香格里拉的世外桃源，還有一個凡塵之外的地方，它就是位於怒江第一灣中心的「桃花島」——丙中洛坎桶村。怒江發源於西藏那曲，全長1400多公里，流經貢山獨龍族自治縣丙中洛鄉日丹村附近時，由於王箐大懸岩絕壁的阻隔，江水的流向從由北向南改為由東向西，但流出300餘米後，又被丹拉大山陡坡擋住了去路，只好再次掉頭由西向東急轉，因而在這裡形成了一個大的半圓形大灣，當地傈僳族叫它 homanioq（火夾），後通稱為怒江「第一灣」，灣中心的這個村子就是「桃花島」。這裡是一個獨特三面環水的半島狀小平原，風光綺麗。小平原四周景物宜人，處處是田園風光，是怒江峽谷中少有的山間奇景，怒江人稱它是峽谷的一顆綠色寶石。遠離都市的喧囂，坎桶村躺在江河的懷抱裡，沉醉在大自然的造景中，特別寧靜、怡人，每當桃花盛開時，五彩繽紛的花瓣於風中輕舞飛揚，因此，坎桶村堪稱「峽谷桃源」。每到農閒季節或民族節假日，三五成群的人便到這裡泛舟，對歌起舞，有情的戀人則潛入沿江兩岸的密林中互訴衷腸。怒江的桃花島就是這樣一個地方，美麗得令人神往、陶醉。

「下綺羅村」為何被稱為「騰越書香名村」

騰衝城南4公里處來鳳山東南側的下綺羅村，是一個邊地歷史文化名村。

　　讀書，是下綺羅人的「天性」。500 來戶人家的村莊，明清兩代出了 11 個將軍，67 名進士、舉人和貢生。下綺羅村圖書館創建於 1919 年「五四」運動時期，雖然比著名的和順圖書館還早 10 年，下綺羅圖書館的發展卻經歷了巨大的坎坷和曲折。1919 年創建後，從上海購回了《萬有文庫》等很多大部頭名著，訂購了《大公報》《文匯報》《仰光日報》等一批報紙，隨後圖書逐年增加到 2 萬多冊，經、史、子、集齊備，還購置了腳踏風琴、油印機、動植物標本、人體生理模型等，並先後創辦了油印刊物《家鄉通訊》和鉛印《新綺羅》二月刊（送緬甸印刷），發表了大量有關剷除封建迷信、改革婚姻制度、振興家鄉教育和抗日救國、富民興邦的好文章。騰衝淪陷時，圖書館被日寇搗毀，原有的一切都蕩然無存。經過許多人的熱忱努力，重建了書報閱覽室，陸續購置了一大批報刊圖書，可又在「文革」中被掃蕩一空。中國十一屆三中全會後，圖書館才終於步入了繁榮穩定的發展時期，有了寬敞明亮的書庫、外借室、接待室、兩個閱覽室和院心花園，後來又有 1300 多平方米的新館舍。館內有碧池、拱橋、石欄、假山和花圃，環境優美。

　　綺羅鄉共有 3 個自然村，其中下綺羅村最大。過去，這裡的男子一旦成年，十有八九要外出闖蕩謀生，所以綺羅鄉的華僑較多，除了遍佈東南亞各國，有的還僑居西歐北美，大多經商。

　　下綺羅景色的秀麗有如它的村名，像一幅美麗的綺羅。村前小橋流水，清澈的綺羅河自北向南流過，遠望「宛若襟帶，狀似菱羅」，形似一條游龍。壩子上阡陌縱橫，春夏滿目蔥蘢，金秋一片金黃。村中的古建築也很有特色，有東西向的三條主街，另有橫向的幾十條小街，街內又有巷。這裡的居民依姓氏聚居，自成巷道，每個巷道口建有一幢「總大門」。總大門用騰衝火山石砌成八字形的石牆，中間留一圓形拱門洞，其上為飛簷牆頂，門對面的月臺上有半月形照壁以護風水。月臺左右各栽一株香樟樹，樹下壘有石臺，冬可曬太陽，夏可納涼，也是族人休息聊天之處。

　　這裡不僅是「文明之鄉」、「騰越書香名村」，也是全中國著名的僑鄉，更是風光秀麗、景色如畫的旅遊之地。

　　忽必烈南征後，留在雲南的蒙古族後人都到哪裡去了

　　元代，忽必烈南征雲南，留下了著名的「北石細裡」的元代遺音。「北石細裡」又叫「別時謝禮」，漢譯「白沙細樂」，是今天納西古樂中的重要內容。而之後定居在雲南的蒙古族後裔主要生活在雲南通海縣興蒙鄉。

　　西元 1253 年，忽必烈率軍攻克雲南後，在距昆明約 100 多公里的通海曲陀關山隘處設立都元帥府，屯集眾多蒙古族士兵統管滇南地區，通海興蒙鄉因此成為如今雲南蒙古族主要聚集地。這裡居住有 6100 多名蒙古族後裔，村中三聖宮一直供奉有成吉思汗、忽必烈等蒙古族傑出人物的畫像，形成一個迥異於周圍其他民族的聚集村落。這裡的蒙古族至今仍保存著大量蒙元時期的歷史遺存，也緣於當地在元朝統治雲南時具有較高的政治軍事地位。當年供屯兵飲水之用的一口名為馬刨井的泉井，數百年來湧流不止，泉眼石壁上雕刻的戰馬等紋飾至今清晰可見。蒙元軍隊儲藏糧草和軍械的軍備庫遺址仍可看到，並有相關碑記可考。在曲陀關周圍，至今仍有韃子營、夥家營等帶有明顯兵營色彩的村寨名字。

　　此外，通海縣境內還有多處建築和「石羊」等雕刻藝術品具有明顯的蒙元時代特點。當地最受推崇的秀山上的普光寺正殿建築保留了明顯的「粗梁細柱」的元代風貌，寺內的智照蘭若碑刻於元代，對研究當時雲南的社會經濟具有較高價值。

　　歷經 700 多年的歷史變遷，通海興蒙鄉蒙古族仍在語言、衣飾等方面與北方蒙古族有相似之處，但也有一些差別。在他們的語言中，語音系統、語法結構與北方蒙古族相同，「鼓」、「馬」、「路」、「香煙」等詞彙保留了古蒙語的發音，但大量借鑑彝語和漢語詞彙，因此成為獨立的一門語言。在飲食方面，大米成為他們的主食，日常更多食雲南特有的餌塊、米線、卷粉等。由於靠水而居，水產品也成了他們的重要肉食。興蒙的一道特色菜就是太極鱔魚。蒙古族婦女還保留著自己的民族服飾，婦女服飾中的高領、彎尖及花邊圖案還有北方蒙古族服飾的風格，但雲南蒙古族衣色尚青、黑，婦女喜歡穿三件長短不一的衣服，俗稱「三疊水」。通海興蒙鄉蒙古族同樣是能歌善舞的民族，他們的音樂舞蹈融合了蒙古族、彝族、漢族等民族的特色，自成一體，非常有特色。

[跨境風情]

雲南與越南、緬甸、寮國三國的國境線長達 4060 公里。自古以來，雲南就是中國從陸上通往東南亞、南亞和中東的門戶。如今，在雲南的國境線上，人們不僅可以看到「一街兩國」、「一寨兩國」和「一井兩國」的國境線奇觀，欣賞風光旖旎的邊境美景，見到日益興盛的珠寶交易市場，領略與鄰國風物交匯的獨特情調，瞭解中國近代反抗外敵入侵、痛擊侵略者的光輝歷史，而且還可以走出國門，乘坐油輪遊中老緬泰。在這條集綠色生態、民族風情、探險、觀光、休閒、科考等為一體的黃金旅遊線上，遊客們可以深入體驗異國風情，探尋神秘的「金三角」。

你知道雲南有些什麼重要的口岸遊嗎

雲南與緬甸、越南、寮國三國的國境線長達 4060 公里，具有獨特的地緣優勢和悠久的口岸歷史。早在 2000 多年前，雲南就是中國從陸上通向南亞、中東和東南亞的門戶，第二次世界大戰期間，雲南的口岸發揮了重要作用，著名的史迪威公路成為抗日戰爭通往大後方的運輸線和中國取得國際援助的重要通道。

在風光旖旎的邊境口岸地區，遊客不僅可欣賞美景，還能親身體驗兩國風物交匯的獨特情調。在雲南 12 個國家級口岸中，瑞麗口岸、畹町口岸是瑞麗市兩個國家級口岸，相距很近。瑞麗與緬甸山水相連，田疇交錯，形成了「一街兩國」、「一寨兩國」、「一井兩國」等國境線奇觀；瑞麗江及周邊景區是國家級風景名勝區，薈萃了眾多高品質的旅遊景觀；瑞麗是古今的重要通道，「二戰」期間的滇緬公路和史迪威公路，經過邊關重鎮畹町，為世界反法西斯戰爭，做出了重大貢獻。如今瑞麗口岸，是通往緬甸最繁忙的陸運口岸；瑞麗是東南亞重要的珠寶集散中心，加上邊貿的發展，瑞麗呈現出一派前所未有的繁榮景象。

河口口岸位於河口縣城，地處南溪河、紅河交匯處，與越南老街口岸對接。連通兩地的是南溪河大橋。河口推出的熱帶風光、地方民族文化特色、對外貿易和商貿旅遊，以及方便的出境旅遊，使年旅客出入境輸送量達 135.8 萬人次以上。

打洛是西雙版納與緬甸接壤的口岸，打洛口岸位於猛海縣西南部，與緬甸小猛拉接壤。「打洛」，傣語意為「多民族的渡口」。打洛江兩邊是中緬兩國的村寨。這裡既可欣賞江流神韻，也可領略異國風情，還可欣賞到「獨樹成林」的景點，打洛口岸是個旅遊熱點，建有打洛邊貿旅遊開發區，區內旅遊服務設施齊全。入出境旅遊人員逐年遞增。

片馬口岸位於瀘水縣片馬鎮人民政府所在地，是怒江傈僳族自治州唯一的省級開放口岸，處在高黎貢山自然保護區西坡腹地。片馬邊境旅遊區內，茂密的原始森林令人神往，田園山水如詩如畫，立體氣候的植被分佈特徵顯著。20 世紀初，這裡曾發生過各民族英勇抗擊英帝國主義的「片馬事件」，建有片馬抗英紀念碑（館），陳列著駝峰航線飛機殘骸。另外，這裡還有風雪丫口、神秘的聽命湖等有特色的景點。

如何乘船遊中寮緬泰

瀾滄江—湄公河是亞洲最大的國際河流，被譽為「東方多瑙河」。全長 4800 公里，流經中國、寮國、緬甸、泰國、柬埔寨、越南等 6 個國家，兩岸居住著 90 多個民族，各民族的建築、風情、文化、服飾、生活習俗等不盡相同。從河源到出海口，穿越了世界最壯觀的熱帶雨林，其多姿多彩的自然景觀雄奇壯麗，被國際旅遊界的規劃專家譽為是一條集綠色生態、民族風情、探險、觀光、休閒、科考等為一體的貨真價實的黃金旅遊線。

自中國、寮國、緬甸、泰國 4 國於 2000 年 6 月正式開通瀾滄江—湄公河商船航運以來，至今已接待遊客數萬名。為了滿足遊客不斷增長的需要，西雙版納天達旅遊航運有限公司投入鉅資添置了新型高速客船，從 2005 年 5 月 17 日開始，正式開通中國景洪至泰國清盛的定期航班；同年 11 月 26 日，達到四星級酒店標準的「金孔雀一號」豪華遊輪首航中國、寮國、緬甸、泰國四國。經過沿岸四國精心合作開發，這條充滿神奇美麗、風光獨特、「一江連六國」的世界級精品旅遊線，正以更好的通達條件，敞開胸懷，喜迎八方賓客。

從西雙版納景洪港乘船順江而下，經寮國、緬甸至泰國北部清盛，順水航程約七八個小時。在此期間，你不僅可以看到原生態的自然人文景觀，欣

賞瀾滄江—湄公河中佈滿河面、造型各異的激流崖石所構成的一道道「水上石林」，飽覽沿河兩岸滿目翠綠、充滿野性氣息的原生態熱帶雨林，領略沿途異彩紛呈的民族文化風情，還可以感受神秘的「金三角」——清萊和「北方玫瑰」——清邁的經濟文化、風景名勝。

你知道雲南緬玉毛料和玉石的集散地在哪裡嗎

自漢代騰衝就是中國與緬甸進行貿易交往的重鎮。那時候，玉石毛料從緬甸產地開採出來，運出的第一站便是騰衝，沿著這條西南絲綢之路，馬幫絡繹不絕。大量玉石彙集騰衝後，一部分就地打磨加工，一部分向東經大理運達昆明加工，再遠銷內地和沿海。因此，騰衝不僅是緬玉毛料玉石主要集散地，同時也是滇西南的玉石加工中心。據歷史記載：「賈人收石入關，狀如瓦礫，號曰荒石，騰越工人磨之以紫梗，砥之以寶砂，而寶光始出。」清朝中期至民國初年，騰衝的翡翠經營加工業達到鼎盛時期，進口玉石量最高年份達 60 多噸。騰衝成為世界翡翠加工發祥地，素有「翡翠城」的美譽。這種盛況直至抗日戰爭前夕，騰衝被日軍佔領。

中國改革開放以來，騰衝縣憑藉深厚的翡翠文化底蘊和離開採場區較近的區位優勢迅速再興，整個玉石貿易量達到了歷史最高水準，出現了空前繁榮的景象，發揮著翡翠集散的特殊作用。但 1996 年後，隨著緬甸聯邦寶石政策的變化，緬甸瓦城市場迅速崛起，成為當今世界上最大的翡翠原石交易市場。騰衝的翡翠業再度步入困境，集散優勢減退。

瑞麗市政府透過不斷探索，逐步放開珠寶經營，充分發揮姐告邊貿區的口岸功能，現已成為緬玉的毛料和玉石的最大集散地。中國每年消耗的玉石毛料約 6000 噸，其中 2/3 是透過瑞麗口岸進口的，業內人士已認同「玉出雲南，玉從瑞麗」的說法。充足的玉石資源使得瑞麗商賈如雲，從事玉石毛料及其成品加工和銷售的珠寶商人遍佈瑞麗市的各個角落。在此基礎上，瑞麗順勢而謀，制定了構建「中國瑞麗珠寶經濟園區」的戰略，該園區將由珠寶翡翠銷售觀光旅遊區、珠寶玉石加工區、珠寶玉石毛料交易區和科技中心區「四區」構成。同時，瑞麗市還提出打造「東方珠寶城」的戰略，吸引了越來越多的珠寶商前來瑞麗。

趣聞雲南

「一橋兩國」、「一寨兩國」和「一井兩國」在哪裡

瑞麗市位於雲南省西南邊陲，西北、西南、東南三面與緬甸接壤，兩國土地交錯，村寨相連，特殊的地理環境形成了「一個壩子（瑞麗壩），兩個國家（中國和緬甸），三省交會（中國的雲南省和緬甸的克欽邦、撣邦），四個一類口岸（中國的瑞麗和畹町、緬甸的木姐和九谷），五座城市（中國的瑞麗和畹町，緬甸的木姐、九谷和南坎）」以及「一橋兩國」、「一寨兩國」、「一井兩國」的國境線奇觀。

畹町橋連接著中國的畹町經濟開發區和緬甸的九穀市，國界從橋中穿過，這就是享譽全中國的「一橋兩國」著名景點。它位於開發區南緣的畹町河上，不僅是中緬兩國的界河橋，而且是滇緬公路出入國境的口岸橋和中緬兩國的友誼橋。昔日，畹町橋為抗戰勝利立下不朽功勳；今天，它又為中緬兩國的經貿發展和傳統友誼發揮著極其重要的作用。

在中緬邊境的分界線上，犬牙交錯的邊界使20多個寨子都是你中有我，我中有你。中緬邊界71號界碑旁，這裡的中國銀井寨與緬甸的芒秀寨幾乎連在一起，寨中的國境線是以竹棚、村道、水溝、土埂為界的。因此，中國的瓜藤爬到緬甸的竹籬笆上去結瓜，緬甸的雞跑到中國居民家來下蛋便成了常有的事。碰到這種情況，互相都會主動將「跨國瓜」、「國際蛋」送還主人，絕不悄悄據為己有。這成了中緬睦鄰友好世代相傳的佳話。

在瑞麗的許多寨子裡，都可以看到一口別具民族特色的石砌水井，井罩上還有一個寶塔式的尖頂，傣家人把它叫做「南磨廣」（井塔）。在眾多的水井中，位於弄島鄉姐冒寨和緬甸滾海寨之間的那口井，被譽為兩國共飲一井水的「中緬友誼井」。一直以來，這口井是兩國婦女交流感情的地方。早晨，中國姐冒寨和緬甸滾海寨的婦女三三兩兩地來到井邊汲水、洗菜、洗衣；晚上，姑娘們又約著到井邊來沖涼，聊聊當天的收穫和感受，談談外面的世界和將來的生活。隨著生活品質的提高，寨子裡許多人家都引入了自來水，但大部分人還是喜歡到井邊挑水洗衣洗菜，因為每天在這裡相聚已經成為兩國邊民生活的一個重要部分，正如井塔上那副對聯寫的一樣：「清泉留客醉，胞波情誼深。」

你想瞭解神秘的金三角嗎

「世界上沒有什麼地方像這片土地那樣，長久地與世隔絕，又受到全世界從未間斷的關注；盛開著嬌豔的罌粟花，又製造著猛於虎狼的罪惡；延續著原始貧窮的生活，又充斥著戰火、貪慾和財富……」浪濤翻滾的薩爾溫江阻隔了這裡與外部世界的往來，連綿的群山擁抱著世上最具神秘色彩的地域——「金三角」。

金三角沒有具體的行政區劃，一般是指位於東南亞泰國、緬甸和寮國三國邊境地區的一個三角形地帶，包括緬甸北部的撣邦、克欽邦，泰國的清萊府、清邁府北部及寮國的琅南塔省、豐沙裡及瑯勃拉邦省西部，共有大小村鎮 3000 多個，面積約 15 萬平方公里 ~20 萬平方公里。至 20 世紀 60 年代，這裡已成為以盛產鴉片聞名世界的四大毒品產地之一，成了罌粟種植、提煉、販運和走私的黃金地帶。

由於「金三角」地區大部分是在山區，氣候炎熱，雨量充沛，土壤肥沃，極適宜罌粟的生長，再加上這裡叢林密佈，道路崎嶇，交通閉塞，三國政府鞭長莫及，為種植罌粟提供了政治、經濟以及地理、氣候等方面得天獨厚的條件。「金三角」地區有許多海洛因加工廠，大多設在深山密林中，有大批技術人員操縱著先進的機器設備日夜工作。「金三角」地區的鴉片品質上乘，多被加工成精製毒品海洛因，銷往世界各地。長期以來，這裡一直活動著多股反政府武裝和其他毒品武裝，故又被稱為「冒險家的樂園」。

獨特的地理位置同樣也造就了這裡秀麗的風景。起伏的山巒、參天的大榕樹、幽靜的龍潭，飛瀉的瀑布，撣、佤、佬、苗、瑤、克欽、傈僳、拉祜、阿卡（哈尼）、漢等多種民族風情，都蘊涵著神秘的旅遊魅力。如今的金三角，隨處都可以看到來旅遊的外國人，其中有不少西方遊客，他們慕金三角之名而來，很多人在這裡要住上一個月或幾個月，享受此處的恬靜。

畹町橋的歷史滄桑知多少

畹町橋是中緬兩國交界河上的界橋，半個多世紀以來，它歷盡滄桑，成為德宏歷史的見證人，目睹了世紀的變遷。抗日戰爭前，在荒郊野壩裡，兩

根並排架設的木頭連接著畹町河，這就是畹町橋的前身。抗日戰爭時期，日本侵略者佔領了大半箇中國，為達到佔領整箇中國的野心，日寇封鎖了中國所有的沿海地區，企圖斷絕抗戰外援物資。在危急的情況下，滇西各族人民在極其惡劣的環境中，以短短的 9 個月時間建成了由下關至畹町的全長 547.8 公里的交通幹線，把畹町橋建成了單孔石拱橋，使滇緬公路通車。畹町是當時中國對外聯繫的重要國際交通口岸，每天從畹町橋運入中國的國際援華物資達數十萬噸，中國抗日遠征軍 10 萬人馬入緬作戰部隊也是從畹町橋上開赴抗日前線的，因而名震一時。

1942 年 5 月 3 日，日本侵略軍以裝甲車為先導，用汽車載運步兵從緬甸入侵中國境內，畹町橋失守。1944 年 1 月 4 日，中國抗日遠征軍分左、右兩翼和正面三路大軍對盤踞畹町的日寇發起全面總攻，敵我雙方展開殊死搏鬥，到 1 月 12 日，日寇守軍全部被殲。1 月 20 日，中國抗日遠征軍第五十三軍、第一軍和第六軍勝利會師畹町橋，揭開了中國人民第一次反擊外來侵略戰爭全面勝利的序幕。在收復畹町國土的戰役中，抗日遠征軍愛國將士傷亡千餘人，單孔石拱的畹町橋也在戰火中被炸毀。

如今，畹町橋上車水馬龍，一派繁忙景象，畹町橋成了中緬兩國政治、經濟、文化交往的樞紐。橋頭「中緬友誼畹町─九穀橋」幾個金光閃閃的大字展現了畹町橋今日的風采，成為每位經過畹町客商都要駐足觀賞和留影紀念的歷史建築物。

哪個市曾經是中國最小的市

「畹町」二字係傣語音譯，意思是「太陽當頂的地方」。畹町經濟開發區是雲南省境內的國家級口岸之一，與鄰邦緬甸重鎮九穀鎮近在咫尺，隔河相望。在地理位置和歷史上，畹町並不簡單。

畹町見之於典籍，可追溯到漢代。1932 年設立為畹町鎮，隸屬潞西設治局。但直至第二次世界大戰之前，還是一個不起眼的小寨子。1938 年 8 月 31 日，滇緬公路全線通車，畹町成為中國西南重要的國際交通門戶。

1950 年 4 月 29 日，畹町和平解放。1952 年 12 月 6 日，經中華人民共和國政務院批准，畹町鎮升格為縣級鎮。1985 年 1 月 31 日，國務院批准撤銷畹町鎮建立畹町市，隸屬德宏州，成為中國最小的城市，有「袖珍城市」之稱。1999 年 1 月 1 日，國務院批准撤銷畹町市，將其行政區域併入瑞麗市，同年 5 月 1 日，成立瑞麗市畹町經濟開發區（副縣級），轄混板鄉、芒棒鄉、城關鎮（16 個自然村），1 個國有農場 8 個生產隊，全區總面積 103 平方公里，實行「政經合一」的管理體制，享有縣級經濟管理許可權和行政職能。

畹町與緬甸九谷鎮的邊民自古就有著自由往來、友好互市的悠久歷史。如今，隨著改革開放政策的深入和發展，畹町已成為西南貿易大門，一些東南亞的商人也雲集畹町，使畹町成了美國、日本、法國、印度、巴基斯坦、尼泊爾、孟加拉的化妝品、首飾、工藝品、農副產品、珠寶玉器的物資集散地，邊貿街上十分繁華熱鬧。

見證中越關係的大橋——中越鐵路大橋

河口是雲南省重要的國家級對外開放口岸，自古就是中國邊境重鎮。1901 年，法國人歷時 9 年在這裡修建了直通越南的滇越鐵路，這是中國第一條國際鐵路。當年滇越鐵路與巴拿馬運河、蘇伊士運河一起並稱為世界三大工程奇蹟。巍然屹立在南溪河上連接河口與越南老街的中越鐵路大橋，處於滇越鐵路的咽喉地段，全長 76 米。自 1910 年滇越鐵路建成通車至今已 90 多年了，這條被稱為奇蹟的鐵路，歷經滄桑，兩毀兩興，見證了中越關係。

1940 年 6 月，法國巴黎被德軍攻陷，貝當政府投降德國，命令駐越南殖民政府禁止運送中國過境物資，從而中斷了滇越鐵路的對華運輸。1940 年 9 月 23 日，日軍在海防登陸，緊接著攻佔河內，向中越邊境進軍，妄圖對中國進行南北夾擊。為防止和截斷日軍進攻我西南腹地的交通線，中國政府因形勢所迫下令炸毀中越大橋、白寨大橋等橋樑，兩國之間的鐵路運輸線被截斷。另外，中國政府還以最快的速度，拆除了河口至碧色寨 177 公里的路軌及行車、通信設備，沿線大小橋樑多被炸毀。

1954 年，中越雙方為了在經濟建設中緊密聯繫和相互支援，加緊了對運輸線路的修復。中國政府由鐵道部投資 1900 多萬元人民幣，由鐵道兵修復

碧色寨至河口段鐵路，於 1956 年 8 月 2 日開工，1957 年 12 月 25 日修復。越南方面，在中國專家的大力幫助下，也積極修復河內至老街段鐵路，並於 1956 年 8 月 8 日在老街舉行通車典禮。1958 年 3 月，中越兩國自主互利的國際鐵路聯運正式開始。

從 1976 年起，越方自行中斷了這座「中越友誼橋」，直到 1993 年 5 月 18 日才又恢復通車。1996 年 2 月 14 日開通國際鐵路聯運，1997 年 4 月 18 日開通國際客運。從此，這條歷經百年滄桑的滇越國際大通道又恢復了昔日繁忙熱鬧的運輸景象。

中越兩國以這座「中越友誼橋」的正中心為國界，北段中方管轄，南段越方管轄，大橋南北兩端分別設有中國和越南兩國出入境聯檢機構。

「片馬事件」知多少

片馬位於瀘水縣西部，南、北、西三面與緬甸接壤，具有重要的戰略意義。片馬資源豐富，珍藏著各種珍禽異獸和名貴藥材，有「自古片馬無窮山」之說。片馬是中國人民在近代史上各民族抵抗外辱的一座豐碑，震驚中外的「片馬事件」留下了反抗外敵入侵和痛擊侵略者的光輝歷史。

自西元 1886 年起，片馬就成了英帝國主義覬覦的對象，在吞併緬甸後，他們便企圖打通自緬甸北上四川、西藏和中中國地的走廊。同一年，英國強迫清政府簽訂了一系列不平等條約，並利用清政府的腐敗和簽約使臣對片馬地形與歷史的無知，先以欺詐手段在條約中製造混亂，再以武力威脅清政府以高黎貢山分水嶺劃界，挑起各種事端。1900 年 1 月，英軍侵佔片馬附近的茨竹、派賴等寨；1910 年 12 月 26 日，英軍 2000 多人武裝侵佔了片馬。

在片馬危機之中，當地傈僳族、怒族、景頗族茶山人和獨龍族民眾在各寨頭人帶領下進行了頑強抵抗。他們組成了一隻 100 多人的隊伍，身披蓑衣，于拿弩弓、毒箭、大刀、長矛和少量的獵槍，在原始森林中神出鬼沒地伏擊侵略者，給英國侵略者造成很大的傷亡，迫使英國侵略者撤回古浪。這支隊伍被當地的民眾稱之為「蓑衣兵」。之後他們又組成了 400 多人的抗英「弩弓隊」，與「蓑衣兵」匯合，採用夜襲、投毒、斷水等方法襲擊敵人，迫使

英國政府在1911年4月向中國政府照會，承認片馬、古浪、崗房是中國領土，但卻仍然毫無道理地拒絕撤軍。

「片馬事件」後，怒江各族人民繼續用生命捍衛著這片土地。1941年，日本侵略軍佔領了東南亞各國，為抗擊日軍入侵，怒江各族人民和「遠征軍」付出了血流成河的代價，終於在1943年殲滅日本侵略軍，同時收復了片馬；同年，英國唆使片馬頭人反抗國民黨駐軍片馬，趁亂派兵又侵佔了片馬。1948年，緬甸獨立，成立聯邦政府，片馬被劃入緬甸克欽邦。

1960年，本著「和平共處五項基本原則」的精神，中緬兩國政府簽訂了邊界條約，片馬正式回歸中國。

飲食雲南

雲南菜有什麼特點

雲南菜，簡稱滇菜。因為雲南特殊的地理環境，滇菜兼收並蓄而自成一家，總體上的特色是，選料廣，風味多，以烹製山珍、水鮮見長。其口味特點是鮮嫩清香回甜、酸辣適中，微麻，講究原汁原味，酥脆，重油醇厚，熟而不爛，嫩而不生，點綴得當，造型逼真，適合邊疆多民族人民的口味，在中國自成一格。

雲南風味餐飲由三個地區的菜點特色構成。其中，首推滇東北地區。昭通地區和東川市因與四川、貴州接壤，與中原交往較多，其烹調方法和口味受川菜影響較深，類似川菜。湯爆肚、酥紅豆、竹蓀、羅漢筍、雲腿、牛乾巴等均屬這一地區名菜。

其次是滇西和滇西南地區。這裡少數民族較多，其烹調特色受藏族、回族、寺院菜影響，各少數民族菜點是主體。如回族的壯牛肉湯、冷片、涼雞、臘鵝，傣族以調料做餡的香茅草雞等。

最後是滇南地區。這裡氣候溫暖，雨量充沛，自然資源豐富，是雲南菜點的本體。自明代以來，經濟文化發展較快，是雲南漢族菜的發源地。如過橋米線、氣鍋雞、雞絲草芽、鳳梨雞片、石屏豆腐以及杞麓湖的魚類、開遠的甜藠頭等，均源於這一地區。

昆明是雲南政治、經濟、文化的中心。近代以來，在總結和繼承了滇南風味的基礎上，薈萃了上述三個地區的烹調精華，汲取了川菜、魯菜、粵菜的技藝，形成了集滇菜大成的昆明風味，稱得上是雲南菜的代表。

「過橋米線」中米線是怎樣「過橋」的

米線如何過橋有兩種版本。

蒙自版：清朝初年，雲南蒙自有位書生，家住南湖，每日用功讀書，準備考取功名。為更專心讀書，書生在湖中菘島築了一間茅屋，與湖岸有一橋相連。妻子每天給他送來飯菜，但每次送到後，飯菜已經涼了。一天，妻子

燉了一隻雞，準備連湯送來給丈夫滋補身體，但連日操勞的妻子偶感不適，便靠在廚房邊睡著了。等她醒來之後，發現雞湯還是熱的，原來湯上有一層油造成了保溫作用。妻子由此得到啟發，把送去的生肉片、蔬菜、米線等放入雞湯一「過」就燙熟了，而且肉嫩湯鮮。這種特異的吃法流傳開後，被人們取名為「過橋米線」。

建水版：清朝道光年間，建水東城外太史巷有個叫劉家慶的廚師，在雞市街頭處開了一個名叫「寶興樓」的米線館。清鹹豐四年（西元 1854 年）的一天清早，一個舉止文雅、穿著講究的人來到他的館中吃米線。他叫劉家慶照他介紹的方法做出湯來配米線吃。方法是：取一塊生豬脊肉切成薄片，用小粉水揉捏後盛於一個大碗中，舀上一調羹熟豬油淋於豬脊肉薄片上並蓋上數片地椒葉子，然後再舀一大勺滾燙的草芽鮮肉湯倒入碗中，另用一個碗盛米線。店主人照此做好後，這顧客先用筷子在湯中攪拌片刻，再將米線挑入湯碗中吃起來。此人名叫李景椿，建水新橋街人，清道光十五年（西元 1835 年）進士，多年來在外省做官，回鄉後他仿照外省人「涮鍋子」的吃法，試用小粉水揉捏過的豬脊肉薄片氽湯食用，其味異常鮮美。

劉家慶對他的這種吃法感到很好奇，問道：「大新爺（舊時建水人對當地舉人、進士的尊稱），您的這種吃法叫什麼？」李景椿回答說：「我從橋東（鎖龍橋）來到橋西吃米線，人過橋，米線也過橋，我是吃過橋的米線。」

民國初年，一個落戶於建水的名叫鄧恩德的玉溪人（其妻是建水人），帶著家室到昆明羊市口處開「德鑫園」過橋米線館，建水過橋米線傳到了昆明。從此，在昆明經營過橋米線的餐廳逐漸多起來，發展成雲南省的一大風味名食。

湯鮮味美的氣鍋雞

早在清代乾隆年間，氣鍋雞就流行在滇南一帶。相傳是臨安府（今建水縣）福德居廚師楊瀝發明的吃法。那年上差巡視臨安，知府為取悅上差，發出佈告徵求佳餚，選中的賞銀 50 兩。楊瀝家貧，老母病重，為得重賞，他綜合了當地吃火鍋和蒸饅頭的方法，創造了氣鍋，又不顧生命危險，爬上燕子洞頂採來燕窩，想做一道燕窩氣鍋雞應徵。不料氣鍋被盜，楊瀝被問罪，

要殺頭。幸而說明真相,被免一死。當地又把福德居改名為「楊瀝氣鍋雞」。從此,氣鍋雞名聲大振,成滇中名菜。那時氣鍋雞的做法很簡單,但味道很醇正。

1947 年,氣鍋雞的吃法才傳入昆明。在當時的福照街上開設了第一家專營氣鍋雞的餐廳,取名為「培養正氣」,今為「東風餐廳」。

蒸氣鍋雞的餐具要用建水的土陶氣鍋味道才正。建水氣鍋外形古樸,構造獨特,肚膛扁圓,正中立有一根空心管,蒸氣沿此管進入鍋膛,經過氣鍋蓋冷卻後變成水滴入鍋內,成為雞湯。兩三個小時後,肉骨離,便可食用,雞塊鮮嫩,湯汁甜美。

烹製氣鍋雞的雞種要選擇本地土雞,而且雞大小肥瘦適宜,肥太膩,瘦了又顯清寡,用剛要下蛋的嫩母雞或剛開叫的小公雞最好。作料很簡單,只有幾片生薑、幾根小蔥、少許胡椒、精鹽。吃的時候要將蔥薑挑選去,只留其味去腥,清新適口。

不知從何時起,也無法考證是何人,在氣鍋雞中配入雲南特產的名貴藥材「三七」、「蟲草」、「天麻」,使雞湯更有營養,還有潤肺、補腎功能,對冠心病、虛弱貧血症有顯著療效。此後,氣鍋雞聲名愈盛,到昆明的外地人都要一嘗方休。近幾年,雲南地區利用氣鍋烹製的雞肴越來越多,主要有「蟲草氣鍋雞」、「人參氣鍋雞」、「田七氣鍋雞」等十幾種,它們既是美味佳餚,又是食療上品。

雲南「質彬園」的烤鴨與北京烤鴨有何區別

光緒二十七年(西元 1901 年),宜良縣狗街鎮沈伍營村的許實(字秋田),鄉試考中舉人,赴京城應試。西村人張文侍考,隨許秋田進京寓居於一家烤鴨店的隔壁。許忙於應考,張閒來無事,到隔壁的烤鴨店虛心學藝。張文學得一身技藝,回到家鄉,在狗街火車站開了一個烤鴨店,名「質彬園」。張文肯學肯鑽,北京烤鴨用高粱稈做撐筒,而他改用蘆葦,使烤鴨帶有蘆葦淡淡的清香。北京用麥芽糖水做塗料上色,而他改用土坯火爐,用松毛接暗火烘烤。松毛接熱度均勻,又無煙塵。張文又因地制宜,對毛鴨選擇、湯料、

成形、配料等做了合理、適當的改進，使其烤鴨既保持了北京烤鴨的本色，又做出了狗街烤鴨的特點。張文的鴨色呈棗紅，皮脆內，吃時提著鴨腿一抖，肉與骨鬆離分開。據吃過他烤鴨的老人說，一隻鴨子只丟四大骨（翅膀與大腿骨），軟骨、小骨都酥脆可食。一個世紀過去了，這些老人們回憶起張文的烤鴨，仍然食慾大動，饞涎欲滴，讚不絕口。

張文為保質重譽而到了執拗的地步，故當時有一句俗語流傳：張文的烤鴨好吃，臉嘴難瞧。一次，國民黨的一箇中校營長帶著太太及隨從乘轎前往路南，經過狗街，進店要吃烤鴨，數次催促均未遂意，便自動用鴨鉤揭開爐蓋。張文大怒，與之爭吵。那邊拔手槍，這邊操菜刀。營長終未吃到烤鴨，悻悻而去。

每年秋後，麻鴨初肥，張文便帶著徒弟應邀前往省城，在省府及所屬四大廳大顯身手，藝壓群芳，技驚四座。雲南省主席龍雲曾贈與聯名題詞的大紅錦旗。數年以來，各界人士贈送的賀對、楹聯、匾牌、錦旗不勝枚舉。有一聯這樣寫道：「南圃春前新燕舞，西村秋後乳鴨肥。」

泥鰍怎麼會鑽到豆腐裡去

「泥鰍鑽豆腐」是一道富有特色的民間傳統風味菜，在雲南的文山、大理等地區都能品嚐到這道具有濃郁鄉土氣息的佳餚。它不僅味道鮮美，營養豐富，而且具有一定的藥用價值，常吃它，對痔瘡患者有著明顯的療效！

想知道泥鰍為什麼這麼傻，能自動鑽到豆腐裡去的嗎？讓我來告訴你吧。

選擇鮮活、大小一致泥鰍三兩，放入盛滿清水的桶內養 3~5 天，讓它排吐盡腹中泥穢。做菜時，將冷鍋置於爐上（千萬不能燒火，否則泥鰍不等鑽豆腐就被你燙死了），在鍋中放入一塊約半斤重的方形嫩豆腐，以及大蒜、生薑、花椒、辣椒等作料，注入適量清水，再將泥鰍放入鍋內水中。這時，再點燃爐火，慢慢逐步加溫，泥鰍在漸自熱起來的湯水中不適，它以為冰冷的豆腐是它安家的泥土，便逐漸自動鑽入其中，隨著豆腐中心的熱度增加，最後也將泥鰍煮熟。待鍋中什物煮沸，這道菜餚即告成功。雖然手法有些殘忍，但是絕對的美味是不可否認的。

大理沙鍋魚知多少

年輕的一輩，主要因為金庸的一部《天龍八部》而對大理產生情結，記憶力好的，肯定也知道韋小寶和他的七位夫人最後是選擇了大理作為隱居之地，甚至瓊瑤阿姨的多部影視作品也與大理多少有些關聯。作為中國歷史文化名城之一，大理有南詔國早期都城遺址、點蒼山、洱海等名勝古蹟。洱海在縣城東約 2 公里，因形狀似人耳，風浪大如海而得名。所產弓魚，體態狹長，唧尾躍水，形如弓，色如銀。此魚鱗細肉厚，稚嫩味鮮，營養豐富，為魚中珍品。

「大理沙鍋魚」是大理地區特有的傳統佳餚，流傳已有上百年的歷史，在雲南一直享有盛名。其特點是，用具獨特，配料講究，味道鮮美，營養豐富。烹製「大理沙鍋魚」的沙鍋是祥雲村生產的祥雲土鍋，用這種土鍋煨肉，質鮮肉美，不腥不膩，隔夜不餿，空鍋燒至滾燙，不裂不壞。所用魚系洱海裡特產的弓魚。所用配料講究，有時達 15 種之多，鮮辣珍品都有。加工好的沙鍋魚，香氣濃郁醇正，別具風味。

加工過程中有一個關鍵，就是要找到一只能盛兩公斤原料的空沙鍋，並把它放到旺火上燒，燒的熱度越高越好。在這炙熱的沙鍋內注入上湯，先放入醃過的弓魚煮熟，再放入其他輔料，淋上芝麻油。由於沙鍋的熱度較高，上桌時仍然沸騰，就會出現「湯沸魚動」的景象。

你知道昆蟲入席的菜餚嗎

你聽說過「雲南十八怪中」的「雲南第三怪，三隻蚊子炒盤菜」嗎？

將昆蟲作為菜餚端上宴席，初來雲南的人目睹此情此景，定然是一陣心驚肉跳。你一定會想到盤絲洞中唐僧被逼吃昆蟲的苦狀。但居住在德宏的傣族、景頗族、德昂族至今還保留著以昆蟲為食品的習慣，例如，用螞蟻蛋、竹蟲、蜂蛹、花蜘蛛等來製作美味佳餚。聽起來有點毛骨悚然，但吃在嘴裡卻是唇齒留香，絕對是道下酒的好菜。以下為大家介紹幾道景點名菜。

蜂蛹，新平哀牢山一帶野蜂較多，傣家人經常食用以蜂蛹為原料烹飪的菜餚，主要有煎蜂蛹、蜂蛹酥、清蒸蜂蛹和蜂蛹醬。

　　竹蟲，也叫竹蛹，在幼嫩新竹中繁殖生長。這種昆蟲，體形如蠶，色澤雪白。以竹蛹為原料烹調的美食，主要有油煎竹蛹和竹蛹酥兩種。

　　螞蟻蛋，是傣家的一道民間傳統美食。螞蟻蛋足有豌豆那麼大，外觀白嫩，表面有一層薄膜，看著就有爽心悅目之感。用筷子輕輕地夾起一粒來，放進口中一咬，蛋味鮮美，叫人禁不住滿口生津，而且還具有很高的營養價值。傣家人食用螞蟻蛋，主要有三種吃法：其一是涼拌，將螞蟻蛋洗淨，放在沸水裡燙熟，然後加入蔥、蒜、鹽、醋、花椒等調料即可食用；其二是蒸，將螞蟻蛋洗淨，拌好調料，再用芭蕉葉包好，放入鍋中蒸熟即可；其三是用來煮鮮湯，吃起來也別有一種風味。

　　「牛撒撇」是什麼意思

　　「牛撒撇」是典型的傣味之一。傣族主要聚居在中國西南部雲南省西雙版納傣族自治州和德宏州等氣候較熱的地方，且多數靠水而居，形成了喜歡偏酸的飲食風格。傣族菜特點是酸、辣、苦、甜、生，既開胃又解疲勞。早有耳聞傣族居住的熱帶雨林地區，食物種類十分繁多，民間有「綠色的都是菜，會動的都是肉」的說法。但只有真正面對一桌豐盛傣味時，才能體會到這句話的其中奧妙。

　　牛撒撇既有苦味，又有清香；既有肉鮮，又有蔬菜的清淡。細膩可口，香味醇正，色澤誘人，初次品嚐回味之餘卻被告知：撒撇裡有一配料是牛腸道裡的東西，相當於牛的排泄物，頓時，美好的感覺煙消雲散，嚇得不輕。後來細究之下知道了這道菜的來歷。傳說，由於傣族人居住之地炎熱，傣家人選出一年青小卜冒（傣族對年青男子的稱呼）尋求解暑良方，小卜冒歷盡辛苦，得知苦膽有清熱解暑之功。可是回家後得知動物苦膽短缺，於是就嘗了一個牛苦腸，發現它可以解暑。經後來的改進，成了今天的牛撒撇。

　　它的烹製方法比較特別，逢年過節或辦喜事時，要殺牛，把黃牛宰殺後，取出牛的脊肉用火把它烤黃，再切成細肉絲，拌以煮熟後的牛肚雜，放上薑、蒜、辣子、花生香碎面等香料和作料，再用煮沸後經過過濾的牛粉腸水或膽汁拌勻，即可食用。「牛撒撇」最關鍵的配料就是那牛粉腸水。城裡人想吃「牛撒撇」沒有牛粉腸水，就用五加葉來替代攪拌，味道口感相似。

琵琶豬真的形似琵琶嗎

乍一聽琵琶豬，好可愛的名稱，還以為是長得像琵琶的小豬。後來才知道，原來那是豬膘肉，又名「琵琶肉」或「琵琶豬」，是摩梭人財富的象徵。豬膘肉越多就代表家裡越富有。這是寧蒗瀘沽湖畔和永寧壩摩梭人及普米族特有的一種臘肉製品。其製作方法是：在隆冬季節，將整頭肥豬退毛打整乾淨後，以肚皮居中開膛，除去內臟及骨骼，用椒鹽在豬腹內揉搓均勻，然後縫合，置於通風陰涼處用石板壓之，待風乾後即成為一頭狀若琵琶的臘豬，可置放數年不壞，即使貓鼠蟲蠅也奈何不得。

琵琶豬，是摩梭人家必備的肉製品，每戶人家至少要醃製一頭，多則3~5頭，豬以壯碩為好。若家中要為年滿13歲女兒舉行「成丁禮」儀式，更要精心選制一頭琵琶豬，在成丁禮（也稱「穿裙子節」）上，讓女兒站在琵琶豬上舉行，豬肥膘壯，就預示著女兒能選到滿意的男阿夏。琵琶豬，是摩梭人家平時的肉食品，有客人來時，則是必須上桌的宴客佳餚。食用時，一般從頭至尾，酌量取用，其吃法多樣，蒸煮均可，最為可口的為「紅燒琵琶肉」與「豆豉蒸琵琶肉」。

你知道景頗族的舂菜嗎

「舂筒不響，吃飯不香」，這是景頗族的食諺。你知道什麼是舂筒嗎？在景頗山寨，家家都備有舂具，幾乎每頓飯都要吃一兩道舂菜，可見舂菜在景頗飲食的重要地位。

舂菜的工具叫做舂筒，有點類似「杵臼」，一般是用一節直徑16公分~26公分的竹筒作為盛原料和作料的「臼」，用一根略小於竹筒內徑的圓木棒作為用來舂菜的「杵」。

舂菜的原料，用當地出產時鮮的野菜、野果、瓜、豆和魚、蝦、鱔魚等。舂菜的作料，有豆豉、大蒜、芫荽、蔥、生薑、花椒、青辣子、荊芥、芝麻、花生、核桃及精鹽、味精等。

舂菜，屬涼拌型，凡是舂菜原料和作料，都要用水洗乾淨，若用魚、蝦、鱔魚等作為原料，則須將其燒熟去殼或骨放入筒中，再加作料舂拌成細泥狀，

即可。春菜易入味，作料越齊全味道越好。春菜夏天吃起來特別爽口。若在春菜中放有中草藥則成為藥膳，有防病、治病作用，如用五加皮等做春菜的原料，可治跌打損傷。

春菜最大的特點是，用料廣泛，四時皆宜，又能使作料充分溶入原料之中，吃起來十分可口，又有防病、治病功能，是景頗人家一年四季都愛吃的常年菜。故有「雲南吃真怪，景頗春吃四季菜」之說。景頗人的春筒菜可謂桌上的「永恆主題」。

你瞭解彝族的食俗和「早六晚八」的含義嗎

彝族是西南少數民族中人口最多的民族，以農業為基礎的他們多種植玉米、馬鈴薯、大麥、小麥和蕎麥，蔬菜也較為豐富。居住在山區、半山區的彝族喜歡養羊，尤以小涼山的彝族養羊最多。羊肉是其主要的食源，吃羊時有一些特殊的習俗：羊肝、羊胃先用來祭祀祖靈，然後燒食，也有的生食；羊腦給老人吃；處於生育期的婦女忌吃公羊；牧羊人不能食羊尾巴；羊血用蘿蔔絲拌後醃做鹹菜，放在飯上蒸熟吃，味道特別鮮美。雞一般吃清燉的，用陶鍋煮，不用刀切。煮熟後用手將雞撕成條塊，蘸辣椒、花椒汁食。雞頭由老人吃，並要看卦（雞腦的形狀）。彝族喜歡喝酒，酒分甜、辣兩種，甜酒用糯米，辣酒用高粱或玉米釀製。有「客人到家無酒不成敬意」的傳統。彝族在過年過節時都要捶牛打羊，宰豬宰雞，年豬多用來醃製，掛起來，陰乾後成為臘肉或火腿。過年過節時還要吃砣砣肉、糍粑，喝壇罎酒、泡水酒、酒茶。農曆六月二十四日火把節時，家家戶戶宰羊殺雞，煮新蕎麥飯，用羊肉拌和，向四周潑撒，表示祭祀，祈求莊稼好，無災無病。晚上，點燃火把，載歌載舞以驅散蟲蛇和害蟲。

彝族有一套社交禮儀食俗。彝家好客，凡家中來客皆先要以酒相待。宴客規格或大或小，以捶牛為大禮，打羊、殺豬、宰雞漸次之。打牲時，要將牲口牽至客前以示尊敬。以牛、羊待客皆不用刀，用手捏死或捶死，故稱打牲。其手法極敏捷，往往牲未死而皮已剝。宴客時的座次順序有一定的慣制，一般圍鍋莊席地而食。行酒的次序先上座而後下座，「酒是老年人的，肉是年輕人的」，端酒給貴賓後，要先老年人或長輩，次給年輕人，人人有份。

在農村無論婚喪嫁娶，都有「早六晚八」的習俗。即早上六碗菜，如水豆腐、紅燒豬肉、回鍋肉、白菜粉條、豬血和花生米。晚上八碗菜，如黃條、紅燒肉、緔沙（炒肉皮）、千張肉、涼白肉、燴臘腸、花生等，經濟寬裕的還要燉上一碗雞。彝族擅長烤、炸、煮、拌等烹調技法，口味嗜鹹、香、辣、麻，尤以製作乳餅而聞名。瞭解了彝族豐盛的美味，你一定饞涎欲滴了吧？

哈尼族怎樣吃「長街宴」

每年十月，哈尼人民都要慶祝隆重的「昂瑪突」節，舉辦盛大的「長街宴」，也叫「長龍宴」。「昂瑪突」節即祭寨神活動，是雲南哈尼族的一項傳統的民俗活動。「昂瑪突」節所展示的不僅是作為祭寨神的一項節日儀式，同時凝練出了哈尼文化中人與自然關係的和諧相處，反映了哈尼族傳統生活習俗的獨特風貌。

根據哈尼族自己的曆法，十月為歲首，「十月年」是最為重要的節日，此時，梯田裡的水剛好放滿，須浸泡一段時間之後才利於耕作，因而這一段時間也是一年之中哈尼族人最為輕閒的日子。哈尼族人會在這段時間內選擇一個極為喜慶日，舉辦「長龍宴」。此時村寨中外出的人會回到家中，每一個哈尼族人都會換上只在節慶活動中才會穿著的盛裝，家家戶戶都會忙於做一件事，那就是準備他們心目中最為美好的菜餚，然後放置到村寨中最大的一條道路當中，與鄉鄰共同分享。這個節日，是一個哈尼族忘卻艱辛、抹去汗水、期盼來年豐收的盛大節日。

這一天，哈尼村寨的男女老少均身著節日盛裝，臉上洋溢著興奮的笑容，街上熙熙攘攘，人們忙忙碌碌，準備菜餚，光煮飯的柴火就有一倉庫，並由專人擺放桌子。在村裡較寬的一條街道上，四四方方的桌子一張接一張地擺放好，從街頭到街尾連成長長的一排，這就是長龍宴中的「長龍」。盛宴，終於在正午時分開始了。鏜鑼聲聲，引領著幾個身著藏青色服裝、頭纏黑色頭巾、面色威嚴的哈尼「阿祖」，入座到由桌子排成的長龍「龍頭」，村民用竹製小桌盛擺上琳瑯滿目的菜餚，恭敬地依次抬到「阿祖」身邊，讓「阿祖」首先品嚐，隨後才將菜餚放置到「長龍」之上。此時，站在「長龍」兩旁的

人們依次落座，開始享受盛宴，享受這個由 200 多張桌子擺上千道佳餚組成的「長街宴」。

　　哈尼「長街宴」上的菜是最美的佳餚，「長街宴」上的酒是一年中最美好的酒，「長街宴」是世上最長的宴席，來吧，朋友，參與其中，親身體驗一下「長街宴」之「最」。

　　乳扇——一種既可「登大雅之堂」，又可為「市井」小吃的菜餚

　　乳扇是雲南省的特產，為大理白族人民的風味食品。由於美味可口，不但是當地人們喜愛的小吃，也是宴席上的名點。

　　大理氣候濕潤，雨量充沛，牧草豐富，適宜發展養殖業，當地居民幾乎家家養乳牛，戶戶飄奶香。充足的奶源為製作乳製品提供了充足的原料。乳扇就是用本地乳牛的奶製作而成。製作方法是先將「酸水」加熱後，再舀入鮮奶輕輕搖晃，凝成絮狀，再用竹筷攤成薄片，卷在竹架上風乾即成。因形狀如斜扇，故名乳扇。乳扇不僅獨具風味，營養豐富，含有人體所需的蛋白質、氨基酸等多種物質，還有調和氣血、安神養心、健胃補虛等功用，是增強體質，促進人體健康的佳品。乳扇的烹調方法多種多樣，煎、蒸、烤、燙、燴、炸、煮、炒皆可。

　　乳扇可用作各種菜餚，涼拌、油煎、小炒皆可。其名菜夾沙乳扇膨酥，入口即化。桃仁夾沙乳扇是白族風味菜，其做法是，將乳扇回軟，去掉扇耳，攤開；把桃仁用沸水燙後去細皮，下油鍋炸成金黃色，撈出瀝幹油；將洗沙、白糖、玫瑰糖、火腿末入碗拌勻；雞蛋液加水、澱粉成蛋糊，製成蛋鬆；把乳扇鋪在墩上，攤上洗沙餡；鍋上火注入油，燒至三成熟，用筷夾住乳扇，邊炸邊滾至筒形，至呈淡黃色。桃仁夾沙乳扇，酥脆香甜，奶香異常，富於營養。乳扇可藏數月，便於遠途運輸，遠銷東南亞各地，很受歡迎，餽贈親友別有新意。用乳扇配以其他肉類蔬菜，可以烹製成令人耳目一新的各種乳扇系列食品。乳扇也可生食，往昔，滇西崇山峻嶺不通公路，運輸靠馬馱，趕馬人常帶乳扇、紅糖，作為疲乏時的充饑食品。凡到大理旅遊的海內外賓客，都會以品嚐乳扇為快。在雲南民間流傳的十八怪裡面，有一怪叫做「牛奶做成扇子賣」，指的就是乳扇。新炸出來的乳扇略放一刻，脆，甜，濃郁

的乳香，清脆的口感，和龍蝦片相比，真是天上人間，高出太多。乳扇最有趣的一點，因為是不殺生就可以吃到的動物性食品，大理的和尚們也可以吃。

你聽說過雲南的餌塊嗎

餌塊這一米類製品，走遍全中國各地，唯雲南獨有。據古籍記載，麥類製作的食品，古時統稱為「餅」，米類製作的為「餌」。雲南是古人類的發祥地，水稻栽種歷史悠久，民間到了農曆歲末，家家戶戶都要挑選最好的大米，洗淨浸泡後蒸熟，放在碓中舂細如泥，在案板上用蜂蠟抹好，再搓揉為長方、橢圓、扁圓等形狀，用作餽贈的食品，稱為「餌饋」，時間一久，老百姓就把它諧稱為餌塊了。

餌塊的吃法一般可分烤吃和煮吃。烤制的習慣上叫「燒餌塊」，吃燒餌塊時要在上面抹一層醬。昆明人最愛吃的餌塊醬是芝麻花生醬，這種醬香甜可口。另外，還有甜醬、辣醬，甚至雲南豆腐乳也可做餌塊醬。由「雞絲炒餌絲」發展成的鹵餌塊，以「端仕街的鹵餌塊」最為出名，油亮紅潤，濃香撲鼻，油而不膩。

煮餌塊在煮品中可為上乘佳餚。大理巍山的「肉餌絲」可謂「煮餌塊」之精品。肥肉肥而不膩，入口即化；瘦肉並不用刀切，筷子一戳就分解開來。

除了鹹的煮餌塊外，還有甜的。如「甜白灑酒餌塊」、「麻花餌塊」、「牛奶煮餌塊」等，很受喜愛甜食者的青睞。其吃法類似西安的羊肉泡饃，是把餌塊切成片烤熟後，一小塊一小塊地掰碎，泡進雞湯中食用，別有一番風味。

而在燒餌塊中間夾一片滷牛肉，有「滇味漢堡包」的美稱。

雲南人過年，不能沒有餌塊，春節做餌塊、吃餌塊及互送餌塊是古老的民間習俗。餌塊要數昆明官渡的好，尤以官渡子間人春的包餌塊最佳。用純淨的寶象河水與飽滿晶亮的官渡大米做成的餌塊潔白細膩，筋道，又軟又糯。

雲南幾多食用菌

雲南省地處雲貴高原，山多林茂，氣候溫和，雨量充沛，夏秋兩季時晴時雨，為食用菌的生長繁殖提供了極其有利的自然條件。食用菌含有多種氨

基酸，味道鮮美，營養豐富，被視為珍貴的「山珍」佳餚。經常食用能調節人體的新陳代謝，清肺益氣，降低膽固醇，預防肝硬化，有的還有抗癌作用等，已成為世界各國喜愛食用的高級滋補食品。食用菌是沒有葉綠素，不會進行光合作用的植物，自己不會製造養分，必須依賴其他植物提供有機質供生長發育。雲南植物資源豐富，為多種食用菌的生長提供了良好的條件，比較著名的食用菌有：竹蓀、雞樅、松茸、牛肝菌、虎掌菌、猴頭菌、黑木耳、銀耳、乾巴菌、青頭菌、北風菌、香菌、雞油菌、羊肚菌等，其中外賓樂於食用和出口的菌類有以下幾種。

猴頭菌，是鮮美無比的山珍，菌肉脆嫩、香醇、可口，有「素中葷」之稱，是一種珍貴的食用菌，生產於雲南省東北部和西北部的山區，遠望頗似一隻只乖巧機靈的金絲猴，因而得名猴頭菌。猴頭菌營養豐富，含有多肽及多醣類及人體需要的多種維生素。據有關資料記載，猴頭菌具有修復組織、增強細胞活力、抗癌、延年益壽、美容健體等功能。

松茸，學名鬆口蘑，是名貴食用菌，菌肉白嫩肥厚，質地細密，有濃郁的特殊香氣。松茸營養豐富，含有蛋白質、氨基酸、多種維生素、碳水化合物和礦物質等有效成分。據有關資料記載，松茸還含有豐富的蘑菇多糖，有抗癌作用。日本人喜愛食用。鮮、乾鬆茸，均有出口至日本等國。

牛肝菌，分白、黃、黑三種，食用方法相同，味道亦近似。牛肝菌菌體肥大，肉質細嫩，含蛋白質高，在西歐各國被推為著名的營養食品，是菌類中換匯率較高的商品。

虎掌菌，在歷史上被視為國寶珍品，是向歷代王朝納貢的貢品之一。形如虎爪，因而得名。虎掌菌營養價值和經濟價值很高，鮮時有濃郁的香味，幹制後香味更濃厚。雲南省僅有楚雄州和麗江縣的少數地區生產，故較珍貴。

雲南野生食用菌分為 2 個綱、11 個目、35 個科、96 個屬、約 250 種，占了全世界食用菌一半以上、中國食用菌的三分之二。雲南野生食用菌，生於山林、長於山林，它們富含各種氨基酸、有機酸、核酸、植物蛋白、維生素等人體所需的營養物質，是上好的純天然綠色保健食品。

目前，多家野生食用菌火鍋店、菜館在昆明應運而生，如果你有興趣，不妨到此一嘗。

雲南雞樅知多少

雞樅，是食用菌中的珍品之一。

在中國，雞樅僅西南、東南幾省及臺灣的一些地區出產，其中以雲南所產為佳，也最多。雞樅以黑皮和青皮的最好，其次是白皮、花皮、黃皮的以及土堆雞樅、雞樅花。雞樅在很早以前就列為貢品。

從夏至冬，都陸續有雞樅出產，但尤以農曆六月二十四的火把節前後和七月十四的月半節前後出產得最多、最集中。它肉厚肥碩，質細絲白，味道鮮甜香脆，不僅含人體所必需的氨基酸、蛋白質、脂肪，還含有各種維生素和鈣、磷、核黃酸等物質。據《本草綱目》記載，雞樅還有「益味、清神、治痔」的作用。雞樅的吃法很多，可以單料為菜，還能與蔬菜、魚肉及各種山珍海味搭配，可作一般的家常小菜，也可作珍饈供宴會使用。無論炒、炸、醃、煎、拌、燴、烤、燜，還是清蒸或做湯，其滋味都很鮮美，被人們推為菌中之王。

據傳，明朝熹宗皇帝朱由校最愛吃雲南的雞樅，每年都要由驛站飛騎傳遞進京，他只捨得分少許給寵妃和獨攬大權、稱為九千歲的太監魏忠賢，連正宮娘娘張惶後這樣的人都無福品嚐。

近幾年，雲南各產地都製作油雞樅，昆明的副食商店幾乎都有出售。沒有到出雞樅的季節就來雲南旅遊的遊客，都喜歡購買雞樅罐頭品嚐，或帶回去餽贈親朋好友。

誰是菌中皇后

雞樅既然是菌中的美味山珍，被譽為「菌中之王」，那麼「菌中皇后」又該名歸何家呢？這就是被瑞士著名真菌學家高又曼稱為「真菌之花」的竹蓀。

　　竹蓀是一種寄生在竹子根部上的隱花菌類，形狀略似汽燈紗罩。由於寄生在竹林裡，故名又叫竹笙或竹參菌。該菌地上部分的頭部是濃綠色的帽狀菌蓋，中部為雪白的柱狀菌柄，基部為粉紅的蛋形菌托，在菌柄頂端有一圍細緻潔白的網狀裙，從菌蓋向下鋪開，外形俊俏。竹蓀脆嫩爽口，食味佳美，香氣濃郁，別具風味。據分析，幹品竹蓀的蛋白質含量高達 15%~18%，富含 16 種氨基酸，營養豐富，自古就被列為「草八珍」之一。竹蓀有燒、炒、燜、扒、釀、做湯等多種烹飪方法，是國宴和高檔宴席上的名貴菜餚。以竹蓀和雞蛋為主料的竹蓀芙蓉湯就是中國的一大名菜；竹蓀氣鍋雞是雲南推出的滋補菜餚。代表入宴菜餚還有一品竹蓀、爆竹竹蓀和太極竹蓀等。

　　此外，竹蓀有防止食物腐敗的特點，由它烹製的湯菜不易變餿；它是食療的佳品，能減少腹壁的脂肪；它還有鎮痛、補氣、降低血壓的作用。由於竹蓀的食用、藥用價值，使它成為中國高檔出口的土特產品，在香港市場，1 千克竹蓀賣價曾高達 4000 港幣，可換回一兩黃金。

　　竹蓀不愧「菌中皇后」的美譽，主要產在滇東北威信、彝良等地。

　　進補的「藥膳」知多少

　　藥膳是以藥物和食物為原料，經過烹飪加工製成的一種具有食療作用的膳食。它是中國傳統的醫學知識與烹調經驗相結合的產物。它「寓醫於食」，既將藥物作為食物，又將食物賦以藥用，藥借食力，食助藥威；既具有營養價值，又可防病治病、保健強身、延年益壽。所以說，藥膳是充分發揮中藥效能的美味佳餚，特別能滿足人們「厭於藥，喜於食」的天性。藥膳既是一種功能性食品，也可以說它是中藥的一種特殊的、受人們喜愛的劑型。

　　用藥膳首先要「辨證施膳」，對不同症候要用不同的藥膳；其次是「因人因地施膳」，因為藥膳是功能性較強的食物，必鬚根據個人體質選擇適宜的種類，否則，長期偏食一種就可能影響體內的陰陽平衡。

　　「是藥三分毒」，每一味中藥都有它的性味、歸經、主治、用法和禁忌，而我們每個人的體質不同，故應對症進補。

中醫認為，食補應選用平和的滋補藥物，如枸杞、百合、山藥、茯苓、大棗、核桃等，且一次用藥不要過於繁雜，否則藥力不專，容易相互抵消，於病無效，於虛無補。食補還應根據時令、季節和地域的不同進行操作。還需要注意葷素搭配，多吃新鮮蔬菜，如果一味貪圖口腹之欲，那就違背了進補的初衷。

常見的藥膳有：青龍白虎湯、銀耳番茄羹、沙參玉竹蒸鴨、珠玉二寶粥、歸地燒羊肉等。據相關統計，自漢初到明末，有關藥膳的著作已有 300 多部。而今有關食療藥膳的著作更是色彩紛呈，應用空前廣泛，以至出現了一些專門的藥膳餐廳。藥膳是中國傳統飲食和傳統醫學的重要內容。今天，它已成為一門獨具特色的科學、藝術和文化，走進千家萬戶，傳遍世界各地。

世界茶葉的故鄉在哪裡

你也許很喜歡喝茶，但不一定知道它的故鄉在何處。那我可以告訴你，雲南以「茶葉的故鄉」而馳名。由於氣溫、土質、陽光適宜，雲南種植的大茶葉，具有質優高產、發芽早、育芽力強、生長期長、芽葉肥厚、葉質柔軟等優點。經科學分析，茶的水浸出物多，多酚類、兒茶素的總含量高，故色豔、味濃、耐泡，加上加工製作技藝精湛，形成了種種風格獨特的傳統名牌茶葉。其主要品種有滇紅、綠茶、普洱茶、緊壓茶，緊壓茶中的沱茶、七子餅茶等，深受國外遊客的喜愛。

滇紅：分為滇紅功夫茶和滇紅碎茶兩種。滇紅功夫茶的主要特點是芽葉肥壯、金毫顯露、湯色紅豔、滋味醇濃、香氣馥鬱、條索均勻、外形美觀。滇紅碎茶的主要特點是外形均勻、色澤烏潤、滋味濃烈、香氣撲鼻、湯色紅亮。如在紅茶中加上牛奶和紅糖，乃是上等的營養補品。滇紅是雲南省的傳統出口商品，遠銷美、英等 20 多個國家和地區。

普洱茶：產於雲南省南部西雙版納自治州和瀾滄江沿岸各縣，多經普洱運銷各地，普洱茶即因此而得名。普洱茶屬黑茶類，有散茶和緊茶兩種，均用優良的雲南大葉茶的鮮葉做原料，經過殺青、揉撚、乾燥、後熟等工序精製而成。普洱散茶外形條索粗壯、重實、色澤褐紅，散發出自然的芳香。

　　緊壓茶則是經過蒸軟或炒軟後的散茶，再裝入模型內壓製成各種沱茶、餅茶、方茶、磚茶等，有史以來久負盛名。

　　何謂「七子餅茶」？普洱茶中大而圓的餅茶，以七餅裝成一筒，俗稱「七子餅茶」，其以湯色黃而明亮，香氣濃郁持久，滋味醇厚爽口而著稱。

　　沱茶：雲南沱茶是馳名中外的傳統名茶。現由雲南下關茶廠生產，屬緊壓茶類，又名「下關沱茶」。其形如倒置的碗狀，有兩種不同的規格：一種是採用普洱散茶做原料，精製成沱茶，其外形美觀，緊壓成團，沉實優雅，其色褐紅，湯色明亮，滋味醇和，芳香綿長。另一種是選用滇南茶區的優質青毛茶加工製成，具有色澤烏潤，湯色清澈，馥鬱清香，醇濃甘甜等特點。

　　茶葉很早以來就與咖啡、可可一起，成為世界三大飲料之一，是世界100多個國家和人民喜愛的傳統飲料。茶葉是雲南省久負盛名的特產，生產歷史悠久，距今已有1700多年的種植歷史。種植面積很廣，現在雲南省種植茶葉的縣占全省總數的92%，所產茶葉除供應中國市場需要外，還遠銷歐美及東南亞等數十個國家和港澳地區。

　　哪一種紅茶曾被英國女王伊莉莎白二世置於透明器皿內作為觀賞之物

　　馮紹裘是中國著名的紅茶專家，一生潛心茶葉的研究和生產，在中外茶史上具有重要的地位和作用。1938年秋，馮紹裘被中國茶葉總公司派往雲南調查茶葉產銷情況，於11月初到達順甯（鳳慶），但見鳳山茶樹成林，一片黃綠，茶壯葉肥，白豪濃密，於是，他親自動手試製了少量紅茶，以觀察其品質的優劣。結果使人不勝欣喜：滿盤金色黃毫，湯色紅濃明亮，葉底紅豔發光（橘紅），香味濃郁，為中國其他省小葉種的紅茶所未見。試製的紅茶樣品郵寄香港茶市，被譽為紅茶之上品。從此，可與印度、斯里蘭卡紅茶媲美的世界一流的鳳慶紅茶誕生了。

　　馮紹裘創製的滇紅名茶問世後，他竭盡全力，戰勝了無數的艱難險阻，籌建茶廠，大批量生產出口紅茶。該茶品質優良、長盛不衰，立於世界優質茶葉之林，開啟了中國紅茶的新紀元。1940年以後，滇紅茶年年有發展，品質不斷提高，摘取了國優產品及全中國名茶一項項桂冠，一次又一次地捧回

了金光閃耀的獎盃，成為中國茶史上一朵燦爛的名茶之花；在倫敦茶市上，累創紅茶價格的新高，享譽世界。1986 年，英國女王伊莉莎白二世到昆明訪問，雲南省領導以鳳慶茶廠生產的滇紅特級功夫茶作為禮品餽贈英國女王。英國女王將「滇紅」置於透明器皿內作為觀賞之物，視為珍品。

你想瞭解享譽中外的普洱茶嗎

別看普洱茶其貌不揚，現在的它可是身價百倍呢。中國熱銷，國外遠銷，喝普洱茶的熱潮可謂遍及世界。

據史籍記載，唐代滇南的銀生府為雲南主產茶區，而普洱古屬銀生府，滇南之茶均集散於普洱，然後運銷各地，故以普洱茶為名而著稱。因此，歷史上所指的普洱茶，實際上是以雲南大葉種茶製成的曬青毛茶為原料，經加工製作而成的各種雲南茶葉的統稱。現代的普洱茶，是將曬青毛茶經過後發酵處理精製而成的，普洱茶分為散茶和蒸壓成形兩大類。普洱散茶外形條索肥碩壯實，色澤褐紅（俗稱「豬肝色」）或帶灰白色；壓制的普洱茶是用普洱散茶經蒸壓塑形而成，成茶外形端正、勻整、鬆緊合度。普洱茶的內質特點是，湯色紅濃，具獨特陳香，滋味醇和回甘，飲後令人心曠神怡。普洱散茶按質分為五個級別。壓製成形的普洱茶，依形狀不同，分為碗形的普洱淪茶、長方形的普洱磚茶和圓形的七子餅茶等。

過去少數民族地區，七子餅茶多作為彩禮和逢年過節贈送親友的禮物，含有家人團圓的意思。七子為多子多孫多富貴之意。有的少數民族地區，兒女親事非送七子餅茶不可，一直相傳至今，旅居東南亞一帶的僑胞，現在也很盛行。所以，七子餅茶又名僑銷圓茶、僑銷七子餅茶。七子餅茶每塊淨重357 克，每七個為一筒，故名七子餅茶，每筒重 2500 克，主要由猛海茶廠生產。普洱茶耐久儲藏，具有越陳越香的特點。因其茶性溫和可口，男女老少皆宜，不僅可解渴、提神，還具有醒酒、清熱、消食化痰、清胃生津、抑菌降脂、減肥降壓等藥理作用。經現代醫學臨床驗證，飲用雲南普洱茶（普洱沱茶）對人體的減重效果顯著。特別對人體中的類脂化合物膽固醇、三羧酸甘油酯和血尿酸含量等，都有不同程度的降低，且長期飲用無副作用。因此，在國外，雲南普洱茶被譽為「減肥茶」、「窈窕茶」、「美容茶」、「益壽茶」

等，成為中國外人們普遍喜愛的保健飲料。雲南普洱茶蜚聲中外，古往今來，均為人們所讚賞。在清代，普洱茶是雲南地方當局向皇帝進貢的珍品。現在，普洱茶已遠銷到美國、法國、馬來西亞、日本等國家。

白族「三道茶」是什麼意思

三道茶是白族待客的獨特禮俗和最高禮節。它是白族一種古老的品茶藝術，起源於西元 8 世紀南詔時期。白族待客，一般都在堂屋。主人在木架鑄鐵火盆上支起三腳架，煨上水壺，然後在與客人寒暄中開始了烹茶的過程。三道茶即一為苦茶，二為甜茶，三為回味茶。具有清涼解暑、滋陰潤肺的藥用價值。

苦茶：又名響雷茶。好客的主人一邊與客人敘談，一邊在已被烘熱的茶罐裡放入茶葉，在炭火上邊烘烤邊抖動。直到茶葉微黃，散出陣陣清香，就沖入微量沸水。茶罐中頓時發出響聲，猶如響雷，故又名「響雷茶」。因為要烤好這第一道苦茶，需要在炭火上烘烤抖動 100 下，所以這道茶也稱之為「百抖茶」。苦茶茶水呈琥珀色，濃香撲鼻，需要兌入少許開水才可品嚐，其味香苦，茶味以濃釅為佳。主人敬茶給客人時，要雙手齊眉，而客人接過茶後又要轉敬給主人家的最長者，然後一一轉敬，待在座的人都敬完之後，才開始啜飲。

甜茶：其製作方法也很講究。將本地特產的漾濞核桃仁削成薄片，鄧川乳扇切成細絲，再放上紅糖，沖上第一道苦茶的茶水，便調製而成。喝上一口能同時體會到茶的濃釅、核桃的清香、乳扇的胙軟、紅糖的甘甜，令人有一種美的享受。

回味茶：用本地的上好蜂蜜，加上花椒、薑片、桂皮末，沖上第一道苦茶茶水而成。喝上一口，甜麻香辣，回味久長。

白族喝茶時對茶具比較講究。獻客的茶盅以潔白精緻小巧的瓷杯為上品，斟茶不能斟得太滿，因為，白族有句俗話「酒滿敬人，茶滿欺人」。

當遠方的來賓到達大理品嚐三道茶時，還能夠欣賞到別具風味的白族歌舞表演，這是白族別具特色的「文化茶座」，在這裡，你可以得到聲、香、味俱全的享受。

酥油茶是怎樣製作的

在西藏，在每個藏胞家庭，隨時隨地都可以見到酥油。酥油是每個藏族人每日不可缺少的食品。酥油是從牛、羊奶中提煉出來的。許多地方使用奶油分離機提煉酥油。一般來說，一頭母牛每天可產四五斤奶，每百斤奶可提取五六斤酥油。

藏族群眾平日喜歡喝酥油茶。製作酥油茶時，先將茶葉或磚茶用水久熬成濃汁，後把茶水倒入「董莫」（酥油茶桶），再放入酥油和食鹽，用力將「甲洛」上下來回抽幾十下，攪得油茶交融，然後倒進鍋裡加熱，便成了噴香可口的酥油茶了。

藏族人常用酥油茶待客，當客人被讓座到藏式方桌邊時，主人便拿過一隻木碗（或茶杯）放到客人面前。接著主人（或主婦）提起酥油茶壺（現在常用熱水瓶代替），搖晃幾下，給客人倒上滿碗酥油茶。剛倒下的酥油茶，客人不馬上喝，先和主人聊天。等主人再次提過酥油茶壺站到客人跟前時，客人便可以端起碗來，先在酥油碗裡輕輕地吹一圈，將浮在茶上的油花吹開，然後呷上一口，並讚美道：「這酥油茶打得真好，油和茶分都分不開。」客人把碗放回桌上，主人再給添滿。就這樣，邊喝邊添，熱情的主人，總是要將客人的茶碗添滿；假如你不想再喝，就不要動它；假如喝了一半，不想再喝了，主人把碗添滿，你就擺著；客人準備告辭時，可以連著多喝幾口，但不能喝幹，碗裡要留點漂油花的茶底。這樣，才符合藏族的習慣和禮貌。

雲南人製作酥油茶的方法不盡相同。有往裡面放核桃粉的，有往裡面放搗碎的松仁的，有的則是放花生、松茸、雞蛋、牛乾巴、蟲草，還有在裡面加入味精、胡椒粉、小米辣的。但不管放進一些什麼，鹽一般都少不了。

獨領風騷的雲南小粒咖啡

趣聞雲南

「美酒加咖啡，我只要喝一杯……」聽到這歌聲，就彷彿聞到了咖啡的濃香。

咖啡是一種經濟價值很高的飲料作物，與可可、茶葉並稱為世界三大飲料，其產量和消費量則居三飲料之首。咖啡原產於非洲熱帶地區，含有豐富的蛋白質、脂肪、蔗糖以及澱粉、葡萄糖、咖啡鹼等物質，香氣濃郁、滋味可口。目前，世界上有 70 多個國家和地區種植咖啡。種類很多，被廣泛種植的有小粒種、中粒種、大粒種和艾瑟爾薩種，其中被稱為「香咖啡」的小粒咖啡種產量最多，約占咖啡總產量的 80% 以上。

雲南種植咖啡已有八九十年的歷史。雲南所產咖啡均為小粒咖啡，顆粒均勻飽滿，味醇和，香氣高，濃而不苦，香而不烈，還帶點果味，出口頗受歡迎。早在 20 世紀 50 年代，雲南小粒咖啡就在倫敦國際市場上被評為一等品，1990 年又獲世界金獎，並一直為雀巢公司包收購。尤其可貴的是，雲南小粒咖啡榮獲第 42 屆布魯塞爾尤里卡金獎，其美妙的口味可謂無與倫比。

很多人知道世界上最大的咖啡生產國是巴西，但卻想不到，世界上最好的咖啡產地竟是中國雲南保山潞江，其生產的小粒咖啡，是名冠全球、世界稱譽的優良品種，在北京的展銷會上，人們寫詩讚道：「咖啡馨郁產潞江，中外來賓共品嚐。京華五月爭春意，歸去尤覺有餘香。」保山種植咖啡，始於 20 世紀 50 年代中期，首株咖啡苗是已故愛國華僑梁金山先生從東南亞引進的，在當地農民和技術人員的精心培育下，創造了潞江壩小粒咖啡質優高產的技術。種植面積擴展到上萬畝，產量占雲南全省總產量的 70% 左右。

潞江壩小粒咖啡，品質極優，純度百分之百，居全中國之冠，在世界也享有盛名，這裡已成為中國最大的咖啡良種基地之一。此外，咖啡顆粒小而勻稱，煮泡飲，醇香濃郁，深受西方國家青睞。近些年來，隨著國際貿易的擴大，歐美、阿拉伯國家，尤其是英、美、埃及以及港澳地區的商賈皆視之為飲料上品，該產品供不應求。

由此可見雲南小粒咖啡的獨特魅力。

住宿雲南

為什麼雲南是隆冬避寒、盛夏納涼的最佳休閒地

雲南省位於北緯 21° 8′ 32″～ 29° 15′ 8″，東經 97° 31′ 39″～ 106° 11′ 47″之間，屬中國西南部內陸省份。全省地貌以山地高原為主，約占全省面積的 94%；地勢西北高東南低；受新構造運動的影響，滇西北地殼抬升幅度較大，河流深切，形成山高谷深的自然景觀。雖然四周不臨海，但常年處在冬季風和夏季風交替控制的範圍內。

由於雲南地處低緯度地區，終年太陽高度角較大，冬至、夏至時，白晝短，僅差 2.5 小時；太陽高度角也只差 8°。因此，南北獲太陽輻射量較多，且差距也不很大，較為溫暖。冬季，全球行星風系南移，西風帶受青藏高原的阻擋，分為南、北兩支，南支西風沿青藏高原南側向東吹送。這支氣流從伊朗、巴基斯坦和印度北部沙漠或內陸上空透過，氣候幹暖。因此，從 11 月至次年 4 月，雲南刮偏西風，天氣晴朗，溫暖少雨（滇西北除外），大部分地區 1 月份平均氣溫在 10℃以上。偶有北方強冷氣流南下，影響滇東和滇中的部分地區，造成短暫降溫，但持續時間不長。因此，雲南是隆冬季節避寒、旅遊的好地方。

夏季，行星風系北移，西風不再影響雲南，源於印度洋面上的暖濕空氣，在強大西南風的吹送下，在 5~10 月，給雲南廣大地區帶來充沛降水，此時多雲，日照不強，濕度大，地面不易升溫；此外，雲南海拔高，比同緯度低海拔地區溫度要低。因此，雲南大部分地區 7 月的均溫在 22℃左右，為盛夏避暑的最佳選擇地之一。

雲南山美，水美，植物美，人文景觀美……加上四季暖融融的氣候，稱得上是隆冬避寒、盛夏納涼的最佳休閒地。

雲南漢族最氣派、最有特色的建築——「走馬轉角樓」

雲南漢族的建築因地區、家境而異，最具特色、最氣派的要數「走馬轉角樓」。它為兩層樓房，四方都有建築，彼此連為一體，樓上樓下臨天井一

邊都有走廊，走廊轉角處與垂直一方相通，可以環行。走廊寬敞，可以走馬，故名走馬轉角樓。除大門外，房間的門一律向內開，門這一邊的窗子為木製格子窗，雕鏤精細。房間之間為板壁，外牆或用磚石，或用土坏，外刷石灰，或青磚青瓦，或青瓦粉牆，典雅大方，在中國民居中，它是最有特點的民居之一。走馬轉角樓這種建築藝術的特點是整體性強，結構複雜，能抗地震。晚上大門一關，儼然一座城堡，宵小難入。

走馬轉角樓房間多，便於人口眾多的大家庭居住，且又有「凝聚力」。每逢慶吊之事，賓客盈門，天井裡、空房中、過道上大擺宴席，高朋滿座，笑語喧嘩，猜拳行令，呼麼喝六，好不熱鬧！十數頑童，嬉戲於房前屋後，穿行於人眾之中，又添了幾分喜慶的氣氛。平時，妯娌、姑嫂之間，互相串門，十分方便，其樂融融。即便遇姑嫂勃谿、叔嫂鬥法，終因早不見晚見，易於和解，絕不至記恨終身，老死不相往來。

走馬轉角樓畢竟是一個時代的產物，現在、將來不會再建了，加之自然毀壞、城市改造、舊房拆除，倖存者已十分罕見，僅有兩所。一是昆明翠湖北路的前清經濟科狀元袁嘉谷故居。該樓大門開在北面，北、南、東三面為二層，西面為三層，規模較小，但尚存完好。二是玉溪市九龍池公園中的那一幢，建於民國時期，建築考究，規模宏大，氣勢非凡，保護完好。該建築的最大特點是雙走廊，既有走馬轉角樓所特有的內走廊，又有獨特的外走廊。內走廊供人出入，外走廊供眺望週邊四周風景，視線開闊，封閉性與開放性相結合。坐落於昆明翠湖西路的「雲南陸軍講武堂」，是走馬轉角樓的仿作。它雖不算嚴格意義上的走馬轉角樓，但分明是參照走馬轉角樓的式樣建成的。不同之處是，走道在屋子中間，兩邊是房間。共有房屋百餘間，整個學堂就用一幢樓，占地數十畝，氣勢恢弘。

「走馬轉角樓」，好別緻的名稱。

你參觀過大理喜洲白族建築群嗎

喜洲在大理古城以北 20 公里處，它原來是一個大村子，現在已經發展成為喜洲鎮。對於愛好尋古探幽的人來說，喜洲鎮裡那些古老的白族民居，

足夠讓人流連忘返。那時，你會彷彿置身於時光的隧道之中，由衷嘆服白族能工巧匠在建築上的天賦。

大理喜洲是滇西經濟文化較發達的小鎮，保存了不少較完整的白族民居。白族民居的格局通常採用了這些形式：兩重院、三坊一照壁、四合五天井、兩坊房、一坊房等。一坊房是單戶小家庭最常有的簡單民居形式，兩坊房也是經濟財力有限的小家庭常用的居住形式，但往往是兄弟倆的家庭各住一坊。三坊一照壁則是經濟實力適中的大家庭喜歡的居住形式，其典型佈局是由「三坊」（每坊通常有一正房和兩廂房）及照壁圍成院落。四合五天井則是富裕人家採用的典型居住形式，由四坊房屋組成，與漢族的四合院有相似之處，當中都有一大院。不同的是，四坊相交處的角落各有一個小院，所以大小共有五個院子，才稱作「四合五天井」。

建水縣團山民居「申遺」成功是喜還是憂

在雲南建水，一座名為團山的古老村莊吸引了世界的關注，因為它被列入 2006 年《世界紀念性建築遺產保護名錄》。「申遺」成功了，建水人民歡欣鼓舞。

團山古村位於雲南建水城西 13 公里處，清末，隨著個舊錫業的興盛，大批團山人加入到錫礦開採中，並依託滇越鐵路把生意做到了昆明、上海、香港和越南海防等地，形成巨大的商業網絡。獲得了巨額財富的團山人衣錦還鄉，不惜鉅資大興土木，建造大量精美豪華民居。幾年間，張家花園等一大批富麗堂皇、異常精美的傳統青磚四合大院在團山拔地而起，團山成為聲名遠播的村寨。

團山村至今保存完整的古村落整體格局，顯現了 19 世紀滇南鄉村風貌特色與傳統人文環境的原生態村落，是一個難得的、活生生的建築遺產。團山村中現存古建築由傳統的漢族青磚四合大院、彝族土掌房和漢彝結合的瓦簷土掌房三類組成，體現了多民族聚居區建築文化特色。民居的外表並不起眼，但裡邊精緻的木石雕刻琳瑯滿目，精美別緻，詩書字畫與木石雕刻裝飾細巧，文氣濃郁，建築空間景觀層次豐富，輪廓優美。張家花園是團山民居

的主要代表，另外的將軍府、皇恩府、秀才府、土掌房，都是滇南民居建築的代表之作。

世界紀念性建築保護基金會評價團山古村：「是世界上極為罕見的未經觸動的珍貴遺產的典範……這裡的建築物有著端莊的外表，裝飾著價值極高的優雅精緻的木雕花格窗戶，雕鏤精細的木、石、磚各種浮雕，並有非常美麗的彩繪裝飾……它現在受利用歷史建築發展經濟的壓力，不合適地使用古建築和不完整的修復方案，已經對古建築的局部外觀產生了影響。」本次將其列入保護名錄的目的在於鼓勵實施一個持續有效的保護維修計畫和一個經濟上可行的旅遊發展計畫，為當地人帶來就業致富的機會，這是建水人民的大喜事。基金會客觀地評價了團山古民居的價值，同時也尖銳地指出當地居民不會適當地使用這些建築，加上不完整的修復方案，已經對這一建築遺產帶來了負面的影響，特別是隨著這裡旅遊業的發展，加強維修、管理和保護，是迫在眉睫的事情。

白族的民居有何特點

用人傑地靈、物產豐富來形容雲南大理是最恰當不過了，大理三塔、蒼山、洱海構成了這裡的迷人風光，大理石、紮染、草帽等遠近聞名的物產向人們展示著這裡的富饒。除此以外，勤勞、智慧的白族人民還用自己的雙手創造出精美的民居建築。素淨、精緻、莊重、整齊大概就是白族民居的全部，素淨要數它清一色的白牆青瓦，精緻要數它門窗上奇妙的木雕藝術，莊重、整齊則要數它規則有序的建築方式。

「三房一照壁」是白族民居的傳統佈局，「三房」是指一幢坐西朝東的正房加上兩側的兩幢配樓，共三幢房子；一照壁就是指正房正對面的一面牆壁，四部分共同圍成了一個正方形的院落。

喜慶的照壁：白族人又稱「風水壁」，是白族民居中最顯著的特色。白族人家建房時首先要迎東建一照壁，照壁由對稱的高低兩臺滴水組成，上用青瓦或琉璃瓦的鋪蓋，瓦面四角向上翹起，似飛欲躍，向下的整個牆面用石灰刷成白色，讓朝霞晨光首先照在它的上面，給全家帶來福氣與吉祥。

　　宏偉的門樓：白族人對美的追求似乎都集中在門樓上。整個門樓的屋脊、牆脊、屋簷、門窗、照壁無一不是精心雕刻的傑作。他們用大理石、花磚、青磚、木雕等共同組成鬥拱重檐，精心製作的屋脊、牆脊也做成翹角，遠遠看去，整個門樓似振翅欲飛的樣子，在動感中體現著宏偉壯觀的氣勢。在門頭上裝飾有魚的形狀，要的是鯉魚跳龍門的吉祥之意，在門口的石礎上一般雕龍刻虎，有鎮宅保平安之意。

　　精緻的門窗：正房中間的門，白族稱之為「格子門」的地方是木雕藝術最精彩的地方。整個「格子門」有三合六扇，由上、中、下三部分組成，上面部分多雕刻鏤空歷史人物和花鳥圖案，便於採光和空氣流通，中、下部分則用浮雕來裝飾，常見的有「龍鳳呈祥」、「松鶴延年」、「梅花報春」等圖案。更有精彩的是，在「格子門」的上方雕以多層的透雕，層層相連，動靜相宜，美不勝收。

　　目前，保存較為完好的白族民居還有 120 多院（套）。今天，這些寧靜古樸、意韻悠遠的古建築不僅能讓人重新感受人與建築的關係，也吸引了眾多的海內外觀光客。

　　大理為什麼被評為最宜居住的城市

　　大理是雲南西部的一座古鎮。大理市以它獨特的人文歷史、自然風光、民俗風情，喜獲一枚沉甸甸的「金牌」──在中央電視臺舉辦的首屆魅力城市評選活動中，大理市從全中國 200 多個參評城市中脫穎而出，榮獲「中國十佳魅力城市」的殊榮。

　　大理市西依蒼山，東瀕洱海。蒼山挺拔峻峭，19 峰嵯峨壁立，山頂積雪經年不化；每兩峰所夾小溪，下瀉東流，形成飛瀑疊泉。山上植被豐富，有雲杉、茶花、杜鵑、蘭花等名貴花木，可謂山花爛漫，爭奇鬥豔。東面的洱海，形如新月，湖水清澈如鏡，景色秀美。「銀蒼玉洱」構成了最佳的山水自然景觀。這裡屬亞熱帶高原季風氣候，1 月均溫 9℃，7 月均溫 20℃，年均降水量 1070 毫米。這樣舒適的自然環境，是令人嚮往的。

趣聞 雲南

　　翻開中華民族的歷史，我們清晰地看到，西南絲綢之路和茶馬古道在這裡交會，四川的蜀錦、雲南的普洱茶等，途經這裡運往印度、阿富汗等國，大理成為「亞洲文化十字路口的古都」。南詔國、大理國留下了深厚的歷史文化積澱，眾多的、罕見的文物古蹟保留至今。

　　今天的大理，經濟與生態相和諧。各族人民「像保護眼睛一樣保護洱海」，走上了生態建設之路。大理人「不求最大，但求最美」，按照「城在山水中，山水在城中」和人與自然和諧發展的理念，精心打造蒼山、洱海、古城、水城、三塔、蝴蝶泉、民居、名花八張城市「特色」，把大理建成輻射面廣、帶動力強、吸引力大的滇西中心城市和中國著名的文化、旅遊特色濃郁的現代城市。

　　近年來，大理在重點保護好文物古蹟的基礎上，政府斥資數億元，修復了古城牆、文獻樓、五華樓，完善了「三月街」、「洋人街」、文獻路、三塔公園和古城水景等工程，再現了「家家流水，戶戶養花」、人與自然和諧共處、傳統的生態景觀和人文景觀，70 多個國家的駐華使者和夫人都說大理是「最適宜人類居住的城市」。

　　邊陲的大觀園——朱家花園

　　耳熟能詳的大觀園在《紅樓夢》裡。那邊陲的大觀園呢？在建水城內的建新街，有一組規模宏大的清代民居建築，這就是有「滇南大觀園」之譽的朱家花園。它是清末年間當地鄉紳朱渭卿弟兄所建的家宅和宗祠，占地 2 萬多平方米，主體建築呈「縱四橫三」佈局，為建水典型的「三間六耳三間廳附後山耳，一大天井附四小天井」並列聯排組合式民居建築群。院落層出迭進，房舍鱗次櫛比，計有大小天井 42 個，房舍 214 間。

　　整個建築群坐南朝北，入口為垂花大門。左側沿街的 10 間「吊腳樓」與其後的「跑馬轉角樓」相連，是當年的帳房和物資供給用房。右側前為家族祠堂，後為內院。祠堂前有水池、水上戲臺、亭閣、庭蔭花木等。水池邊的石欄上有 12 幅石浮雕和詩詞書法，極具藝術價值。每至祭祀祖宗、喜慶壽誕之日，則請滇戲名角前來水上戲臺唱戲助興。每當此時，院內紅燭高照，香煙繚繞，鞭炮齊鳴，瑞氣氤氳；絲竹管弦，通宵達旦。正前為三大開間的

花廳，左右兩側為小姐「繡樓」。花廳前是花園，左右對峙的透空花牆，將其自然分隔為東園和西園。花園占地面積甚大，正前有荷池、樹叢、苗圃、花圃散佈其間，形成一座既典型而又富地方特色的南方私家園林。

以朱家花園為代表的民居建築是建水古城的重要組成部分，是中原文化與邊疆文化相結合的產物，具有較高的建築藝術價值。專家學者來建水考察後，認為如此巨大規模而又保存完好的民居建築群在中國實屬罕見，都給予較高的評價。國家文物局原局長孫軼青還揮毫題詞：「朱家宗祠，華麗民居，旅遊開放，建水一奇。」

如今，朱家花園已成為集住宿、觀賞、旅遊、娛樂為一體的，有一定規模和檔次的，有品位、有豐富文化內涵的旅遊精品景點。特別是縣旅遊部門利用原建築房間眾多的特點，從二進院的四個院落中增闢了「梅館」、「蘭庭」、「竹園」、「菊苑」共 28 個客房，供遊人入住，親身體驗清代起居生活方式。房間內的床、凳、桌、椅及宮燈等均採用紫木雕刻，體現清代風格；門童及導遊小姐的服飾和接待客人的禮儀，讓人有恍若置身百年前歷史生活的感受。遊清代民宅，圓紅樓幽夢──此舉頗受中外遊人的歡迎。

如果你去遊覽朱家花園，可得跟著導遊啊！否則闖入「迷宮」，就知道什麼叫劉姥姥進大觀園了。

昆明市八大建築是哪些

昆明是 1982 年中國國務院公佈的首批 24 個國家級歷史文化名城之一。建築是一座城市的標誌，它印證著城市的歷史和現實。認識昆明，不能不回顧沿襲歷史文脈的老房子，也不能不指點代表藝術與科技最高水準的現代建築。昆明八大老建築是：

圓通寺位於圓通街中段，始建於南詔（唐代），至今已有 1200 多年的歷史了，是中國最早修建的觀音寺之一。現存建築基本為元代的構建形式，寺中假山、水苑、亭、橋、廊、榭的組合，又具有明顯的園林色彩。這裡有漢傳佛教、南傳上座部佛教和藏傳佛教三大教派供奉的殿堂，從佛教傳統教派供奉的完整性來看，全中國僅此一寺。

真慶觀位於白塔路與拓東路交叉口。初建於元代，屬道觀，現為昆明城區占地面積最大的建築群。

雲南貢院在今雲南大學校園內。始建於明永樂九年（西元 1411 年），明清兩代雲貴兩地鄉試所在地，研究科舉制度的重要實物。

福林堂光華街和文明街區珍貴的近代建築，建於清鹹豐年間，為八面封的大藥房。

雲南陸軍講武堂建於清末，翠湖西側斑駁的黃牆建築，為走馬轉角樓的四合院樓房，占地 1.44 萬平方米。前後培養了朱德、葉劍英等 5000 餘名官兵，在辛亥革命、護國首義、北伐、抗戰和解放戰爭中做出了重要貢獻。

馬家大院坐落於文明街小銀櫃巷，白族的經典民居，獲亞太地區 2001 年度文化遺產保護獎。

雲南大學會澤樓在雲南大學校園，為唐繼堯 1922 年創建東陸大學（雲南大學）前身所建，屬西式建築的教學樓。

人民勝利堂地處光華街中段，原址為清代雲貴總督署所。1944 年興建中山紀念堂，1946 年落成，更名為「抗戰勝利紀念堂」。

明清時期昆明城真是聚「龜蛇之氣」為一體的城市嗎

明朝建立後，明太祖派兵消滅了元朝在滇的殘餘勢力，改中慶路為雲南府，府城在昆明，設「雲南布政使司」。西元 1382 年，開始修築昆明磚城。這座磚城平面形狀為「龜」形。為什麼城的形狀要像龜？因為龜在唐代以前名聲很好，備受人推崇。首先，龜既能在陸地，也能在水中生活，這是大多數動物所不及的。其次，龜的壽命長，常有「千年王八，萬年龜」之說，所以古代的人認為龜的活動空間大，閱歷長，是長壽的象徵。第三，龜是古代的四靈（龍、鳳、麟、龜）之一，而且「四靈」中只有龜在自然界是客觀存在的，因此，古人認為龜是人與天神之間聯繫的仲介，透過它可以領會神的意志，尊崇龜可以獲得神的保佑。第四，龜甲是古人占卜吉凶的用具，常灼其甲，觀其裂紋而定之，難免使人對龜產生一種神秘、敬畏之感。中原的文化傳到了雲南，明代的昆明城也演繹著同樣的故事。在滇池之濱築一座「龜

城」，透過它溝通天和地，聯絡天神與人，請求天神給予廣闊生存的水陸空間，為昆明的繁榮昌盛、興旺發達，創造優越的條件。整個「龜城」的設計構築，是由明朝洪武年間著名的陰陽家汪湛海來完成的。

昆明的北面是蛇山，蛇山龍氣走動，從東北蜿蜒而來，行至昆明龍氣益旺；到鐵峰庵處停頓起峰，含蓄旺氣，進吐而起頂，九起九伏，向西又南下到圓通山，開玉屏而吐五華秀氣。五華分五支脈而下，中支結於文廟所在地，形成所謂極為尊貴的「紫微龍」。為此，汪湛海將昆明城設計為龜形，取其龜蛇相交之氣，造福於滇。按此設計修築的龜形磚城，將北面的翠湖和圓通山包入城內，把原中慶城內東風路以南的地區劃出城外，新建雲南府城「周九里三分，高二丈九尺二寸。設六門，上皆有樓」。其中南門是龜頭，北門是龜尾，大東門、小東門、大西門和小西門是龜的四條腿。北門內城向北，廓門朝東，取靈龜掉尾，接昆明東北蜿蜒蛇山之氣脈；大西門、小西門內門向東，小東門內門向西，這三門的外廓門都向南，取其足動之態；大東門內外門朝向一致，是因為東方按五行屬木，取木宜伸不宜曲之意。蛇山、龜城，龜蛇相交，構成古代星相四象中的北玄武的圖像，蛇山、滇池是物，物象結合、天地結合；位於山水間的昆明，采龜蛇之靈氣，象徵未來的昆明人丁興旺，繁榮昌盛。這不是美妙絕倫的天、地、人三者合而為一嗎？

現在，老昆明城牆已蕩然無存，但從龜城的建設，我們不難看出古代統治者在城市選址和設計中，「風水」觀念的巨大影響。

何為「一顆印」式的民宅結構

雲南是個多民族地區，民居的建築也是異彩紛呈，除了漢族的「走馬轉角樓」，傣族的竹樓，白族的「三房一照壁」等外，最具特色的要數「一顆印」。你可不要誤會，「一顆印」既不是皇帝的玉璽，也不是官員們的大印，而是一種結構特殊的民居。彝族的「一顆印」至少有兩層，採用週邊封閉式，對外不開窗或在高牆上方開小窗。宅內天井內排水。門在中間，天井周圍有正堂和廂房。

一顆印式住宅，大門居中，「倒八尺」分位。有的人家在大門內有屏門，屏門兩側出入，樓下正房堂屋為敞口廳，用於會客。廳前有天井。有的人家

有兩進天井。樓下耳房養牲畜，堆柴草雜物。樓上正房中堂供佛或祖先。外牆多用土牆，外抹牆壁。

昆明的民居形式大多採用「一顆印」，佈局方正嚴謹，大門在南部正中，以「三間兩耳倒八尺」最為普遍。三間：正房三間兩層，朝南，有南廊，在廊簷下曬物。兩耳：兩邊有耳房，耳房有兩間或四間。倒八尺：樓前有天井，天井南邊有八尺寬的雜用房，向北倒置。房屋以土坯築牆，筒板瓦為屋面，以穿鬥落地木柱為屋架。

麗江和昆明的住宅樣式有些不同。雲南最美麗生動的住宅要算麗江。那裡的住宅也是常用三間四耳的三合頭一顆印或四間四耳倒八尺的四合頭一顆印式。它同昆明一帶不同的地方即是多用大挑山、山簷，而昆明等處多開大窗，窗櫺也都很美麗精緻。

南方地區少數民族為什麼喜住「干欄式」建築的房屋

蓋樓房都講究「拔地而起」，房子與大地貼得越緊就越踏實、越穩定。而在雲南，偏偏有「離地而起」蓋樓房，懸空建屋。樹上居住與空中蓋房，就是我們今天常說的干欄式建築，俗稱高架屋。干欄式民居分高、低樓兩種。高樓的底層架空可以關養牲畜、堆放雜物，低樓則除了林立的柱子之外，別的什麼也沒有。

干欄式建築，是雲南各族百姓在與大自然長期打交道、反覆磨合中，創造出來的最佳住宅——傣族的各式竹樓，傈僳族與怒族「千腳落地」房，景頗族的「矮腳竹樓」，壯族的「吊腳樓」等。在濕熱多雨的地方，干欄式建築優勢明顯。亞熱帶地區，常常是大暴雨和大太陽輪流當值，空氣中濕度很大，住在用木頭和竹子建造的房子裡，樓下面是懸空的，八面來風，均可從腳下吹過，這可以最大限度地使住房乾爽、透氣。人在屋內，光腳踩在涼涼的竹皮紡織成的地板上，再席地而坐，喝卜幾口涼茶，自下而上，由裡到外，即刻涼爽起來。干欄式建築還有幾個優點：避蟲獸、洪水以及抗震。竹木構架節點用扣榫、銀錠榫可增強建築構架的整體性，從而減少部件的坍塌傷人。在傣族地區，有關干欄式建築的由來，有三種說法。第一種是「孔明說」。傳說孔明率軍南征後，要回成都去了，當地傣族百姓捨不得讓他走。孔明十

分感動，看到當地人的房子又破又爛，不成形狀，還常被山洪和暴雨毀壞，他靈機一動，在地上插上幾根筷子，取下自己的帽子來朝上一放，叫大家依照他帽子的形狀蓋房子。第二種是「鳳凰說」。有一天，傣族天神帕雅桑木底看見一隻鳳凰站在地上，兩翅張開，低頭垂尾，前後左右四面均是斜面，而鳳凰的兩隻腳又細又長，落地而立。他靈機一動，決定就照這個樣子建房，意思是「展翅住房」。這實際體現出人從動物身上獲取生存技能的仿生本領。第三種是「動物說」。帕雅桑木底不僅武藝高強，而且善良仁慈，當洪水氾濫時，他救了萬物。為表達感激之情，各種動物紛獻出自己身體的某一部分為這位傣族首領蓋房子。因此，傣家住房中，便有「狗柱」、「龍梯」、「白鷺膀柱」、「狗脊樑」、「象舌頭」、「貓下巴」之類的叫法，一直沿用至今。這生動地說明了在過去年代裡，人與自然界萬物友好相處、唇齒相依的關係。

傣族的「賀新房」是怎麼回事

傣族的「賀新房」可不是漢族的「鬧新房」。

西雙版納的傣家人，每當新的竹樓落成時，都要熱熱鬧鬧「賀新房」，祝願新房牢固，主人健康。搬進新房那天的一大早，被邀請的客人陸續來到。有的人獻雞，說是雞的腿可頂兩根柱子，當然柱子越多，房就越牢固；有的人獻米，有米才能有飯吃，也能健康愉快……人們邊獻禮物邊祝福，然後，大家幫著主人忙開了，各盡所能，沒有一個閒客人。

太陽要當頂時，人們準備上新房。壯年人準備好火槍火炮；小夥子抬起豬頭牛頭、酒桶、箱箱櫃櫃；姑娘們紮好爬墊、被單，當家的婦女挑起飯菜……男女老少排列在樓梯前。太陽當頂了，盤坐在樓上的老人向樓下的人們呼喚：「吉日良辰到了，房子穩固堅牢，也是這一刻！夫妻和好相愛，也是這一刻！牛馬滿樓下，也是這一刻！雞鴨滿圈，也是這一刻！糧錢滿倉，也是這一刻！出門遇好人，也是這一刻！上來吧，親友和貴客。」頓時槍炮齊鳴，宣告新房落成。小夥子抬起豬頭牛頭，邊唱邊跳，順著臺階上樓。站在兩邊的小姑娘盡情地向他們潑水祝福。接著，人們依次上樓，整個新樓充滿了歡聲笑語。人們圍坐在擺滿飯菜的飯桌邊，舉杯祝賀，歌唱……

快到半夜，小夥兒和壯年人開始做夜餐了。豎鍋樁是這一天最熱鬧的一個節目。他們把鍋樁倒放在火塘中，倒上酒，表示禱祝，再把點火的蠟條貼在三個鍋樁上，然後開始念豎鍋樁的祝詞。每念三遍，豎一個鍋樁。豎完鍋樁，他們先煮主人送來的雞蛋，隨後做夜餐。一直鬧到半夜，大家才盡歡而散。

「千腳落地」的民居是怎樣修建的

「千腳落地」的民居，好恢弘的氣勢。但它的修建卻十分簡單。

怒族是雲南的少數民族之一，怒族人很早就經營農業。明代李思聰在《百類傳》一書中記載，「怒人居山巔」，「覆竹為屋，編竹為垣」，這是古人對怒族居住生活的描述。

怒族的房屋為干欄式，多依山而建。主要分木板房和竹篾房兩種。貢山地區的怒族多住木板房或半土牆半木房。這種房子比較寬大，一般是堆圓木為牆，屋頂覆蓋薄石板。石板約一尺見方，由屋簷鋪起，第一塊平鋪，第二塊壓著第一塊的上邊，第三塊壓著第二塊的上邊……一直覆蓋到屋脊。福貢怒族都住竹篾房。這種房子較為矮小，多用竹篾笆做外牆和隔牆，用木板或石板覆頂。這兩種房屋一般都為兩層，樓上又多分成兩間，外間待客，並設有火塘。火塘上安置鐵三角架或石三角架，供炊飲之用。內間為臥室兼儲藏室。樓下存放農具雜物或關牲畜。樓板用木板或竹篾席製成，鋪設於架在斜坡地上的許多木樁上即可。這些木樁和房柱，如同千百隻腳一樣，支撐著整個房屋。因此，人們常常將這種房屋稱為「千腳落地的房子」。

怒族的這種千腳落地竹木房，結構簡單，既易搭建，也易於拆遷，又適合山區多雨多霧的特點。按傳統習俗，一家建房，全村都來幫忙，一天之內就可以把房子建成。

如今，隨著怒族地區社會經濟的迅速發展，怒族人民的住房形式也正朝著多樣化、現代化方向發展。

土掌房在實際生活中有什麼價值

土掌房是滇南哀牢山區的典型民居，主要為這裡的彝、傣、哈尼等民族居住。房屋以木為樑柱，牆頂用泥築成，與一般房屋不同的是，屋頂建成平臺，可以晾曬穀物，特點是材料簡單，造價低廉，屋頂土厚，冬暖夏涼。

土掌房建築結構為土木結構，砌石為基，四面夯土為牆，牆體刷白。樓層普遍為三層，亦有四、五層的，每層間都架大樑，搭樓楞，墊細圓木或木條，鋪樹葉，夯土，再釘地板。最頂層用阿尕薩（一種黏性極強的土質）夯實抹平為土掌，故名土掌房。土掌房的主要建材是土，加少量木頭，可以就地取材；房屋結構簡單，易建易修，所以深受這裡少數民族的歡迎。

土掌房，又名土庫房，大多建蓋在乾旱、坡陡的山區。建築材料以土為主，屋頂覆土約 20 公分厚，牆也十分厚。吸熱慢，散熱也慢，可以自然地調節晝夜溫差，人住其中，冬暖夏涼。土掌房民居，一般每戶都蓋有樓房及平房兩部分，樓房是正房，平房是廂房，一間至兩間，土牆土頂，高低錯落，敦厚樸實。屋頂是曬場，也可存放瓜果糧草。山區平地金貴，屋頂就如同人造平地，既節約了土地，又增加了儲存晾曬的空間，這就是雲貴高原很多民族都習慣住土掌房的原因。

為什麼鵝卵石砌牆不會倒

一提起鵝卵石，人們就會情不自禁地想到那些在沿河兩岸，成年累月被流水沖刷的石頭，它們一個個地失去了棱角，變成表面光滑圓潤、形如卵狀的石頭。放在平地上稍用力推按，它即搖晃不定。可是這種表面不平整的鵝卵石，並不妨礙它作為建築材料，用來砌牆。

1200 多年前的《蠻書》曾有這樣的記載：「……巷陌皆壘石為之，高丈餘，連綿數里不斷。」

這就是說，白族的先民們早在南詔國時期，就以壘卵石的方法來建造太和城了。大理西面的蒼山十八溪，每年從山上帶下來大量的卵石，白族人民就地取材，築牆蓋房，用來建設自己的家園。長期以來，他們積累了一套砌築經驗，成為一種特殊的技巧。

卵石牆有幹砌、夾泥砌、包心砌三種，建築時選料要大小搭配，卵石的大頭向內，小頭向外，錯縫疊疊；對於大小卵石間的空隙，要認真用小石塊和石灰砂漿灌填，邊填邊敲，使砂漿下滲，牆角處選用規則的石塊來連接。剛砌好的牆，用手掌拍打還會顫動，原因是砂漿和小石塊灌滿空隙尚未幹結，待幹凝後，渾然一體，堅固耐久，這就是所謂的「好牆如豆腐」。

「鵝卵石砌牆不會倒」，這是白族民居的一大特色，同時也是讚譽白族人民聰明和智慧的生動寫照。

木楞房是「井幹式」建築的房屋嗎

井幹式建築，或稱木楞子建築。

木楞房是用天然圓木去皮，砍削成方形、矩形斷面，兩端以缺口咬合，呈「井」字形層層擺疊，構成房屋四壁的。為「人」字屋頂，覆蓋木板，壓以石塊。木楞房多以層層擺疊的圓木牆為承重，一般不另設承重木構架，所選木材多為優質杉木或鬆木。平面為方形、長方形。房矮、檻高、楣低。木楞房普遍為一層監獄，分正房、倉房、草房、畜廄，雖相連卻獨立成間。普遍為納西、傈僳、普米、彝等民族所喜愛。

納西族的木楞房尤為獨特，他們的木楞房，正房坐北向南，寓意其先民北遷徙而來。用木講究細頭朝左。正屋中央天柱，要認真挑選，砍伐前必須先焚香祭祀山神和樹神，祈求家人幸福平安，並記好樹木生長方向。豎柱時按樹木生長方向豎立，喻示家人像青松一樣長壽。

正房開間為二間或三間。正房內設有火坑，以木框架立或以築土為臺，高出地面 60～100 公分，中間設火塘，寬約 1 米，長約 1.5 米，內架鐵三角或鍋莊石。火塘左角設有灶神，以一瓷碗盛少許碎金或碎銀及幾粒麥子，碗口蓋上石板，石板低於火塘平面，上置土香爐。火塘右角設置神龕，上置神櫃，高約 1.2 米，寬約 1 米。神櫃中擺放香爐、敬茶敬酒的盅子、神籮、香籮。火坑左邊的床稱「莊木指」，供男人坐臥，右邊的床稱「莊木斤」，供女主人坐臥。左床為堆櫃，專門儲放糧食。床尾為中柱，左側放置兩層木水槽，上層盛人用水，下層盛畜用水。

摩梭人家的住宅有何特色

摩梭人屬納西族，是目前中國唯一還保留母系社會生活習俗的民族支系，「男不娶，女不嫁」，因此，給人們一種神秘感。摩梭人住的是木楞屋，二層樓，房屋中間是一個四方的天井，環天井四周都是房間。其基本格局就像北京的四合院。不過，四合院是平房，而木楞屋是樓房。整個木楞屋有三個扶梯。一個扶梯走上去就到了佛堂，也就是「祖母房」。另一個扶梯上去是「女兒房」，還有一個扶梯上去是男子住的地方。

祖母房是摩梭人家庭裡老祖母居住的房間，是家人們飲食起居和接待親友、共用天倫之樂的地方。支撐祖母房主梁的兩根柱子是取自同一根木頭，樹根部的是女柱，樹梢部是男柱，表示摩梭人的家庭是由女性和男性共同支撐起來的。家中的女孩和男孩在 13 歲過後那個大年初一的成丁禮上，要穿上成年人的衣服，分立在女柱和男柱的旁邊。儀式結束後，他們就是家裡的成年人，要開始承擔起家庭的責任。祖母房共有兩重房門，都是高門檻，低門楣，而且兩重門不是正對而是錯開的。因為摩梭人認為鬼魂是不會拐彎和彎腰的，這樣設計房門就能夠把鬼魂擋在門外。只是人進出的時候就要低頭彎腰抬腿。

祖母房裡的火塘是摩梭人最神聖的地方，他們認為火能夠幫助他們與神靈和死去的先人溝通，所以在火塘後面的神臺就是供奉神靈和祖先的地方。面對火塘的最左面是祖母床，是大當家（一般是家中老祖母）的睡床。大當家和老舅舅的座位緊挨著火塘的兩邊，是最為尊貴的位置。而其他成員就按照輩分依次排開，可見摩梭人非常敬重長輩。

因為摩梭人的女兒是不出嫁的，永遠住在自己母親的家裡，所以，每一個摩梭姑娘到了婚嫁的年齡，就有自己的女兒房。客人是不能走進女兒房的，所以「女兒房」就更增添了無限的神秘感。

納西族的「三房一照壁」和白族的「三房一照壁」有什麼不同

「三房一照壁」是雲南大理州白族和麗江市納西族的傳統民居，他們是由正房、兩側的配房，再加上進門的照壁組成的院落。因為滇西地區多地震，

因此這裡房屋的構架，樑柱交接的地方多選用抗震性較強的穿榫式結構。由於大理和麗江兩地自然環境和民族習俗的一些差異，納西族的「三房一照壁」和白族的「三房一照壁」還是存在著不同的地方。

納西族的「三房一照壁」，其正房較高，兩側配房略低，照壁上多繪山水風情、花鳥魚蟲等圖案，上不嵌大理石，顯得主次分明，佈局協調。房頂出簷有一定彎曲度，顯示出柔和美和曲線美。牆身向內作適當傾斜，增加了整個建築的穩定感。四周圍牆不砌到頂，在窗臺上安置漏窗。房檐外伸，橫樑兩端釘裙板，以保護木板不受雨淋。為了減弱「懸山封簷板」的轉換和山牆柱板外露單調格式，巧妙應用了「垂魚板」的手法，既保護了梁椽，又增加了房屋外形的藝術美，顯示了納西人民高超的建築水準。

白族的「三房一照壁」，其院落房屋佈局基本同納西族一樣，但在照壁上往往鑲有大理石，主房、廳房和廂房層高均等。屋頂覆以板瓦和筒瓦，前面重檐。每排承重的柱子與梁呈穿鬥式結構，組成所謂的「排架」。在「排架」間和樓板照面板的下面，前後都有一根通穿的枋，當地人稱為「穿枋」。他們把整所房子的「排架」連成一個整體，增強了抗震能力。此外，大理地區常年多刮偏西風，風力極強（最強可達 12 級），大風日數又多。因此，整個院落和主房的坐向都是坐西向東，門窗均向東開，這樣有效地避免了「疾風庭院繞，勁風屋裡灌」的煩擾。

納西族的「三房一照壁」和白族的「三房一照壁」，在建造、結構和組合上大同小異。他們用自己的才智，在與自然鬥爭的實踐中，建造了適於自己居住的、與環境和諧的民居。

交通雲南

雲南歷史上那條最窄的古道叫什麼

雲南歷史上最著名和最古老的官方修築的交通道路是「五尺道」和「南夷道」，其中數「五尺道」最窄。

五尺道始建於秦朝，西元前 246 年，秦始皇從修築道路入手開發和治理雲南。蜀郡太守李冰在川滇交界（今四川宜賓）地區開山鑿崖，修築通往滇東北地區的道路。秦始皇統一中國後，又派遣常頞繼續修築這條道路，常頞把李冰修築的道路向前延伸，從今四川宜賓一直修到曲靖附近。由於道路寬僅五尺，故史稱「五尺道」（朱提道）。自秦以來，就是滇川的必經要衝。北起宜賓，南至曲靖，途經鹽津、大關、昭通、魯甸、宣威等縣，唐樊綽《蠻書》稱之為「石門道」。

「五尺道」的開闢，不僅有利於鞏固統一和加強中央集權，而且使雲南各部落與內地的經濟文化聯繫更加密切。據文獻記載，秦漢時期的關中與四川之間、四川與雲南部分地區之間，棧道千里，無所不通。商人來往於途，絡繹不絕，雲南的滇僮（奴隸）、中馬、犀革、金銀、銅錫等源源不斷運入四川，而四川的鐵器也隨之輸入雲南。昭通地區的東漢墓葬中出土過鑄有「蜀郡千萬」、「蜀郡成都」字樣的鐵器。

歲月滄桑，昔日的古道早已被現代化的公路所取代，歷史的遺蹟仍依稀可尋，如鹽津豆沙關古道遺蹟、大關墎古道和馬桑坪古道遺蹟、曲靖炎松古道遺蹟、可渡古道遺蹟等。較著名的是位於鹽津縣豆沙關一段的五尺道，這段五尺道現殘存長約 350 米，道寬 5 尺，每級石階寬窄高矮不等。從關河左岸上沿三曲而至袁滋摩崖石刻，路面留有馬蹄痕數十個。古道旁，危崖壁立，地勢險要，兩山之間，有座「唐碑亭」。亭內保存著一塊唐代石刻，即著名的袁滋摩崖石刻，至今字跡仍保存基本完好。

歷史上走哪條道可以買到雲南有名的大理馬

　　雲南歷史上曾出現過許多有名的馬，大理馬便是其中一種，它在《馬可‧波羅遊記》中出現後揚名在外。馬可‧波羅在元朝時看到了大理馬，其實，在宋朝時就已經出現了大量的馬匹交易。由於漢朝以後古道的開通，雲南與中央王朝的關係從未間斷，尤其在宋朝時，與中央王朝在經濟上的聯繫、交往日益密切。各王朝都曾大量購買大理馬以補充戰馬之不足，並在與大理國接界的地區設置了許多馬市場。雲南馬成批地被趕往各個馬場進行交易，買馬道路逐漸成為連接雲南與中央王朝交通的主要道路。而宋代的買馬道有的是原有的交通幹線，有的則是這一時期才興起的道路。特別是南宋經廣西、貴州至大理國的買馬道幾乎成了南宋王朝與大理國各民族交通的唯一通道，促使滇、黔、桂交通迅速發展。

　　北宋時，中央王朝向大理買馬的重點在四川，到南宋時，廣西的邕州（今南寧）又幾乎成為宋朝政府與大理之間政治交往的唯一通道，市馬活動也主要轉向了廣西。由於市馬活動而興起的雲南至廣西馬市場的道路，被稱為大理買馬道，大約在唐代已經開通。據學者考察，這條道路大體又有三種走法。第一道為中線──自杞道。由邕州橫山寨（今田東）出發，從西北渡南盤江，經自杞（今興義）進入今雲南羅平一帶，再經石城（今曲靖）、鄯闡府（今昆明）往西至大理中心地區。第二道為北線──羅殿國道。這條道路也由橫山寨出發，往北行至羅殿國（今安順一帶），然後進入雲南，而後往西至善闡府後與第一道合至大理國。第三道為南線──特磨道。它也是起自橫山寨，經安德、那坡、由隘岸（今剝隘）至特磨道（今廣南），再經由雲南的開遠地區至大理國的中心地域。

　　買馬加強了宋朝與大理國各民族的關係，成為大理國同內地進行經濟交往、商品貿易主要的交流方式，也帶動了各民族之間其他貿易的發展。大理買馬道向人們述說著宋代內地和其他地區的頻繁交往，也昭示著大理國時期雲南交通的新發展。

　　古代的貿易通道──茶馬古道

　　美國著名作家愛德格‧斯諾在其著作《馬幫旅行》中對雲南的馬幫生活有過精彩的描述：「十天以來，我就是沿著這條曲曲彎彎的羊腸小徑，踏著

無數馬蹄印，無數草鞋印，不停地走著，爬著，滑著，時而也騎著……在根本沒鋪過路面的地方，路上有許多坑坑窪窪，這是因為騾子往往總是踏著同一個地方而造成的，有的窟窿有一英呎深，這種路雲南人叫做『梯子路』。」意思也就是，走這樣的路，就彷彿「爬樓梯」一般；而這樣的路，也就是指茶馬古道。

雲南所有的交通幹線最初都是民間商貿往來的商道。隨著生產力的發展和商品交換的日益頻繁，雲南的滇馬等銷往內地，中原的絲綢、臨邛的鐵器、蜀的竹杖販運雲南，遠銷緬印和越南。但由於雲南山高穀深、水流湍急等自然條件的限制，所有運輸幾乎靠人畜之力，加之雲南盛產良馬，因此馬幫運輸就成了最方便、最經濟的形式。到清末民初，雲南各地的少數民族都有從事馬幫運輸的，先後形成了鳳儀幫、蒙化幫、雲龍幫、鶴慶幫等 20 餘個規模較大的馬幫。

馬幫之路中最有名的要數「茶馬古道」了。它是中國西南大地上一條進行對外經濟文化交流，傳播中國古代文明的國際通道，連接川滇藏，延伸入不丹、錫金、尼泊爾、印度境內，直到抵達西亞、西非紅海岸。根據現有的古文物及歷史文獻資料，早在漢唐時，這條以馬幫運茶為主要特徵的古道就發揮作用了。抗日戰爭中，當沿海淪陷和滇緬公路被日寇截斷之後，「茶馬古道」成為中國當時重要的陸路國際通道。

「茶馬古道」起源於古代的「茶馬互市」，可以說是先有「互市」，後有「古道」。「茶馬互市」是中國西部歷史上漢藏民族間一種傳統的以茶易馬或以馬換茶為內容的貿易往來。宋代在四川名山等地還設置了專門管理茶馬貿易的政府機構「茶馬司」。茶馬貿易繁榮了古代西部地區的經濟文化，同時也造就了茶馬古道這條傳播的路徑。

你知道「茶庵鳥道」與「鳥道雄關」嗎

在普洱縣城北 10 公里處，有一個古代普洱至昆明的驛站，這裡有茶站、廟堂、馬店，因地名叫茶庵，便叫茶庵塘，為元明時期重要的關哨汛塘之一。清光緒年間，曾在此茶庵塘設兵 5 名住守，因驛道蜿蜒險峻，亦是茶馬古道，故在清代被稱為普洱「普陽八景」之一的「茶庵鳥道」。

趣聞雲南

明末清初，為了方便向京城進貢「普洱茶」，由普洱到昆明修了一條官道，陸續鋪砌了一些石頭，有礫石和長方形條石，寬約 2 米，綿延長約 5 公里，石上已踏出馬蹄印，今還可見其遺蹟。這條茶馬古道是過去行人及騾馬運輸必經的交通要道。「茶庵鳥道」就是指從普洱城沿官道向北走 10 餘公里的地方。過去有一小寨人家住在道旁，寨名茶庵。寨裡人除從事農業外，不少人開設旅店飯館，招待行人馬幫。由茶庵寨子往北，出門就上坡，石鑲路呈「之」字形，路邊大樹參天，難見天日。因茶庵坡陡山高，峰危路險，只有鳥兒才能飛過，故稱為「鳥道」。

而另一條「鳥道雄關」形容的卻是候鳥遷徙的重要通道，也是只有鳥兒才能飛過的古道。這條「鳥道雄關」古道，就是大理白族自治州巍山彝族回族自治縣文華山上一個叫隆慶關的山岔口，每到仲秋時節，來自北方的 100 多種候鳥結隊飛行，萬鳥成群，路過這裡。此處經常濃霧繚繞，陰雨連綿遮住日月星辰，使得夜晚飛過此地的鳥兒迷失方向，降低飛行高度或停留下來。候鳥有趨光性，夜晚都是朝著有光亮的地方飛，它們只要看到光就拚命往裡鑽。過去，人們便在陰雨的黑夜，在山口點燃篝火，手持竹竿等待。這時，群鳥便會相互碰撞，發出婉轉淒切的叫聲，形成著名的「鳥吊山」奇觀。一陣叫喊聲後，群鳥快速向火光飛近，於是有的被燒死，有的被擊落捕獲。據說，一個人一個晚上就能捉到數百隻甚至上千隻鳥。這一現象不知延續了多少年。在隆慶關出土的這塊立於明萬曆年間的刻有「鳥道雄關」四個大字的石碑，經過鳥類專家調查分析後認為，是迄今發現的世界上唯一的、最早的、最古老的關於「鳥道」的記載。

雲南幾多名特橋

雲南地處雲貴高原西部和橫斷山脈區，山高箐深，江河縱橫，因而各種橋樑建築應運而生。在過去，除了一些梁橋、拱橋和鐵索橋外，也有數量眾多的藤索橋和竹索橋。

滇西保山市與永平縣之間的瀾滄江上的霽虹橋，橋東為永平縣杉楊鄉岩洞村，橋西為保山市老營鄉平坡村。經專家們考證，確認它是中國現存最古老的鐵索橋，也是雲南最大的鐵索橋，沿江兩岸陡峭，中流湍急，橋上行走

時驚險異常。橋西石壁上刻有「西南第一橋」。追溯這座古橋的歷史,即能從一個側面瞭解雲南古代的交通狀況。

雲龍縣城西北長新鄉大波羅村的通京橋,始建於清乾隆年間,後毀於洪水,清道光十五年(西元 1835 年)重建,經後代維修,現基本完好。該橋為伸臂式單孔木橋,全長 40 米,淨跨度 29 米,高 12.5 米。其建造方法採用的是木方交錯架疊,從兩岸向河心挑出,中間用長 12 米的五根橫樑銜接,樑上鋪範本成橋面。橋上兩側平置兩排木凳供人歇息。外側有高約 1 米的木板遮擋,作為橋上的欄杆。橋中間有瓦頂小屋,兩端建有牌樓式橋亭,高 5 米,寬 6 米,內連一條長 5.5 米的石梯甬道。通京橋建造奇特,雄偉壯觀,是雲南現存木橋中跨度最大的一座。

星宿橋位於祿豐縣城西門外星宿江上,又稱「西門大橋」。星宿橋為 7 孔石橋,全長 90.5 米,寬 9.8 米,是雲南石拱橋中規模最大的一座。星宿橋整座建築全用紅砂石砌成,石塊間用石灰摻糯米漿澆灌,粘連緊密。橋東有琉璃瓦頂木牌坊一座,四柱三門,鬥拱飛簷,甚是壯觀。星宿橋建於明萬曆年間,因河水「淵深莫測,眾石磊落,狀如列星,故稱星宿江」,橋因江而得名。星宿橋不僅是省城昆明通往滇西地區的咽喉,也是雲南現存拱橋中建造最好的一座。

建水縣城西橫跨瀘江、塌沖兩河之上,因兩河如雙龍蜿蜒相連而名之的「雙龍橋」。該橋建於清乾隆年間,因共有 17 孔,又稱十七孔橋。該橋是中國傳統的石拱橋,橋面兩側有條石欄杆,中間和兩端建亭閣三座,其中以中間的一座三層樓閣最為壯觀,屬全中國重點文物保護單位。

雲南古代的溜索橋則繫於兩岸的懸壁上,再用一個竹筒或木筒穿於藤索上,人繫在竹筒上,高懸滑過,急如飛矢。溜索橋至今怒江、獨龍江等峽谷地帶的少數民族仍普遍使用。溜索分平溜、陡溜兩種。平溜用一根溜索,它基本平直,沒有傾斜度,來往都可以溜渡。陡溜有一來一往的兩根溜索,有傾斜度大,靠著這一頭高、另一頭低的傾斜度,倏地一溜而過,互不影響。

在雲南現存的藤索橋中,以雲龍水城藤橋最佳。該橋位於雲龍縣城北 68 公里的白石鄉水城村,橫跨枇江上,因整座橋都用藤子編綴而成,故名藤橋。

從遠處看，整座橋就像一張懸掛在江面上的漁網，奇巧異常。此藤橋僅容一人單行透過，在山高箐深、多河流的滇西北地方，也算得上一種方便行人的渡涉工具了。

以「十二生肖」為名的街子是何意思

《辭源》中說「街」是「四通的道路」，可這樣的解釋並不符合雲南「街」的實際。在雲南，有很多以「街」為名的街道。奇特的是，這些「街」還冠以十二生肖的牛、馬等字。

原來，雲貴的「街」和「場」與地方的「集」、廣西的「墟」（圩），都是指過去的集市貿易之地，可通稱為「集市」。它們都是指山區的小塊平地，有小規模集市貿易的處所，但各地的習慣不同。雲貴地區這些地名與干支紀日有關，如「牛街」（紅河）、「鼠街」（景東）、「虎街」（南澗）、「龍街」（景東、玉溪）、「蛇街」（巍山）、「馬街」（元陽）、「羊街頭」（江哈）、「雞街」（開遠）、「狗街」（楚雄）、「兔街」（楚雄南華縣），都一一出現，而且還往往不止一處。

據說，雲南在元代以前沒有鄉村集市。到了明代，大概除交通條件差的怒江獨龍族等少數民族地區沒有集市外，雲南其他各地普遍出現了集市。集市名稱也五花八門，大多數地區稱「街子」（雲南話），昭通地區則稱「場」，有的則稱為「市」，在傣族地區則稱為「擺」。就其命名而言，有以十二屬相（地支）命名的，如逢子日趕集的稱為鼠街，逢醜日趕集的稱為牛街，逢辰日趕集的稱龍街；有以旬日命名的，如於每旬二日、六日趕集的稱為二六街，於每旬第九日趕集的稱九街。明清時期，隨時令的不同，側重交換的商品不同，形成以交易的主要商品命名的現象，如燈市、花市等。雲南各地區的集市分佈，還會考慮到各地之間貿易的方便，在集市的空間分佈和時間安排上都錯落有致，以便周圍各地商人、百姓能依次趕集貿易，雲南人把這種逐次趕集的現象稱為「趕轉轉街」。直到明清時期，雲南鄉村集市的格局才基本定型並沿襲到近現代。

「元跨革囊」和「雙飛燕」知多少

　　昆明的大觀樓公園內，懸掛著一幅長達 180 字的海內第一聯。上聯描繪了雲南的山川風貌，下聯抒寫歷史。就在下聯中，提到了雲南歷史上一個重要的事件——「元跨革囊」，這是什麼意思呢？

　　「元跨革囊」的歷史距今已有 750 多年了。西元 1206 年，鐵木真統一了大漠南北，建立了軍事奴隸制的蒙古汗國。西元 1253 年，蒙古汗蒙哥派其弟忽必烈率領 10 萬大軍，分兵 3 路，直指雲南。行至地勢險要的金沙江岸時，卻受到了阻撓。於是，他們採用革囊做筏子渡江，將剝下的完整牛皮或羊皮的四肢、肛門等處紮緊，然後充氣做飄浮器材。單個皮囊當地人稱之為「橫吞」，皮筏即由多個這樣的皮囊拼紮構成。於是，忽必烈親率中路大軍從寧蒗縣拉伯鄉到了江對岸的麗江奉科鄉，出其不意地大敗大理守軍。這就是「元跨革囊」的典故，也成了雲南歷史上具有劃時代意義的事件。

　　與金沙江上游「元跨革囊」的蒼古不同，在金沙江下游的風浪裡漂泊的小木船有一個極美妙極動聽的名字——「雙飛燕」。「雙飛燕」船體長約 8 米，寬不足 1 米，船幫稱之為「亮子」，深約 80 公分，船頭、船尾微微上翹，形如弦月，飄逸、輕靈、精巧、別緻。打造「雙飛燕」所用木料以樟木為最好，紅椿木次之。船體由龍骨、桁木、艙板結構而成。船身成形後，要用桐油石灰塗刷，以防腐蝕。船上分隔成 3 個艙，船體中部一個艙，稱「大肚」，是載客、裝貨的地方；船頭、船尾各 1 艙，稱「小肚」，是掌艄、划槳的操作臺。艙底板與「亮子」平，便於觀察水勢。「雙飛燕」的作業系統僅有 1 櫓，稱大撓；2 槳，稱「小撓」；繫於船頭、船尾的纖繩，稱「箍頭繩」。額定船工 5 人：1 人搖櫓，是舵手，當然也稱「老大」；1 人撐篙；3 人划槳，兼任拉縴的角色，故又有「背箍頭」的雅號。

　　「雙飛燕」是一位柔弱的飆網者。江流平緩處，一隻櫓，兩葉槳，浮漾的清波輕輕地推送，無聲的浪湧悄悄地托舉，「雙飛燕」輕盈自如地在波峰浪穀中躍動著，兩岸青山紛紛閃過。「雙飛燕」是金沙江的寵兒，是天地間自由飛翔的精靈。至峽谷險灘處，柔弱的飆網者便無法掩飾力不從心的難堪，因此也常常有險難發生。每當此時，「雙飛燕」便只能無奈而又無助地收束了翅膀，借助外力走出困境。

雲南第一條國際鐵路——滇越鐵路

西元 1898 年，中國清朝政府同意法國修築法屬印度支那（今越南）至雲南的鐵路。鐵路由越南海防港至雲南省會昆明，全長 855 公里，軌距為 1 米。其中，海防至老街一段在越南境內，計長 389 公里。1901 年動工，1903 年竣工通車。由河口至昆明一段在滇境，計長 466 公里。1903 年開工，1910 年 4 月 1 日竣工，翌年全線通車。這便是雲南境內的第一條國際鐵路線——滇越鐵路，因其軌距僅為 1 米，故而又稱「米軌」。

但是，在雲南境內的修築歷時 8 年，共投資 1.6545 億法郎，開鑿隧道 158 座（合 20 多公里），橋樑 173 座，修路死亡人數 12000 多人，工程建築難度為當時世界築路史所罕見。而河口境內的「人」字橋正是此條滇越國際鐵路的精華所在。滇越鐵路五家寨人字橋位於屏邊縣北灣壩鄉度箐與倮姑站之間，是滇越鐵路上的巨型鋼架橋，全用鋼板、槽鋼、角鋼、鉚釘連接而成。人字橋在兩山峭壁之間的跨度為 67 米，距谷底 100 米。它以獨特的設計、精巧的造型而聞名天下。人字橋是由法國女工程師鮑爾·波丁設計的，於 1907 年 3 月 10 日動工，1908 年 12 月竣工，屬全中國重點文物保護單位。

滇越鐵路修成後，便成為進入雲南及西南各省最便捷的通道。其後的數十年間，滇越鐵路為雲南和毗鄰雲南的各省提供了最便捷的出海通道，將雲南與世界市場緊密聯繫起來。20 世紀初，個舊的錫是雲南的主要工業品，也是雲南地方政府的主要財政收入。1910 年，滇越鐵路修通後運出 6195 噸，比 1909 年增加了 50 倍。

1937 年日本侵華戰爭爆發，沿海通商口岸也為日軍封鎖，一切國際援華物資只能透過滇越鐵路及後來的滇緬公路運入中國。此時的昆明成了中國進出口物資的集散地，商業、貿易、運輸等頓時一片繁榮。貨運主要增加了鋼材、水泥、修路機械以及中中國地各省拆遷至後方的機械設備、軌道器材等。客運主要增加了大批青年學生、工人、部分商人、公務員。

1950 年到 1965 年的 15 年間，昆明再次成為中國西南交通重鎮，滇越鐵路的運力達到了歷史最高峰。當時，中國在修建昆明至貴陽、昆明至成都

兩條鐵路,所需大量物資從中國沿海省份由海輪運往越南海防港,然後經滇越鐵路運抵昆明,促進了鐵路沿線工業的發展。

著名抗日救國之路——「滇緬公路」與「史迪威公路」

「滇緬公路」與「史迪威公路」是雲南乃至中國歷史上的兩條著名抗日救國之路,有著同樣重要又不同的歷史意義。

1923 年,成立僅一年的雲南交通司,擬訂了時稱「滇西路」的修築計畫,並得到了雲南省公署的批準,設計的公路長度是從昆明到滇緬邊境。但是從 1923 年動工到 1935 年,16 萬中國民工花了 12 年時間,才修出了從昆明到下關的單線行駛的土毛路。1937 年 7 月,抗日戰爭全面爆發,當時的雲南省主席龍雲於同年 8 月在南京參加「國防會議」時,向蔣介石建議,為對付日本南進計畫,國際交通應當預作準備,並即刻著手修築滇緬鐵路和滇緬公路,以直達印度洋。這條「滇緬公路」,即是由昆明經下關、保山、龍陵、芒市、畹町出國,然後在緬甸的臘戍與緬甸的中央鐵路接通,直通仰光這一路線。經過一番緊張的籌備,1937 年 11 月,滇緬公路工程正式開工。經過 20 萬民工的艱苦努力,到 1938 年 8 月底,滇緬公路勉強可以通車。當時的公路比較簡陋,也是土路。1938 年 8 月,當第一批 6000 噸國際援華軍用物資從緬甸沿滇緬公路運入中國的時候,世界驚呆了。滇緬公路整個工程挖填土方 1123.26 萬立方米,石方 11.3 萬立方米,修建大小橋洞 2 座,而時間卻僅僅用了 9 個月!滇緬公路,堪稱是「世界築路史上的奇蹟」。

從 1940 年 10 月開始,日軍開始轟炸滇緬公路,功果橋、惠通橋等都遭到了嚴重的襲擊,運輸多次告停。1941 年 12 月 23 日,中國政府和英國政府簽訂了「中英共同防禦滇緬路協定」,成立中英軍事同盟,並根據這個軍事同盟,組建了中國遠征軍以確保滇緬路這條最後的國際交通運輸線。1942 年 2 月,共計 10 萬餘眾的中國遠征軍從滇緬公路出發,進入緬甸對日作戰。由於中英兩國政府對中國遠征軍進入緬甸的目的不同,再加上美英中指揮人員在作戰指揮方面的分歧和錯誤,使得中國遠征軍在進入緬甸後遭受到了重大的損失。

　　1942 年 7 月，史迪威開始在印度重新整頓，訓練和裝備中國遠征軍，並向美國國會提交了一份「反攻緬甸計畫」，又稱「人猿泰山」計畫，提出了美國出兵中印緬、重開滇緬公路等的建議。1943 年春，從印度利多開始向東修築，1944 年 8 月修抵密支那，1945 年 1 月 17 日達騰衝。11 天後，密支那至八莫，連接滇緬公路的道路也接通。1945 年 1 月 28 日，中美印緬四國人民浴血奮戰共同努力的中印公路正式建成通車。為此，國民政府在這一天宣佈，為了表彰史迪威的卓越貢獻，將這條公路改名為「史迪威公路」。這條公路，始於印度東北部利多，越過印緬邊境班哨，從密支那分南北線，北線經雲南省騰衝縣到達昆明，南線過緬甸木姐與滇緬公路相接至昆明。

　　滇緬公路的修通，史迪威公路的通達，在當時對中國乃至整個亞洲和太平洋區域的抗日戰爭產生了極為重要的作用。「史迪威公路」使硝煙和廢墟中的「滇緬公路」獲得了新生，是鋪在地面的勝利豐碑。

　　雲南省歷史上第一個通商口岸

　　蒙自是中國聞名的古縣之一，置縣始於西漢武帝元封二年（西元前 109 年），當時稱為賁古縣，至今已有 2000 多年歷史。元朝至元十三年（西元 1276 年）改置為蒙自縣，縣名沿用至今。

　　蒙自縣有著悠久的對外通商歷史。西元 1886 年，在蒙自創立了雲南省第一個電報局；西元 1884 年中法戰爭以後，清政府與法國簽訂了《中法天津和約》《中法越南通商章程》；西元 1887 年，蒙自被闢為對外通商口岸；西元 1889 年，清朝政府在此設立雲南省第一個海關。蒙自開關通商後，雲南絕大部分進出口商品均在蒙自集散，而整個南湖東岸成為一個龐大的外國人聚居區，法、英、美、日、意等國在此設立領事府，開設的洋行、公司、銀行、鐵路局、監獄、醫院、學校、教堂、酒店等多達 30 餘處。通關給當時的蒙自帶來了繁華與昌盛，外國洋行也多達 20 多家，最有名的是哥臚士酒店。到了 1940 年，日軍侵佔越南，滇越鐵路中斷，蒙自外貿頓時衰落。此後，蒙自便失去了它作為通商口岸的功能。

　　百年前的蒙自，是雲南省最早對外開放的地方，也是中國西南地區對外貿易的視窗。蒙自海關舊址已被列入全中國重點文物保護單位。

雲南歷史上第一個飛機製造廠——中央雷允飛機製造廠

1938 年，為避免日機的轟炸，「中央杭州飛機製造廠」遷址到雲南，這就是雲南歷史上第一個飛機製造廠——中央雷允飛機製造廠，現存遺址在瑞麗市瑞麗農場雷允分場地區。當時，全體中美員工冒著生命危險，日夜奮戰，於 1939 年 7 月建成投產。據史料記載，該廠在雷允建造有東西走向鋼架結構鐵皮屋頂的 3 座長 150 米的主廠房，總建築面積為 1 萬餘平方米，附近還建有若干輔助廠房，北面東西線修有飛機跑道，附近有油庫和儲藏室，西面有發電廠和自來水廠，工廠四周山坡上則有辦公室和職工宿舍。雷允飛機廠有職工 3000 多人，規模遠較在杭州筧橋時大得多。投產後，又製造、組裝各型軍用飛機共 450 餘架；1942 年 1 月以後，雷允廠的南山機場還成為美國志願飛行隊的重要後方基地。1942 年 4 月，日軍從緬甸侵入中國，雷允廠破壞廠房設備後撤至內地。中央雷允飛機製造廠遺址面積有 4 萬多平方米，其間分佈著許多建築遺蹟，如 688 米長的機場跑道，占地 22551 平方米的水泥廠房地坪，12 根巨大的宿舍壁爐，龐大的排水設施等。

國際戰略空運通道——駝峰航線

人們永遠不會忘記那段血與火的歷史。20 世紀 30 年代後期，國際反法西斯的戰爭白熱化，中國的抗日戰爭也面臨著困難的關頭。1937 年「七七事變」之後，日本侵略軍對我們步步緊逼。1942 年 5 月，當時唯一的也是最後的國際戰略物資運輸線——滇緬公路也被徹底切斷。1942 年到 1945 年，在中國雲南和印度之間，出現了一條堪稱世界奇蹟的國際戰略空運通道——駝峰航線。「駝峰航線」成了當時支撐中國反法西斯戰爭的最後一條通道。美國的陳納德將軍及其率領的「飛虎隊」與中國的空中健兒攜手戰鬥在同一塊藍天下，直到戰爭結束，飛虎隊隊員與中國人民也因此建立了深厚的友誼。

駝峰航線，從印度的阿薩姆等機場起飛，向東橫跨喜馬拉雅山、高黎貢山、薩爾溫江、怒江，直到中國的雲南高原和四川盆地，最後到達中國雲南的昆明、呈貢、嵩明、楊林等機場，全長 885.14 公里。所經地區，由於氣候惡劣多變，強氣流、低氣壓經常交替出現，飛機在飛行時隨時面臨著墜毀和撞傷的危險，而且還要隨時提防日本飛機的圍追堵截，飛行十分困難。所以，

飛行員們把它稱為「死亡航線」。3 年間，這條航線上共投入飛機 2000 餘架，為中國抗日戰場運送物資 80 餘萬噸。為此，在這條航線上共同戰鬥的中美兩國人民付出了驚人的代價，有 609 架飛機墜毀，近 2000 名中美飛行員犧牲或失蹤，很多墜機殘骸至今仍撒落在高黎貢山一帶的深山峽谷間。正如美國一本關於駝峰航線的書中這樣寫道：「在陽光燦爛的日子裡，飛行員完全可以沿著山谷裡延綿不斷的金屬碎片的反光飛行……」他們還給撒滿了戰友飛機殘骸的山谷取了一個十分形象的名字──鋁穀。又由於這條航線所經山脈蜿蜒起伏如駱駝之峰，而當時受飛機性能的限制，飛機也只能在延綿起伏的高山峽谷峰與峰的低凹處穿行，「駝峰航線」也因此而得名。

「駝峰航線」是第二次世界大戰期間持續時間最長、飛行條件最兇險的一條空中運輸線。

雲南具有「小巴黎」之稱的火車站──碧色寨

碧色寨位於雲南省紅河哈尼族彝族自治州蒙自縣的草壩鎮。西元 1903 年簽訂的《中法會訂滇越鐵路章程》使法國攫取了滇越鐵路的修築權和通車管理權。滇越鐵路於西元 1903 年動工修建，鐵路穿越了雲南的高山河谷，滲透了眾多中國勞工的血汗。西元 1909 年通車至碧色寨，西元 1910 年全線通車。

碧色寨原名「壁虱寨」，「壁虱」是方言，即蝨子、臭蟲的意思，因不雅，故改名為「碧色寨」。這裡靠近蒙自海關和個舊錫礦，而且與個碧石鐵路在此相交，是米軌鐵路與寸軌鐵路的換裝站。滇越鐵路通車後，絕大多數出口的個舊錫都是在此裝車出境，個碧石鐵路通車後，這裡又成為繁忙的中轉運輸站，月臺上、倉庫裡隨時堆滿了待運的錫、大米、毛皮等物資。白天，整個車站人馬喧囂，汽笛聲、哨子聲、號子聲此起彼伏；夜晚，憑藉月色和若明若暗的燈光，工人們仍在徹夜工作，有節奏的吆喝聲在夜空中迴盪。商店、餐廳也不閉市，為上夜班的工人服務，經常通宵達旦。在雲南夜幕籠罩的大地上，唯有碧色寨星星點點的不滅燈光，與天上的繁星對話。

碧色寨，幾乎就在一瞬間，變得興盛、繁榮起來，甚至在某種程度上超過了蒙自縣城，連蒙自買不到的東西，在這裡也能買到。中國外的商人們蜂

擁而來,先後有法、英、美、德、日、希臘、義大利等國的商人在這裡創辦了許多儲運公司、洋行、酒樓、水火油公司、材料廠、郵政局、商場等,經營項目應有盡有,人稱「小巴黎」。

然而,時過境遷,今日的碧色寨也早已不復往日的繁華。1970年,鐵道部對個碧石鐵路進行擴軌改造,擴軌後的鐵路使雨過鋪車站與滇越鐵路接軌,碧色寨車站從此徹底落伍,由特等站降為四等小站,不見了往日的喧嘩與熱鬧,只是時不時地能見到過往的火車行駛。

看起來有些寂寞的碧色寨至今仍在運營中,它以另一種方式書寫著滇越鐵路和中國鐵路發展的百年滄桑史。

一江連六國的國際水運航道瀾滄江—湄公河

瀾滄江是一條神秘莫測的河流,它發源於中國青海省南部的唐古喇山,由西藏東部進入雲南,自西雙版納州244號界碑出境,出境後被稱為湄公河。這條奔騰的大河一路經過寮國、緬甸、泰國、柬埔寨,最後,在越南的胡志明市注入浩瀚的太平洋,總行程4880公里,其中在中國的河道長2161公里,在雲南境內長1247公里。瀾滄江—湄公河是亞洲僅有的一條一江連六國的國際河流,於是,人們又把它譽為「東方多瑙河」。

20世紀90年代,在世界經濟一體化和區域經濟集團化浪潮的推動下,開發瀾滄江—湄公河航運的問題,引起了沿河有關各國的重視。雲南西雙版納瀾滄江—湄公河經過中國、寮國、緬甸、泰國四國的水運航線於1991年8月開通,全長340公里,這是雲南最長的國際水運航道。1993年,中、老、緬、泰四國組成的聯合考察船「神州號」行駛在湍急的瀾滄江—湄公河航道上時,又向世界傳遞了這樣的資訊:瀾滄江—湄公河國際區域經濟合作與開發已經拉開序幕。

這條航線上的雲泰(雲南至泰國)航道自開通以來,西雙版納州、思茅地區等已先後派出國客貨運船隻上千個航次,出現了跨國船隊,進入中國的寮國、緬甸、泰國船隻也達上千次。目前,從西雙版納順水而行至泰國清盛

約需 10 小時，逆行約需 20 小時。雲泰水運國際航道的開通，不僅提高了雲南的旅遊交通功能，而且大大促進了雲南和東南亞國家的經濟交流。

瀾滄江—湄公河是中國雲南省和大西南進入東南亞各國，建設投資少、見效快、最為便捷的天然水路通道。它流經兩個國家首都和 10 多個重要城市，有 4 條鐵路，10 多條高等級公路與河流銜接，水陸聯運中轉極為方便。順著滔滔江流，中國大西南的貨物可充分利用沿岸國家四通八達的運輸網路和深水碼頭，直接進入太平洋和印度洋，前往東南亞、南亞、西亞乃至歐洲和非洲。同時，瀾滄江—湄公河航道也為下游國家進出中國雲南及大西南提供了一條便捷的通道。

瀾滄江—湄公河，是一條高原民族的「黃金水道」，它搭起了沿線各國人民之間交往的橋樑，是一條超越了國家與政治，維繫著不同民族和不同膚色的人們賴以生存的生命河流。正如詩中所寫的：「我住長江頭，君住長江尾，彼此情無限，共飲一江水。」

雲南火車之怪

清末，中國的國際鐵路有兩條，即中俄鐵路（建成於西元 1903 年）和滇越鐵路（建成於西元 1910 年）。中俄鐵路覆蓋東北三省的一些大中城市，而滇越鐵路卻只是一條只通越南，而與鄰近省區不相連接的鐵路。因此，當時有「火車不通中國通國外」之一怪。

滇越鐵路的建成代表了 20 世紀初鐵路工程技術的最高水準。在雲南境內的 465 公里路段，有 80% 在險惡的崇山峻嶺間穿行，坡度大，從海拔 912 米至 2000 多米，有隧道 150 個，橋 173 座，橋樑隧道工程在當時舉世無雙。由於鐵路穿梭於高山峻嶺之間，選擇「米軌」、「寸軌」和「小火車」，也正是為了適應彎道半徑小、路基狹窄的實際情況。軌距小，則車體相應減小，轉彎靈活安全，上坡、下坡便於控制速度。與平均時速 30~40 公里的汽車相比就慢多了；且火車繞行多，車體蜿蜒蛇行亦顯慢，「火車沒有汽車快」便成了有目共睹的事實。

現在，儘管火車已經提速，但即使是標準軌火車在雲南境內的速度也快不起來。貴昆線和成昆線是雲南兩條較早的標準軌鐵路，一出昆明，兩條線路均先後遭遇高山峽谷，尤其以成昆線最為突出。過大橋、鑽山洞即是其特色之一。在進入四川盆地之後，列車明顯提速，時速可達 80 公里，與雲南境內時速 50~60 公里的速度相比快多了，所以又成一怪：「雲南火車沒有外省火車快」。

「雲南十八怪，火車沒有汽車快」，反映了雲南鐵路運輸發展的歷史。關於它的發展史，可以到開遠火車博物館去看一看，感受雲南交通發展的軌跡，體驗一次人類文明之旅。

趣聞雲南

娛樂雲南

雲南漢族過春節的特別之處在哪兒

歷史上，雲南長期都是各少數民族佔據的地方。元代以來，漢族人口開始增加，明洪武年間，隨著來自川、蘇、贛、湘、陝等地移民大量地遷入，漢族才開始成為雲南主體民族。漢族的民俗和節慶在雲南各地廣為流傳開來；同時，漢族也受各少數民族和雲南自然環境的影響，使自己的傳統習俗增加了一些特異的地方。

春節是中華民族傳統節日中最隆重的節日，各民族在節日期間的活動大同小異。這種「小異」不僅存在於不同的民族間，而且，同是漢族在不同地域也有自己一些獨特的習俗。

臘月二十三送灶時，為了讓灶王爺到玉皇大帝處替自己的家庭多說些「好話」，使來年家運昌盛，老人們要在灶王像前獻上什糖。在購買的年貨中有一個大米花團，以示全家團圓。用香櫞和佛手柑供奉神靈和祖先，祭祖的菜餚中一定有青蒜、白菜、芹菜和魚，取其諧音，告慰祖先，後輩清白做人；這一年帳清無欠，年年有餘。除夕夜在堂前燒皂角以清除不潔；也有人用小盆裝紅炭、松毛，點燃後再澆上蠟，讓炭火熱氣薰房屋，以期清除穢氣。年夜飯總是從23：00吃到凌晨1：00，象徵全家人的團圓從今年延續到明年，年年相續。初一早晨，總要用食米和糯米粉混合，蒸一甑子兩層或三層的米糕，表示全家人代代蒸蒸日上。雞鳴，青年就去打「頭水」（「買水」），汲回的新水加紅糖、蔥薑、竹葉煮開，喝後能使人更聰明。這一天，不說髒話、罵人的話及打、殺之類的字句，以求新年吉祥平安，全家團圓，不出任何兇險之事。

其中，最有特色的可能要數「陳地青松毛」和「每天吃長菜」了。春節將近，家人上山採摘或去市井購買青松毛，鋪於堂上庭中，猶如嶄新的綠毯，守歲時，席地而坐，敘舊話新，秉燭達旦，以示一家人青春常在，平安長壽。有趣的是，在滇南和滇西還有一種「打圍」（「打獵」）的遊戲，參與者團坐在青松毛上，用6顆骰子輪流擲於碗中，透過骰子點數的變化和組合，確

定你獵到的動物，最後以獲得麒麟和動物多者為勝。「長菜」（諧音為「長財」）又稱「年菜」，用青菜、白菜、青蒜、蘿蔔等配以肥肉、火腿骨頭煮成，菜不切斷，為的是不「破財」。每天吃，每天加，又把吃剩的魚肉、油湯等加入混煮，再吃。從除夕吃到正月十五，象徵常年都能「發財」。由於雲南冬天較溫暖，到後來長菜都變酸了，客人們還認為它「鮮美可口」。

節慶，作為傳統文化，在歷史的長河中會不斷地變異。中華民族最隆重的傳統節日——春節，也會隨時間、地點、環境的改變，顯示出不同的時代特徵。但是，人們對美好未來的憧憬，對幸福生活的嚮往卻是永恆的。

雲南最具代表性的地方劇種是哪一種

雲南簡稱滇，所以滇劇為雲南主要地方劇種，其發端於明末清初，孕育於乾隆嘉慶之際，形成於道光年間，成長於同治光緒之時，變革於辛亥前後，興盛於抗戰之前。

清初吳三桂率軍入滇，軍中成員來自各地，休閒時南腔北調雜陳，又清初雲南開礦，各省商幫源源而來，各地戲幫隨之入滇，諸腔彙集，歷經數代，與雲南文化融合，形成獨特風格，漸漸演變成滇戲。唱腔主要為絲弦、胡琴、襄陽三大聲腔，它們分別源於秦腔、徽調和楚調。「絲弦」剛柔相濟，表現力豐富；「胡琴」悲壯激昂，常為正劇和悲劇所採用；「襄陽」開朗明快，多用於喜劇。唱詞、說白清晰通俗，腔調簡短，為雲南人民喜聞樂見，流傳至今已有 400 餘年的歷史了。

滇劇的劇碼有 1600 多出，其中有文字記錄的達 960 多出。傳統的優秀劇碼有《牛皋扯紙》《古滾劉封》《秦香蓮》《七星燈》《打瓜招親》等；帶有雲南生活詩情畫意的故事劇有《望夫雲》《荷花配》《打魚收子》……新中國成立後活動在滇劇舞臺上的著名演員有羅香團、栗稱之、戚少斌、碧金玉、彭國珍等，後起新秀有萬象珍、周惠儂、邱雲蓀、王玉珍、李廉森……這些優秀演員常在雲南省滇劇院作舞臺表演，戲臺擺設與京劇相似，場面與文武場戲裝亦與京劇雷同。此外，滇劇演員還不時參加城鄉茶館的清唱，只打鑼鼓，不化妝不表演，清唱摺子戲，也有業餘票友參加。鑼鼓一響，茶館

經常滿座，茶客既能聽戲又能喝茶，這已成了滇班的傳統習俗。不難看出，在昔日的歲月裡，滇劇與老百姓是非常貼近的。

什麼叫「崴花燈」

說到花燈，你可不要誤認為是鮮花做的燈或者是指走馬燈上的花，花燈是雲南群眾喜聞樂見的民間歌舞小戲。花燈也稱「簸箕燈」，因為常在打穀場和寺院廟壩中演出，觀眾圍成圓圈，兒童在前，婦女居中，男性多站在後層，形似簸箕，所以叫簸箕燈。在全省各地有不少小型「燈棚」，上演傳統燈劇，吸引了不少城裡和鄉下的「燈友」。農村裡婦幼皆知，很多人都能哼上幾句；在城市的街頭巷尾、公園一角，還有一批自拉自唱、你演我看的「花燈老人」。

「八百年的燈，三百年的戲」。這裡的燈就是花燈，戲就是滇戲，也就是花燈源於宋代。雛形是小歌舞和說唱，進一步有人物，有一點故事情節，也就成了一齣戲。內容大多為「鄉里人，鄉里事」；唱起來又都「唱我們的歌，甩我們的帕」，鄉土氣息特別濃厚，具有廣泛的群眾基礎。花燈劇則晚於花燈歌舞，演出的內容可在清乾隆年間成書的《綴白裘》中找到藍本。1940年後，花燈劇走上了專業劇場，大量從滇劇移植劇碼，花燈開始脫離農村，趨於市民化，但業餘的演出，仍在城鄉中緩慢地發展著。

花燈最大的特點就是崴。這是演員表演時的一種特有身段，不論主角還是配角，也不管誰在演唱，表演者都圍繞著自己的站立地，前後左右不停地「崴動」，男角重在耍扇子，女的主要舞手帕，同樣是崴，生、旦、醜不同的行業又有差異，要崴出人物的性格來。因此，整個舞臺演員的身段千姿百態，情趣盎然，故能吸引觀眾。這就是「不崴不成燈」，稱花燈演唱為「崴花燈」的由來。

花燈的藝術特色有以下幾點。第一，音樂曲調來源廣泛。有明清小調、民歌小調、雲南揚琴、宗教音樂和兄弟劇種等。第二，伴奏樂器簡單。有文場四大件（土二胡、配胡、月琴、三弦），過場、催場、歌舞用管樂和打擊樂。第三，支派多。有昆明花燈、玉溪花燈、建水花燈等，受方言和民族風情影響較大。第四，表演載歌載舞，劇碼多為小生、小旦、小醜為主的「三小戲」。

代表劇碼有《迎春》《探乾妹》《大茶山》《小放牛》《鬧渡》《依萊汗》等。史寶鳳、袁留安等人，堪稱是花燈界的著名老演員。

老昆明揚琴的由來

揚琴是明代昆明流行「對子書」與清代揚州、蘇州一帶「揚琴擔子」結合的產物。

「對子書」是古代昆明流行的曲藝，有說有唱；有大部書，也有段子書，書詞長短不固定。表演時，說書人一手夾懷鼓，一手用木板擊拍，邊打邊唱，旁有三弦、琵琶作伴奏。清道光年間，揚州、蘇州地區的「揚琴擔子」傳入昆明。演唱時，由化妝的青年女子出場，以揚琴為主樂伴奏。隨後，說對子書的藝人也參加到揚琴擔子裡演出，他們便把兩種曲藝的曲調糅合在一起，創造了「昆明揚琴」。現在揚琴中的「書腔」、「三簧」、「數西」等即是對子書曲；而「揚調」、「進郎房」等則多保存了揚琴曲調的原音。

昆明揚琴的內容分「大八套」、「小八套」、「散套」、「善書」等。在「散套」中不乏文人之作，文辭典雅綺麗，如《游昆池》雲：「畫船輕浮，繞遍碧浪，歌聲細細，簫鼓樂樂，游光華，觀不盡山清水秀；蓮堤錦繡，蘆葦清幽，黃童白叟，把釣牧牛。大觀樓歡歡笑笑乾杯酒。昆明池，飄飄蕩蕩幾葉舟，恨不能秉燭待旦，性盡方休，但不知，西湖風光如是否……」揚琴的演唱常在集市、茶樓，抑或在私人公館，為有權勢的上層人物唱堂會。經過上百年的發展，目前已轉稱為「曲劇」。

一個外來劇種要能在一個新的空間得到發展，首先，必須要地方化、民族化；其次，不同文藝形式應相容並蓄，相互學習和滲透，才能使藝術向縱深方向發展。

「調子會」是不是我們平時說的「對歌」

「調子」是廣泛流傳於雲南民間的歌謠，用濃郁的地方曲調和方言來演唱，常用相同的曲譜，大都無固定的歌詞，即興發揮，一般不用樂器伴奏。「調子」又被稱為「調」，有的地方叫做「腔」。這類民歌主要在山野、田間，伴隨某種活動演唱，也是男女間傾吐心聲的重要手段。歌手有時會在節慶或

紀念某些傳說中的事件和人物時，聚集在一起，用獨唱、對唱和齊唱來表示他們的心情和隨機應變的藝術才華。其中，對唱比較普遍，有你問我對，我引你接，互問互對，一問多答……形式不一而足。不難看出，這種「調子會」也就是所謂「對歌」的別稱了。下面以昆明附近的兩個「調子會」來做說明。

相傳，每年的農曆六月十九日是觀音菩薩的得道日，照例在滇池西岸的觀音山要舉辦觀音的道場。這一天周邊各縣的善男信女都要來這裡朝山禮佛，從十七日至二十日這幾天中，齋奶在寺裡圍成一圈圈地唱散花調，寺外眾多的青年男女便對調子，甚至徹夜不眠。

另一處在西山區桃園鄉的紅石岩。傳說此前這裡有一對青年男女，因「對調子」情投意合，為了追求幸福，他倆不顧家人的反對離家出逃，在來人追上來時，雙雙捨身撞岩。因此，每到他們殉情這一天，周邊的歌迷和青年男女都到這裡對調子以紀念他們。從發展的角度來看，最初這兩處的對歌聚會全都屬於朝山拜佛或緬懷先人的性質，人們在祈佛赴會之餘，隨意而歌；年輕人為湊熱鬧，男女唱和，互為對答，也是很自然的事。久而久之，這種民俗就傳承下來。現今，雲南各地都有類似的「調子會」，甚至在昆明鬧市區的工人文化宮、翠湖、篆塔公園等地，也有對歌的場面。

當然，對歌中難免出現「問不能答」、「答非所問」的窘境，不過誰也不會計較高低、勝負，換一下內容，引入其他話題，隨著音樂歡快的旋律，大家一笑了之。

雲南洞經音樂知多少

道教有一種常見的法事——齋醮，也即常說的持誦和懺法，在進行這種宗教儀式時，常配有燭燈和音樂的吹打，伴隨著曲調的旋律，信徒們持誦唸經、唱經。這就是洞經音樂最早的由來。

洞經是道藏中的一種，是儒家和道家思想觀念合流的一種特殊曲種，經文都從降乩而來，內容多為三綱五常、四維八德之類。曲牌分讚頌類和咒類兩種。首先，最尊崇的皇經（打洞仙經）據說是文昌帝君筆授；其次是太上

感應篇、孔子孝經及關帝覺世真經，為世人所傳。誦唱洞經可以祈福消災，明心見性。

明代，漢族成了雲南的主體民族，漢族傳統宗教這一音樂文化也就廣為流傳開來，加上雲南各民族音樂的滲透，就形成了雲南獨特的多民族的洞經音樂。從創製到近現代，雲南有 80 多個縣市有洞經音樂的組織機構——洞經會，成員由道士和信徒組成。唱洞經的地方叫「經壇」，壇中設經案，供牌位，陳設富麗堂皇。洞經會裡的人互稱先生，重禮節、戒規，既要有聲嗓，又要長於樂器，方能講習上座。入座時各穿長衫，馬褂，戴紅帽，入壇循序拜神，左右兩側相對一揖，然後就座誦經。

演奏洞經的樂器包括絲竹和打擊樂兩類。絲竹樂有二胡、簫、笛、琵琶、月琴等，稱為「文場」；打擊樂器有鼓磬、鑼、鈸、鐘、碰鈴、木魚等，謂之「武場」。其樂曲有固定的樂譜，每支曲子大多分前奏、間奏、疊尾等段式，唱詞有詩、鼓、贊、頌等腔調，且講究起承轉合與平仄對仗。演奏時間原有定製，即正月初一至初十和六月二十二日至二十五日。清末民初，逐漸與民間音樂相融合，變為深受群眾喜愛並有廣大音樂愛好者參加的群眾文藝活動。目前，在昆明、大理、麗江、保山、建水等旅遊勝地，都可以聆聽到洞經古樸、典雅的演唱。

你瞭解納西古樂嗎

在滇西北麗江市居住著一個少數民族——納西族，這個人口還不到 30 萬的民族卻創造了享譽中外的文化——東巴文化。納西族大都信仰東巴教，東巴經、東巴文（世界保留最古老、最完整的象形文字之一）、東巴古籍（《世界記憶遺產》）、大研鎮東巴文字、東巴壁畫及其納西古樂，處處都閃耀著納西人民的聰明才智。納西古樂隊還應邀到歐洲、美國及中國臺灣、香港、北京、廣州等地舉行了數十場的演奏會，古樂以它特有的魅力，受到了聽眾熱烈的歡迎和普遍的讚譽。

納西古樂由原始歌舞《熱美磋》、東巴音樂、《白沙細樂》、麗江洞經、民間歌舞《喂莫達》《穀氣》等民間音樂組成。

《熱美磋》是氏族社會時期的音樂舞蹈，只能用在長輩過世後的喪葬儀式中。納西語「熱美磋」就是用群體力量驅除飛魔的歌舞，這是一種沒有樂器伴奏的男女混聲唱，男女多聲部的演唱和放學獸步的舞蹈，具有原始藝術的美感，是人類原始音樂的活標本。

東巴音樂是他產生並保留在東巴教的法事和道場儀式中的音樂，由唱腔、樂器和舞蹈三部分音樂組成，唱腔以祭風儀式、開喪儀式和超薦儀式的誦經調較為著名。

《白沙細樂》系納西語「別時謝禮」的意譯，屬大型喪葬歌舞和器樂組曲，包括舞曲、歌曲以及器樂曲牌三部分，其中以器樂演奏為主，有歌舞，卻無打擊樂器伴奏。樂曲由 8 個樂章組成。內容以部落戰爭的悲劇故事貫穿始終，是中國至少有 700 年歷史的大型管絃樂套曲，被譽為「活的音樂化石」。究其來源，有以下三點：其一，忽必烈南征渡金沙江時，得到納西酋長麥良相助，為謝盛情，將樂隊、樂譜之一半相贈；其二，「木氏盛時」，敗普米族入侵，獲勝而作；其三，諸葛亮南征時傳遺之。全曲無樂譜記載，靠師授徒、父教子、口傳心授沿襲至今。

麗江洞經音樂，由篤、大調（經腔）、小調（細樂曲牌）、雜曲、打擊樂、曲牌等幾部組成，它融漢族傳統音樂旋律與納西音樂風格為一體，既保留漢族江南絲竹的清麗韻味，又融合了納西粗獷、豪放的樂曲風格。麗江洞經有譜傳。

《喂莫達》《穀氣》等民間音樂，是納西先民在遊牧、農耕時代產生的民間歌舞。

「納西古樂」是納西族在長期勞動和實踐中創造和吸收外來音樂，不斷地充實豐富，逐步形成並傳承至今的民間音樂。納西人民的婚喪嫁娶、起房壽辰、休閒娛樂都離不開它。整個古樂具有濃郁的民族氣息、古樸的韻味和清雅的風格，魅力享譽中國外。

雲南各民族有關「火把節」的傳說有什麼不同

　　火把節，是彝、白、納西、哈尼等族人民共同的傳統節日，節期為農曆六月二十四日至二十七日間，一天至三天不等。節日活動內容因民族不同而不盡相同，但點火把則無一例外。

　　白族的傳說是：「南詔王皮邏閣邀約五詔首領聚會，鄧淡詔首領之妻慈善夫人勸夫勿往，不聽，乃以鐵饋套於夫臂，皮邏閣火燒松明樓，五詔首領皆被焚死，慈善尋鐵饋得夫屍以歸。皮邏閣聞其賢，欲妻之。慈善禮葬其夫後，閉城自盡，故滇人於是日燃火炬以吊之。」

　　彝族的傳說是這樣的。很久以前，天上凶神來到彝族民間派糧派款，收租催稅，敲詐勒索。為了戰勝凶神，大家推選一位叫阿提拉巴的英雄，同凶神作戰九天九夜，殺死了凶神。天王聞訊大怒，就下令「天蟲」吃莊稼，妄圖把人們餓死。「天蟲」吃了三天三夜，眼見彝家的莊稼就要毀於一旦，於是，彝族的男女老少，人人舉火把燒「天蟲」。火把舉了三天三夜，燒死了大部分「天蟲」，保護了莊稼，奪取了豐收。為了預防它們再次貽害於民，每年「虎丹」時節，彝族人民就高舉火把，這樣年復一年，形成了今天的火把節。

　　而納西族呢，相傳六月二十四日那天傍晚，人們剛從田裡收工回來，突然從廟裡跑出一個小娃娃，攔住人們哭訴道：「專橫殘暴的玉皇大帝忌妒人間的美好，今晚要派天兵天將下來燒燬凡間。你們趕快在門前點起火把，一連點三個晚上，點得越旺越好，這樣用假火瞞過玉皇大帝。」這個小娃娃是被玉皇大帝殺害的掌火天神的心血變成的。善良的人們相信了他的話，就按照他的方法，紛紛點起火把。男女老少都舞起火把，一連三天三夜，火光沖天。玉皇大帝看了三個晚上，看到人間一片火海，才放心地回天宮去了。人們終於躲過了一場劫難。納西人民為了表示對掌火天神的敬意，每到六月二十四日就要紮火把，點火把。

　　每逢火把節，彝族、白族家家戶戶門前都要豎起一個火把，在廣場中央堆砌起一個寶塔形火炬。傍晚，男女老少手持大小火把，隨鑼聲、號角聲彙集於廣場，將火炬點燃。頓時火光沖天，乾柴烈火劈啪作響，與鑼鼓聲、歡呼聲匯成一片，震撼山嶽。納西族的火把節定於農曆六月二十五、二十六、二十七，每一天的火把都要比前一天紮得高大，裝飾漂亮，所有角落都照

遍，人們高舉火把，盡情歌舞，通宵達旦。在不少彝族地區，還舉行賽馬、鬥牛、摔跤、射箭、拔河、打鞦韆等活動。

傣族的潑水節知多少

潑水節為傣曆新年的慶祝活動，一般在陽曆 4 月 13 日~15 日舉行。傳說潑水活動最初是為洗去為人間牟利而設計殺死魔王的 7 位婦女身上的汙血而來，是雲南少數民族節日中影響面最大，參加人數最多的節日。節日一般持續 3~7 天。第一天傣語叫「麥日」，與農曆的除夕相似；第二天傣語叫「惱日」（空日）；第三天是新年，叫「叭網瑪」，這為歲首，人們把這一天視為最美好、最吉祥的日子。節日清晨，傣族男女老少就穿上節日盛裝，挑著清水，先到佛寺浴佛，然後就開始互相潑水，互祝吉祥、幸福、健康。人們一邊翩翩起舞，一邊呼喊「水！水！水！」，鼓鑼之聲響徹雲霄，祝福的水花到處飛濺，場面十分壯觀。

潑水節期間，傣族青年喜歡到林間空地做丟包遊戲。青年男女透過丟包、接包，互相結識。等姑娘有意識地讓小夥子接不著以後，小夥子便將準備好的禮物送給姑娘，雙雙離開眾人，到僻靜處談情說愛去了。

潑水節期間還要進行划龍舟比賽。比賽在瀾滄江上舉行。一組組披紅掛綠的龍舟在「喤喤喤」的鑼聲、「嗨嗨嗨」的呼喊聲和哨子聲中，劈波斬浪，奮勇向前，為節日增添了許多緊張和歡樂的氣氛。

潑水，是潑水節最主要的傳統活動。人們相互潑水，相互祝福。傣家人常說：「一年一度潑水節，看得起誰就潑誰。」潑水時，人人一隻手拿著盛水的小盆、小桶或陶罐，另一隻手用一把花束或綠葉樹枝，不時蘸水灑向自己的親朋好友。潑水也是青年男女交流感情的好時機，人們把一切煩惱、憂傷都用這吉利的聖水沖得乾乾淨淨。歡樂中的人們，也把節日的歡樂和聖水灑向遠方來客和過路人，把友情傳給四面八方的朋友。所以，當傣家人把一小桶吉祥的聖水潑到你身上時，你可不要生氣，那是人家對你真誠的祝福。

大理白族的俗語「三日逛北，四日逛南，五日返家園」是什麼意思

在大理有一句「繞三靈」的俗語：三日逛北，四日逛南，五日返家園。這句話的意思是，繞三靈要過 3 天，以史城喜洲為界。二十三日，過節的人們向北順著蒼山之麓聚集到蒼山五臺峰下的「神都」（慶洞莊的本主廟聖源寺），在這裡祈禱或賽歌，通宵達旦；二十四日，像長蛇陣的人流從「神都」起程，經過喜洲鎮的街道，向南繞到洱海邊的村莊河域，當晚又在這裡的本主廟內祈禱、賽歌；二十五日，人群再繼續沿著洱海前進，繞到大理崇聖寺（佛都）東面的馬久邑本主廟，經過祈禱之後各自歸家，節日就此結束。

繞三靈是大理白族的一個盛大的傳統節日，也是一種富有生活氣息的群眾性歌舞。

每年農曆四月二十三日至二十五日，大理、洱源、賓川、巍山等地的白族群眾，男女老少身著盛裝，從四面八方成群結隊地來到蒼山、洱海之間，參加「繞三靈」。據史籍記載，繞三靈始於唐代南詔時期。在醫藥和醫療極不發達的古代，疾病和死亡經常威脅著白族人民的生命，居住在大理蒼山腳下、洱海周邊的古代白族居民，為了抗禦自然災害和疾病，繁衍後代和生存，寄希望於宗教神靈的保護，繞三靈即是古代蒼洱地區白族人民祈求子嗣和禳災的一種民族宗教祭祀娛樂活動，帶有濃厚的民族宗教色彩。

繞三靈發展到現代，活動內容有了很多變化。參加繞三靈的人員由昔日中老年，發展為白族青少年都參與；由祈求神靈賜福和禳災，發展為集春遊、白族歌舞和娛樂為一體的民俗活動；減去了四月二十二遊城隍廟的行程；白族歌舞除打霸王鞭、唱「花柳曲」和對調子外，還增加了許多傳統的白族歌舞表演，使繞三靈更具地方和民族特色。

你趕過白族的「三月街」嗎

「大理三月好風光，蝴蝶泉邊好梳妝」，每當聽到這優美動人的歌聲，就會使人想起蒼山腳下、洱海之濱的大理白族「三月街」，彷彿已置身於那熱鬧的場景之中。

大理三月街的形成有著悠久的歷史。《白國因由》記載，自唐貞觀年間，觀音制伏大理的惡魔羅剎後，善男信女朔望彙集，「年年三月十五，眾皆聚

集，以蔬食祭之，名曰祭觀音處。後人於此交易，傳為祭觀音街，即今之三月街也」。明代李元陽《雲南通志》一書中記：「觀音市，三月十五日在蒼山下貿易各省之貨……四方聞風，各以貨來也。」

關於三月街的由來，白族民間還有這樣的傳說。大理原是一塊浮萍，底層為水，有大鼇魚常翻身，使地面山崩地裂，百姓苦不堪言，南海觀音為普度眾生，於三月十五日來蒼山中和峰設經棚，講經說法，制伏了鼇魚，使百姓生活安樂。此後，每年三月十五日，佛教信徒講經說法，紀念觀音，人們成群結隊前來趕廟會，年復一年，逐漸發展為「三月街」。

節日期間，大理的「街場」披上了節日的盛裝。場內彩旗林立，帳篷相連，篷內商品琳瑯滿目；來往的車輛川流不息；人群熙來攘往，穿著民族服裝的白族、回族、藏族、彝族、納西族、傣族和漢族等各族人民，潮水般地湧向街場。

街場上，許多工商企業單位展銷的商品就有上萬種，如布匹、絲綢、日用品、五金器材、副食品、土特產、藥材等，豐富多樣，應有盡有，許多商品一天的銷售額就達上萬元。其中，大理本地的石製品是馳名中外的，大到桌面、花盆，小到杯碟器皿，無一不是造型別緻，平滑細膩。每件工藝品都獨具匠心，凝聚著白族人民的智慧。此外，大理的刺繡品無處不在，有佈滿線條圖案的頭巾，也有大紅大綠的繡花布鞋，有織龍織鳳的掛包，更有鴛鴦戲水的圍腰。白族姑娘在勞動中與白族小夥建立了愛情，總是把親手刺繡的物品送給對方，作為定情之物。

「三月街」上，還有許多著名的土特產，如賓川的冷菌、雞山的蜜餞、永平的香菌、雲龍的黑木耳、洱源的乳扇……不僅如此，各種文娛活動也不少，文藝團體在臨時搭建的舞臺上演出滇戲和歌舞節目，有精彩的賽馬、射箭、球賽和棋賽，有航空航海模型表演……豐富多彩的活動，吸引著各族的男女老幼，笑洋溢在每個人的臉上。

雲南少數民族樂器知多少

趣聞雲南

　　雲南是中國民族最多的省份，各民族在自己歷史發展的長河中，都創造了有別於其他民族的音樂文化，雲南擁有種類眾多的、獨特的民族樂器也就不足為怪了。據調查，至今流傳在雲南各民族人民生活中的民間樂器有 200 種，其中打擊樂和吹管樂歷史悠久，品種繁多；彈弦類樂器也有較重要的地位；拉弦類樂器發展較晚。

　　打擊樂器大體分為體鳴和膜鳴兩類。前者有各種木鼓、銅鼓、鈸鑼、鐃鈸等，尤為獨特的是基諾族、佤族的竹筒、竹琴；後者以各種皮革蒙制的象腳鼓、水鼓、雙皮鼓為代表，其中，佤族的竹鼓以豬尿脬或筍葉蒙面。吹管樂器可分為無簧哨吹管、帶哨吹管和簧管三類。無簧哨吹管以笛子為代表；帶哨吹管除嗩吶外，還有彝族的小悶笛（以蟲殼為哨）；簧管樂器流傳最廣，品種眾多，且大都以銅片為簧，比如葫蘆笙、巴烏、葫蘆絲。彈絃樂器中，流傳最廣的是三弦和四弦，以拉祜族的小三弦較為獨特。拉絃樂器有二胡、佤族的獨絃琴、傣族的牛角胡和象腳琴、彝族的三胡等。下面介紹幾種獨特的民族樂器。

　　巴烏流行於紅河州彝族和哈尼族中，為竹管銅簧樂器，直吹，音域八度。此樂器音域不寬，音量也較小，但音色渾厚甜美，無論伴奏、獨奏，都能產生感人的藝術魅力。

　　葫蘆絲流傳於德宏州傣族、阿昌、德昂等民族中，共有高、中、低三種類型，直吹。樂器以葫蘆作音鬥，葫蘆嘴為吹口，上裝有帶舌簧的竹管（1~4根），竹管上開七個音孔，以自然換氣法吹奏，音域九度內，音色柔美迷人。

　　吐良德宏州景頗族常用的樂器，通常有兩根竹管紮結而成，竹管上只有一吹孔，透過吹起的變化和筒孔兩端雙手開合的調節，獲得不同的音階，音域不超過八度，音色明亮、柔和，富山野風味。

　　拉祜族小三弦外形同普通三弦，但以蛤蚧皮或羊皮蒙面，用麥稈粗細的鐵絲做琴弦，以一枚銅幣和一截鐵棒為琴碼。音量雖小但堅實，音色清脆又柔美。

雲南少數民族獨特而又眾多的樂器，是他們聰明才智和技能的展示，透過器樂演奏來抒發生活中的歡樂和悲哀，激發生產的熱情和鬥爭的意志。它們不僅是雲南民族音樂的主體，也是中國民族樂器的寶貴財富。

雲南漢族民歌的特點是什麼

雲南漢族民歌可概括為山歌、小調、勞動歌曲和舞蹈歌曲四大類。

漢族山歌在某些地區叫做「調」或「調子」，也有的叫做「腔」。山歌即所謂「山野之曲」，這類民歌主要在山野、田間演唱，比較自由、舒展、高昂、奔放。民歌多採取對唱的形式，也可獨唱。對唱時因與對方保持一定的距離，為了喚起對方的注意，並激起對方感情上的反應，故往往開始先唱一個漫長的引腔，再唱主要內容。演唱大都無固定歌詞，多系即興發揮，故最能顯示歌手的藝術才華。雲南漢族山歌風格獨特，旋律優美，在中國有較大的影響，如《耍山調》《趕馬調》《小河淌水》（根據南華山歌整理加工）《彌渡山歌》《大河漲潮沙浪沙》等，早已膾炙人口。

小調可叫做生活小曲，數量較大，內容題材亦較廣泛。這類民歌來源較複雜，既有不少明、清小曲，也有許多來自全中國各地的漢族民歌，大都有較固定的傳統唱詞。其風格不如雲南山歌獨特，但仍具有一定的地方色彩。

勞動歌曲大體包括三種類型：一類是伴隨著特定的勞動生產唱的山歌；另一類是在集體勞動過程中，起鼓舞情緒、減輕疲勞、協調動作的勞動號子，通常是一歌眾合，並且有鮮明的勞動節奏和強烈的勞動氣氛；再一類則是一種由專職歌手在田間伴隨勞動過程即興演唱的，演唱曲調多由當地山歌、小調連綴而成。

舞蹈歌曲通常具有鮮明的舞蹈節奏，花燈歌舞中的曲調均屬此類。其中，《十大姐》在中國早已享有盛譽。

中國第一家電影院——水月軒

昆明地處中國的西南邊陲，接觸新鮮事物有些滯後。然而，一個偶然的機會，卻讓電影較早地引進昆明。

清光緒三十年（西元 1904 年），曲溪人蔣楦從家鄉來到昆明，透過勸業道買下了翠湖蓮花寺東南的空地，開設相館，取名水月軒。經初步發展，又兼營照相機、沖洗相片的化學劑、留聲機和測繪儀器等。當他到上海購貨時，看過電影。由於電影與攝影關係密切，他也買了放映機和幾卷影片。回到雲南，最初是自己欣賞，借鑑影片的攝影技術來提高自己的攝影品質，有時也約來一些朋友，大家共同觀賞。

以後，蔣楦接受好友的建議，對外收費放映電影。水月軒當年是兩層樓房，白天樓下是照相顧客的休息廳，晚上就不定期地放映電影。當然，這時的水月軒還不是正規的電影場，影片也只有幾部單純反映風景、車船動態的無聲短片。幾部電影重複地放，日久生厭，看客逐漸稀少，大有「門可羅雀」的情況。

蔣楦透過初期的放映活動，看到經營電影的發展前景。於是在水月軒對面建蓋電影院，並出省選購新的電影。西元 1906 年 2 月，水月軒就專門放映電影，成為中國專門放映電影的第一院，預售坐票，憑券入場的正規電影場出現了。西班牙電影商雷瑪斯在上海創辦的虹口大劇院（電影院）比昆明的水月軒還要晚了一年。

雲南打高爾夫的好去處

高爾夫運動起源於 500 多年前的蘇格蘭。牧民為了度過漫長的放牧時間，揚鞭揮杆將草叢中圓形的石塊打入兔子或其他動物的洞穴，以自己的力量和精確度來互相攀比。以後，這種消遣性的遊戲逐漸演變成集休閒、娛樂、時尚為一體的體育運動。20 世紀 90 年代，高爾夫球、足球和網球成為世界三大體育產業。目前，國際旅遊業由觀光型向休閒渡假型轉變，世界旅遊組織也把高爾夫作為一項活動，高爾夫產業對投資環境的改善，對旅遊與房地產經濟的推動作用越來越明顯。

1984 年，在廣東中山建立了中國第一個高爾夫球俱樂部，20 多年來，中國已有了近 200 家高爾夫球俱樂部。廣東是中國高爾夫運動最活躍的地方，多為本地球客；海南是以入境球客為主；雲南也是打高爾夫球的好地方，雖然這裡標準球場只占全中國總數的 5%，但是世界排行前十的球場，中國有

兩個，且都在雲南。球客主要來自毗鄰大陸的韓國、日本、東南亞和臺灣。主要球場有以下幾個。

陽光高爾夫球場，位於距昆明6公里的崑曲高速公路旁，為山地、丘陵結合型18洞72桿國際標準錦標級球場，屬亞洲一流燈光練習場之一。春城湖畔渡假村，位於昆明宜良湯池鎮陽宗海畔，屬山水配合、松林花卉襯托的「山林球場」。昆明滇池湖畔高爾夫球會，位於昆明市區南8公里處，為18洞72標9洞燈光的都市燈光高爾夫球場，是全年使用的四季球場。昆明鄉村高爾夫俱樂部，位於昆明呈貢縣石安公路旁的洛羊鎮，屬18洞72桿國際標準高爾夫球場。玉龍雪山高爾夫俱樂部，位於麗江玉龍雪山東麓甘海子，地處海拔3100米的山地上，這裡空氣稀薄，地心引力相對小，設計的18洞72桿8548碼的球道長度屬一項世界紀錄，這也是亞洲唯一的雪山球場。此外，大理也還有比較理想的高爾夫球場。上述球場均有體育運動配套設施、交際娛樂場所和高檔渡假酒店。

高爾夫球手總喜歡到不同的球場打球，每個球場的難度、景色、風格都不一樣。雲南大多數地區冬不冷，夏不熱，湖光山色秀美，適宜多種植被和草地的生長。而昆明、大理、麗江球場景觀又有所不同；再加上打球費用較低，球場交通方便，服務周全，對高爾夫愛好者的吸引力就更大了。

昆明人常到哪裡去泡吧

在現代化的城市裡，人們緊張地忙碌了一天、一週後，需要擺脫喧鬧的、快節奏的、機械重複的工作，企求一片寧靜的、有情調的氛圍抑或誘發他們新的激情的場景。於是，能營造虛擬氣氛，讓大家感到輕鬆，使人沉醉的地方誕生了，這就是「酒吧」。在這個空間裡，人們縱橫天下，促膝談心，交流情感，傾吐衷腸；有竊竊私語者，也不乏侃侃闊論的人；你喜歡聆聽音樂，可他卻在引吭高歌……人人都在尋找最適合自己內心情感抒發的方式，以求放鬆。

昆明有各具特色，適合於不同人群需求的各種酒吧，且多呈片區的形式分佈。

　　翠湖周邊這裡綠樹成蔭，碧波蕩漾，不時有紅嘴鷗飛來，增加了一道亮麗的風景。周邊有茶室、酒吧六七十家。著名的有「茴香酒吧」（屬美式，狂野、豪放，又透著精緻）、「聖地淘沙」（優雅溫和，有點中世紀貴族享受的味道）、「青鳥」（地中海式的風格，老道，西餐為主）。

　　文林街和文化巷兩街呈「十字」相交，南臨翠湖，北邊是雲大、雲師大、昆明理工大學等多所高校，巷中有留學生公寓。可以說，這裡是昆明酒吧最早興起的地方，新中國成立前有茶樓，現在各種檔次、各種風味的中西酒吧鱗次櫛比。每天下午、晚上抑或節假日，學生、老外各投所好，雲集這裡，「吧」成了中西文化交融最好的地方。具有特色的酒吧有「阿拉丁」（帶有阿拉伯風情，可以喝到阿拉伯鹹咖啡）、「溢璨」（優雅、浪漫，有外國電視片可供觀賞）、「迦南地」（親切、柔和，牆上多照片和裝飾畫）、「紅白蘭」（老外最為集中的「吧」，其蛋糕美味可口）。

風習雲南

你知道「雲南十八怪」嗎

雲南少數民族眾多，地形複雜，氣候多樣，因而，各地風物景觀各異。久住雲南的本地人，對此早已司空見慣、習以為常了。初來乍到的人們不經意間把這些現象編成了「雲南十八怪」。你有興趣瞭解嗎？

第一怪：雞蛋用草串著賣。老鄉們為了便於買主攜帶所購買的雞蛋，又不被碰壞，便以竹篾或麥草貼著蛋殼編，每個都隔開，10 個為一串，可以掛在牆上。

第二怪：摘下鬥笠當鍋蓋。雲南竹林較多，因此，許多用具都以竹子為原料，而鍋蓋就形似於鬥笠，只是頂略小一點，便於抓拿，而且用此做鍋蓋，透氣保溫，做出來的飯更加清香。

第三怪：三隻蚊子一盤菜。雲南的許多地區，天氣較為炎熱，終年蚊蠅不絕，特別是野地與牲畜圈裡的蚊子個頭都比較大，故誇張說 3 個蚊子一盤菜。

第四怪：火筒能當水煙袋。當地人抽煙所用的煙袋很像吹火筒，只不過吹火筒是往外吹，而它是往裡吸，煙氣經過水過濾，可以減低焦油的濃度，味道更加清涼香醇。

第五怪：粑粑被叫做餌塊。雲南產稻米，特香糯，把大米煮熟春打後，揉製成長條形的半成品，可炒吃、煮吃、蒸著吃，顏色白如雪，像白米粑，當地稱餌塊。

第六怪：背著娃娃談戀愛。少數民族期盼人丁，結婚後數日媳婦便回門了，等有了娃娃再回婆家與丈夫相聚，開始真正地談戀愛。

第七怪：四季服裝同穿戴。雲南地區氣候多變，夏天不熱，冬天不寒，白天和晚上的溫差較大，可以說是冷熱瞬變，在街上四季服飾隨處可見，長的、短的、厚的、薄的，顏色豔麗，絢麗多彩。

第八怪：螞蚱能做下酒菜。雲南許多地區的人都有吃蟲的愛好，變害蟲為佳餚，化昆蟲為美味，所以螞蚱、蝗蟲等，都因為油煎之後焦脆鮮香，而成為美味的下酒菜。

第九怪：姑娘被叫做老太。雲南有些地區口音嬢娘不分，喊姑娘其實就是指姑與嬢，而把姑姑與嬢嬢喊為老太，所以你問姑娘他說老太。喊老太也就是內地人所稱的小姨。

第十怪：和尚可以談戀愛。雲南與幾個信奉佛教的國家接壤，而佛教國家的男子上寺廟當和尚就像內地上學讀書或服兵役一樣，到時還可以還俗，結婚生子，受其影響，邊民也穿和尚服談戀愛。

第十一怪：老太太爬山比猴快。雲南多高山深谷，當地的婦女們從小到老都勤勞無比，爬山越嶺、種地砍柴都習以為常，因此，練就了一身矯健的身板與腳勁，七八十歲的老人登山往往如履平地。

第十二怪：新鞋後面補一塊。少數民族婦女在繡花鞋後面，用布巧做鞋曳，上面繡花精心點綴，既美觀又有擋灰擋泥的實用價值。

第十三怪：汽車還比火車快。由於有許多的高山峽谷，所以雲南境內的鐵路坡度很大、彎道較多，使得火車的速度特慢，形成了火車沒有汽車快的獨特景觀。

第十四怪：腳趾常年都在外。雲南到處崇山峻嶺，行路較不方便，爬山跑路多了會有較多的腳汗，於是就做成淺幫鞋，露出腳趾，使其更加涼爽。

第十五怪：娃娃全由男人帶。雲南的婦女們歷來勤勞，所以很多外面的活都由她們來幹，而男子們相對來說卻比較清閒，大多待在家裡帶孩子。

第十六怪：花生蠶豆數著賣。舊時雲南省民風多淳善，喜歡以物易物，恥言商品交易，故花生蠶豆等物品都數堆賣，人心就是一桿秤。

第十七怪：這邊下雨那邊曬。這句話是用來形容雲南特殊的地理位置與十里不同天的多變氣候的。相差十里便會有不同的天氣景象，而同一座山的兩面也是一面豔陽天，一面雨傾盆。

第十八怪：四個竹鼠一麻袋。山區竹林很多，有繁茂的竹筍。食竹筍的鼠多肥碩，形狀與家鼠有很大差異。用這樣的山珍待客真是賽過雞鵝。

「雲南十八怪」，你說怪不怪？

中藥材三七「生吃」與「熟食」的藥效是相同的嗎

三七，主產於雲南、廣西等地。[Panaxnotoginseng (BurK.) F.H.Chen] 為五加科人參屬植物，是中國特有的名貴中藥材，也是中國最早的藥食同源植物之一，有顯著的活血散淤、消腫定痛功效，具有「金不換」、「南國神草」之美譽。

三七起源於 2.5 億年前第三紀古熱帶的殘餘植物。故其分佈範圍僅侷限於中國西南部海拔 1500~1800 米，北緯 23.5°附近的狹窄地帶，雲南省文山州為其原產地和主產地。據有關文獻記載，三七的使用歷史近 600 年，栽培歷史近 500 年。

清朝醫學著作《本草綱目拾遺》載：「人參補氣第一，三七補血第一，味同而功亦等。」故稱「北參南七」。三七生用有止血、強心、散淤生新、消腫止痛的極好功效，熟用能活血、補血、補虛。「雲南白藥」的主要成分便是三七。用三七做成的食療補品如「三七氣鍋雞」、「三七氣鍋鴿子」等名揚海內外，深受人們的喜愛。三七及三七系列產品暢銷東南亞，並且進入了日本、美國、加拿大等國際市場，是雲南省的傳統出口商品，在昆明的中成藥店及各大百貨商場均有出售。店鋪不僅有加工後的三七乾燥根，還有方便服用的生、熟之三七粉、三七片、三七丹參茶、三七雞精、三七花等。

你在服用三七時，可要分清「生吃」、「熟食」的藥效啊！

白族婦女頭飾的「風花雪月」、納西族婦女的「七星披肩」各有何象徵意義

服飾隨著歲月的流逝，總在不斷地變更。過去白族服飾崇尚簡潔明快的風格，現在為適應審美的需要，不斷向五彩繽紛、色調豐富的方面發展。最突出的是金花頭飾的創新，這一頂漂亮的頭飾囊括了大理「上關花、下關風、蒼山雪、洱海月」的優美景緻。那髮辮下盤著的繡花頭巾，猶如盛開在山頂

的山茶、杜鵑，代表大理四季盛開的鮮花；頭巾一側垂下雪白的纓穗飄飄灑灑，象徵著終年吹拂的下關風；而繡花頭帕上精心梳理出茂密雪白的絨毛，形象地表現了蒼山頂上那冰清玉潔、經夏不消的皚皚白雪；美麗的髮辮似一輪彎彎的月兒掛在花海之中，象徵洱海上空升起的一輪明月。從這充滿濃郁文化內涵和美好寓意的頭飾，我們不難看出白族人民極具智慧的審美情趣和對家鄉、對大自然的無比熱愛。白族婦女的服飾也與時俱進，有了較大的改革、創新與發展。

要說起麗江納西人的「七星披肩」，真可謂麗江一道獨特的風景呢。

七星披肩，納西語稱為「優軛」，其羊皮上部剪成四方形，底邊近似大括弧。冬天寒冷時羊毛朝內，夏天天熱時則羊皮光面朝內。羊皮上部綴以長方形的粗毛呢襯布，蓋住了近三分之一的羊皮面，稱為羊皮頸。上部邊沿，縫有一對繡有蝴蝶紋的白布長帶，用於將羊皮系在身上，即背帶。納西人較早的披肩上，在羊皮頸的上部，左右對稱各綴著一個直徑約 5 吋的圓盤，圓盤上用彩色絲線繡有各種圖案。在羊皮頸的下部，綴有 7 盤直徑約 3 吋，仍繡有彩色圖案的小圓盤飾物，每一小圓盤的中心各吊兩面三刀條麂皮細線，共有 14 條，稱「優軛崩」，即羊皮須。

在納西人七星披肩的羊皮之上有兩枚較大的圓盤，分別代表日和月，而 7 枚稍小的圓盤代表 7 顆星星，象徵著納西婦女「肩擔日月，背負繁星」，以頌揚納西族婦女辛勤勞作之美德，由 7 枚小圓盤中心下吊的 14 根麂皮細線，則表示日月星辰放射出的萬丈光芒，給人間帶來光明與溫暖。

為什麼說雲南是「動植物的王國」

雲南植物具有種類豐富、類型齊全、水準分佈複雜、垂直地帶性明顯等特點。其中，豐富眾多的植物種類，是中國任何省區都不能相比的。

在這塊神奇的土地上，集中了熱帶、亞熱帶、溫帶甚至寒帶植物的大部分品種。在全中國 3 萬多種高等植物中，雲南有 1.7 萬種，占全中國高等植物總數的 62.9%；森林覆蓋率已經近 50%，林業用地面積居全中國第二；屬於國家級保護植物多達 59 種。有號稱「活化石」的桫欏、蘇鐵、珙桐、銀杏等；

有高達 70 余米的望天樹，有直徑超過 3.7 米、活了 4500 年的冷杉；有目前全中國最大的四蘗木大板根，該樹高 41.5 米，14 塊板根呈輻射狀延伸，占地 286 平方米，板翼高 8 米，最長板翼達 15 米；有落水會沉的鐵力木……黑黃檀、楠木、紫柚木是做樂器的貴重木材，楸木、樟木、雲杉等適宜制高檔傢俱。經濟林木如茶、橡膠、咖啡、油茶、核桃等都已規模化生產；木耳、竹蓀、松茸等菌類遍佈山林。

雲南生長著 2000 多種中草藥，可供造中成藥原料 400 多種，有的是非常珍貴的藥材，如抗癌的美登木、治心臟病的黃花夾竹桃、醫高血壓的蘿芙木、活血化淤並能滋補強壯的三七……其他如天麻、蟲草、當歸都是名貴藥材，稱得上是「藥物寶庫」。另外，雲南有香料植物 400 多種，有調味的八角、草果、胡椒，也有提取名貴香料的龍腦香、素馨、香草、依蘭香等，難怪人們又稱雲南是「香料之鄉」。全省有 2100 多種觀賞植物，野生花卉達 2500 餘種。其中，僅杜鵑花就有 300 個品種，茶花也有上百種。歐美各國庭院中的許多名貴花木，如杜鵑、山茶、珙桐、報春、百合等，大都源生雲南，因此，雲南享有「世界花園」的美譽。

在起伏的山巒上，濃密的森林中，寧靜的水面下，還棲息著眾多的動物。雲南共有陸棲脊椎動物 1366 種，占全中國總數的 57.3%；有國家級重點保護野生動物 164 種（其中，一級 44 種，二級 120 種），占全中國總數的 63.8%。各類動物的種類和在中國所占比例分別為，獸類 300 種，占 51%；鳥類 793 種，占 63.7%；爬行類 143 種，占 37.6%；淡水魚 366 種，占 45.7%；兩棲類 102 種，占 46%；昆蟲類占 60% 以上。這些動物中，滇金絲猴、亞洲象、野牛、白眉長臂猿、扭角羚、黑麝、紅斑羚、灰頭鸚鵡等，在中國為雲南所特有，其他還有小熊貓、孔雀、懶猴、太陽鳥等一些稀有動物。它們既有科學研究價值，又有觀賞和經濟價值；有的還可以做藥材，而紫膠蟲、白蠟蟲等又是重要的自然資源。

雲南地質的演變和獨特的地理環境，為動植物的孕育、保存、繁衍和發展，提供了得天獨厚的條件。雲南不愧是「動植物的王國」。

世界竹類的故鄉在哪裡

　　竹，花中「四君子」之一，名列「歲寒三友」之中。北宋大文學家蘇軾曾云：「寧可食無肉，不可居無竹。」由此可見，自古以來，人們對竹的讚譽和文人墨客對它的鍾情。然而，說到竹的起源、種類和分佈，雲南堪稱世界之「最」了。在自然界有 1000 多種竹，主要集中在東南亞熱帶和亞熱帶地區，中國約有 37 屬 400 餘種，而雲南的竹亞科植物至少有 28 屬 220 種以上，分別占世界屬、種總數的 40% 和 25%，為中國屬、種總數的 75% 和 55%。

　　雲南竹類的「特」，可謂世界罕見。在滇西南的阿佤山區有世界最高大的「巨龍竹」，高 30 余米，胸徑 30 公分以上。滇南熱帶地區廣佈叢生狀的「龍竹」，每株重達 50~80 千克。瀾滄江下游有一片面積 500 平方公里、中國連片面積最大的「黃竹」群落。竹子開花難遇，鮮豔之花更奇。滇西高黎貢山上的「針麻竹」是世界珍稀瀕危竹種，為藤本狀，竿特長，節間 120 公分，花紫紅色，大型頭狀花序。「黎藤竹」竿細長，攀附其他喬木上，果實如核桃般大小。滇東北的「筇竹」節膨大隆起，亭亭玉立，是有名的觀賞竹。「箭竹」的竹筍，是佳餚名菜。

　　雲南這塊紅土地不僅孕育著眾多的植物種群，而且也有利於外來植物的移植和馴化。在「昆明世博園」的竹園中，竹的種類多達 310 多種。這裡有世界最小的「翠竹」，高只有 10 公分；竹葉只有幾毫米長的「觀音竹」；竹節最短的「佛肚竹」；竹壁最厚達 4 公分的「麻竹」；竹壁最薄的「小簿竹」……

　　竹在人們日常生活和生產中廣為應用，同時也是居家庭院和園林中的觀賞植物，比如佛肚竹、人面竹、紫竹、黃金間碧玉等。雲南各族人民在長期實踐中，形成了用竹的傳統習俗，他們住竹樓、食竹筍、戴竹笠、燒竹薪、架竹橋、做竹筏、制竹籠、編竹籃、竹筒飯、竹筒酒、竹煙筒……這一切絢麗多姿的「竹义化」，都是奠定在竹類的故鄉——雲南，雲南最豐富的生物資源為竹文化的發展打下了堅實的基礎。

　　遊客從雲南帶走最多的禮物有哪些

　　雲南秀美綺麗的風光，樸質獨特的景色，濃郁神奇的民族風情，常令中外遊客嚮往、矚目和回味。購買當地的土特產品，表示自己「到此一遊」，以作紀念抑或餽贈親友，已成為遊客的一種時尚。那麼，遊客從雲南帶走最多的禮物是什麼呢？

　　首先是綠色生態型商品，包括鮮花、茶葉、菌類、竹筍、果脯。其次是少數民族工藝品，有藏飾、納西面具、麗江披肩及傣族、撒尼人和白族的服裝。再次，就是翡翠、玉石、水晶、銀器飾件，當然也少不了名牌香煙。遊客普遍認為，雲南的旅遊商品貨真價實，比較便宜。

　　那麼，什麼是遊客最喜歡、購買最多的商品呢？鮮花！姹紫嫣紅而又千姿百態的花卉，已成為人們崇尚生命、表達美好願望、追求高雅文明生活的象徵。雲南有野生花卉2500多種，其中草本花卉有1000餘種。錯綜複雜的地形、立體氣候和良好的生態環境，為名花的生長、栽培、引種、移植創造了條件，長期以來培育出了一大批優良品種，為鮮花產業的發展打下了良好的基礎。目前已形成了以麗江、香格里拉（溫帶球根類花卉），昆明、玉溪（亞熱帶花卉），景洪、元江（熱帶花卉）三大生產基地，生產面積達107平方公里以上，鮮花產量30多億枝，產量居全中國之首。

　　花卉麗色馨香，美姿妍態，具有無限的神韻和靈性，它不僅是旅遊中重要的觀賞和品味的物件，而且也是遊客從雲南帶走的旅遊紀念品。不論在機場，還是在車站，返鄉遊客的行李中，都可以看到康乃馨、月季、玫瑰、香石竹、唐菖蒲、馬蹄蓮、滿天星、非洲菊、紫羅蘭、石竹、百合……琳瑯滿目，令人眼花繚亂。用遊客的話來說，鮮花，作為禮物，既實惠又不落入俗套。

　　雲南煙的由來及其在全中國煙草行業中的地位

　　據資料記載，煙草是明代萬曆年間自菲律賓呂宋傳入中國的，始種於福建莆田，後又傳入內地。然而，中國近現代煙草工業的崛起卻是在雲南，1953年在河南省許昌召開的國際煙草會議上，雲南烤煙以「色澤金黃、香氣濃郁、勁頭適中、吃味醇和」而一舉成名。外地人籠統地把雲南生產的「兩煙」（烤煙和捲煙）都叫「雲煙」。

　　「雲煙」並非是雲南土生土長的品種。西方捲煙工業出現後，1914 年，美國烤煙的品種開始移植到雲南，在這塊自然地理環境奇異的紅土地上，找到了一塊適宜它生長的土壤；1939 年，「南洋兄弟煙草公司」在雲南蒙自試種，美國「金元」品種成功；1941 年，又從河南、山東引進「金元」和其他美國煙種，在昆明、富民試種，並推廣到玉溪等地；同時，又從美國「非利──莫爾斯種子公司」引進原種，植於富民，隨即在滇中 14 縣得到擴展，到 1948 年，烤煙種植面積達約 21333 平方米。由於煙種來自美國，今天玉溪等地區的老人把「金元」叫做「美煙」。

　　優良的烤煙，為發展捲煙工業提供了物質基礎。1922 年，庾晉侯在昆明成立了亞細亞煙草公司，生產「重九」、「公園」、「大觀樓」等牌號香煙。到 1949 年，雲南先後有 48 家煙廠和一家煙葉複烤廠。

　　目前，雲南烤煙品質優良，煙葉油潤豐滿，色澤金黃，組織細膩，彈性強，煙鹼含量適中，含糖量高，燃燒性好，清香撲鼻，煙味醇和。在 1995 年全中國烤煙品質評比中，名列榜首，馳名中外。1998 年，在全中國 13 種名優煙中，雲南占 9 種：玉溪捲煙廠的紅塔山、玉溪、恭賀新禧、阿詩瑪，昆明捲煙廠的雲煙、紅山茶、茶花、大重九，曲靖捲煙廠的石林。「兩煙」產量雄踞全中國第一。

　　中國「有色金屬的王國」在哪裡

　　所謂「有色金屬」，是指除「黑色金屬」（如鐵、錳、鈦、鉻、釩等）外其他金屬的總稱。若論有色金屬的種類、儲量和開採的歷史，雲南堪稱全中國之最了。因而，雲南具有「有色金屬王國」的稱號。

　　雲南青銅冶煉歷史悠久，商代就已開始製造和使用青銅器，今天河南省安陽市商代婦好墓中出土的青銅器，其部分礦料就來自雲南。經戰國至西漢，雲南青銅文化達鼎盛時期，目前出土的享譽中外的青銅珍品，充分反映了雲南先民開採歷史的久遠，在冶煉、鑄造、鐫刻加工方面的高超技藝；同時，也告訴我們雲南有著豐富的銅礦資源。漢代，雲南金、銀、錫的礦冶也達到相當水準，東川所冶銅洗聞名天下，昭通銀的品質和價格為全中國之冠。元、明、清時期，封建統治者大規模地向雲南移民，內地漢族帶來了先進的生產

工具和技術，有色金屬的冶煉盛極一時，銀、銅、錫的產量居全中國首位。乾隆年間，個舊礦區有礦工十幾萬人，東川礦區年產粗銅 6500 噸左右，為全中國鑄幣銅的主要產地。正所謂「江南八省所產，不敵雲南之半」。

目前，全中國已發現的 168 種礦產中，雲南已有 142 種。其中，有色金屬是雲南的優勢礦產，論儲量，鉛、鋅、錫居全中國第一，貴金屬銦、鉈、鎘居全中國之冠；銀、鍺、鉑居全中國第二；銅、鎳、鈷居第三；銻第四；含稀有元素鈹等共生礦的保有量也名列前茅，若綜合開發利用，伴生金屬的價值相當於主礦的一半。

雲南位於喜馬拉雅成礦帶上，在不同的地質歷史演變過程中，不同地區地殼的地層系統、構造格局、岩漿活動和變質作用，各具特點。複雜的地質現象和優越的成礦條件，為雲南眾多礦產資源的形成奠定了基礎。最近發現的香格里拉縣普朗銅金屬帶、昭通地區的鉛鋅礦，將成為新的有色金屬資源基地。

你知道雲南的斑銅工藝品嗎

何為斑銅呢？斑銅因其顏色似古銅又略顯赤色，其間閃爍深藍、紫、黑、赤等色的「花斑」，故名斑銅。它是中國獨有的金屬工藝品，至今已有 200 多年的歷史了。

斑銅製品分為「生斑」和「熟斑」兩種。生斑，即採取天然銅礦石加工而成，由於斑礦罕見，原料難得，產品甚少，被稱為稀世珍品。熟斑，透過特殊的冶煉熔鑄加工而成，工藝雖複雜，但產品較為豐富。從生活取材的珍禽異獸、花卉山水、花瓶香爐，個個富麗典雅；從神話中吸取營養的仙瓊玉閣、壽翁玉女、歷史名人，無不神采飛揚；仿青銅、古銅製作的酒爵、牛虎案，無不古香古色，惟妙惟肖。斑銅工藝以其獨特的風姿，蜚聲海內外。其中，「九龍鼎」斑銅工藝品，曾在國際「萬國賽會」上獲過大獎。

斑銅工藝品造型優美，渾厚穩重，典雅大方，外觀呈現天然斑銅礦石的瑰麗色彩，紅中透斑，金黃交錯，極富變化，風格獨特。「妙在有斑」、「貴

在渾厚、純樸」，用斑銅工藝品陳設廳堂，裝飾居室，沉實穩重，古樸雅緻，給人以很好的藝術享受。

個舊錫製工藝品有哪些優點

雲南錫礦蘊藏豐富，開採歷史悠久。滇南的個舊市號稱中國的「錫都」，這裡製作錫製工藝品的歷史已達 300 多年了。

錫製工藝品是採用高純度的精錫，經過熔化、壓片、裁料、造型、刮光、裝接、擦亮、裝飾雕刻等複雜的工序，精心製作而成。它具有耐酸、耐鹼、無毒、無味、不鏽、防腐的特點，不僅外表精美，銀亮如鏡，而且盛裝食物可久不變質、變味。特別是用錫製酒具斟酒，夏季清醇爽口，冬天酒溫不涼，深受酒友喜愛。

隨著生產技術水準的提高，錫製工藝品的產品日臻完美，巨細皆備。既有精巧適用的酒具、茶罐、燭臺、化妝品盒等日常生活器皿，又有造型美觀的藝術品，如蓮花燈、香爐、仕女、佛像等，裝飾悅目。此外，藝人們以中國傳統浮雕鏤空技術精心加工，圖案上的山水花草、鳥獸魚蟲，栩栩如生，情趣盎然，宛如傳統的國畫。1981 年，藝人們用雕模澆鑄和銲接等技法，創造出新產品──錫畫。錫畫造型生動活潑，結構精巧而樸實，在各種彩絨的襯托下，銀白色的錫製主題光彩熠熠，生機勃勃，更加誘人矚目。如象徵美滿愉快的游龍戲鳳，古樸素雅的高山流水，福壽呈祥的松鶴延年，清靜和諧的鳥語花香。此外，還有石林、龍門、大觀樓等山水名勝的產品……用於室內裝飾，家居生輝，別具一格。

正在崛起的雲南支柱產業──電力工業

雲南的地勢是西北高東南低。第三紀以來，由於新構造運動強烈，地殼一直處在不等量的抬升過程中；同時，雲南降水充沛，致使河流的下蝕作用加強。因此，地表的傾斜不是均勻的，而是成階梯狀下降，形成大尺度緩、小尺度陡的多級階梯。在每級階梯轉折的陡坎處，河床的比降大，這就為雲南發展水電產業提供了物質基礎。

　　雲南水能資源的理論蘊藏量僅次於西藏、四川，居全中國第三，而可開發的裝機容量則為全中國第二位，達 9000 多萬千瓦。82.5% 的水能資源集中在金沙江、瀾滄江和怒江三大水繫上。目前，在金沙江上將興建 4 座電站，總裝機容量為 3850 萬千瓦，超過兩個三峽工程。其中，在建的有溪洛渡電站（裝機 1260 萬千瓦）和向家壩電站（裝機 600 萬千瓦），在勘測中的有烏東德電站（裝機 740 萬千瓦）、白鶴灘電站（裝機 1250 萬千瓦）。瀾滄江上已建成的大型電站有漫灣（裝機 125 萬千瓦）和大朝山（裝機 135 萬千瓦），在建設中的有小灣電站（裝機 420 萬千瓦）。怒江上擬建 11 個梯級電站，六庫電站已在建設中（裝機 18 萬千瓦）。另外，雲南的煤炭蘊藏開發條件好，在開遠、曲靖、昆明等地發展有火電工業。

　　在雲南的電力工業中，創造了眾多的「最」。中國第一座水電站是建於 1912 年雲南螳螂川上的石龍壩水電站。小灣水電站壩高 292 米，是當今世界第一高壩。雲廣特高壓（電壓等級為 ±800 千伏）超過目前世界最高電壓等級 ±600 千伏，將成為雲電送粵的主要通道，它減少了長距離輸電的損耗，提高了送電的規模和安全性。中國第一組實用型超導電纜並網建在昆明普吉變電站。

　　你知道建水陶器有別於其他名陶的特點嗎

　　建水陶瓷器的生產已有 900 多年的歷史了，據考證，「宋有青瓷，元有青花瓷，明有粗陶，清有紫陶。」其中元明時期，建水曾是全中國第二大青花瓷產地，現在這裡以生產紫陶聞名中外。有的紫砂器皿可作美術珍品，陳設於書齋客廳之中，有的卻是典雅實用的餐具，能夠烹製出美味佳餚。之所以成為名陶，是因為它本身具有不同於其他陶器的特色。

　　建水陶器選用當地特有的紅、黃、青、白、紫五色陶土為原料，經選配，陶土泡水攪漿過濾後，沉澱為半幹的陶泥，制坯成形，再繪描、雕嵌、燒製而成。特別需要強調的是裝飾上的雕填技術。陶坯半幹成形後，將選擇好的山水、花卉、名字名句等圖案，繪在半成品的泥坯上，再按圖、字雕刻，在凹處嵌上其他顏色的陶土，再燒製、磨光，使其與陶坯混為一體，圖案清晰。在製作技術上高超的地方，也是最困難所在，就是怎樣保證單陶坯和嵌填的

泥，在燒製、打磨後不脫離。在這一點上，制陶藝人們展現了高超的才技。經過精細打磨後的產品，達到「明如水、亮如鏡，光鑒照人」的境地。外表造型優美，古樸典雅；圖案既有粗獷豪放的書法，又有寫意的圖畫和民族民間圖案，被人們讚譽為「陶具一秀」。1912 年，在巴拿馬國際博覽會上獲工藝美術獎。

氣鍋雞是雲南享譽中外的風味名菜，製作該菜的關鍵在於氣鍋。清光緒二十七年（西元 1901 年），建水知縣離任時，設計出「燉雞甌」送給他在建水共事多年的師爺，師爺把它拿給土陶專家王永清、何池生仿製，後由向逢春一家對「燉雞甌」又進行改進，採取無釉磨光，空心雕書畫，補白泥，燒製成形。其獨到之處在於，氣鍋底部中央有一開孔向上的氣嘴，水蒸氣就順著氣嘴上升，再下溢氣鍋底部，將雞塊蒸熟，做到原汁原味，湯鮮味純。建水氣鍋具有「體如鐵石，聲如磬鳴」，造型優美典雅的特點，設計上獨具匠心，稱得上建水陶器中的精品。

「永昌之棋甲天下」的「棋」是指什麼而言

棋琴書畫是中國古老的藝術，它不僅需要人們有高超的文化素養和技藝，而且十分講究使用精美器具。雲南生產圍棋子的歷史悠久，產地較多。早年，以永昌府（今保山市）生產的棋子品質最好，故《明一統志》稱「永昌之棋甲天下」。

永昌生產的圍棋子名「永子」，又稱「雲子」。關於「雲子」的由來，民間有這樣的傳說，相傳呂洞賓來到永昌時，在龍泉池旁的塔盤山下，見到一個孝敬母親的貧苦農民，為了賙濟他，就教他用當地盛產的瑪瑙和琥珀，加以鉛硝、藥料，合而鍛造出圍棋子以此出售為生，從此，圍棋子傳播於世。據記載，「永子」始於唐宋，盛於明清，為達官貴人、文人雅士厚愛，也是敬獻皇帝的貢品。

「永子」質地細膩玉潤，堅而不脆，沉而不滑；柔不透，圓不櫓；色澤柔和，光不刺目，呈半透明狀，平放棋盤之上，黑白分明，適宜弈者觀看和思考。白子潔白似玉，潤而發光，色如嫩芽，晶瑩可愛；黑子烏里透碧，周

邊有一碧綠的光環，略透藍光。「永子」看似天然玉石思索而成，著盤鏗鏘，重扣不碎；手撫舒適，冬暖夏涼，弈者妙趣無窮。這就是它「甲天下」的原因。

「永子」的生產配方和燒製工藝，為各家世代密傳，世故多變，逐漸失傳。1974年，經對「永子」化學成分的測試和研究，幾經加工實驗，試製成功。新的圍棋子，除具原「永子」特點外，在色澤和堅固程度方面，略優於老「永子」。

「永子」曾多次榮獲省部優產品的稱號及全中國優秀旅遊紀念品一等獎，深受中外棋壇高手的鍾愛。中國領導人曾將其作為禮品贈給英國女王伊莉莎白二世、日本前首相中曾根等國家領導人。

各類大理石的妙用何在

大理石是由碳酸鹽類岩石經過重結晶作用變質而成，屬於變質岩。雲南大理蒼山十九峰下均有蘊藏，遠在南詔國以前就已開採，大理國時遐邇聞名，故名大理石。它石質細膩，花紋美觀，色彩絢麗多變，經過打磨，光滑如脂，顯示出千姿百態的圖案，既是一種上等的建築裝飾材料，又可製作各種精美的工藝品。蒼山大理石大體可分為「彩花石」、「雲灰石」、「漢白玉」三類，各有各的妙用。

彩花石它以白色底板上展現多姿多彩的花紋為特點，石紋奇幻。經打磨後，呈現天然山川、蒼松飛瀑、雲蒸霞蔚……猶如幅幅令人叫絕的國畫。值得稱道的是，大理石工藝與劍川木雕相結合，鑲石於桌面、椅背，製成石木合璧的傢俱陳設於屋內，嵌石成屏懸掛在堂中，整個居室風韻別緻，生機盎然。難怪徐霞客遊大理後寫道：「從此丹青一家皆為俗筆，而畫苑可廢矣。」

雲灰石是白色底板上呈現黑灰色雲水狀花紋而得名的大理石。此石摸之若濕，圖似水波蕩漾，亦名水花石。由於雲灰石石質細膩，色澤美觀，是優良的建築用石材。不僅用在宏偉壯觀的殿堂樓閣、精巧的園林亭臺、賓館家居的裝飾上，也常用來立雕動物、浮雕欄杆和橫置的屏風。此外，也廣泛用於製作工藝品，有條屏、筆筒、鎮紙、花瓶、石臼、酒杯等，品種琳瑯滿目。

漢白玉它是晶瑩潔白的大理石，色白純潔，內含閃光晶體，給人一塵不染和莊嚴肅穆的美感。

現陳設在北京人民大會堂雲南廳的彩花石屏風，天然地顯示了蒼山雲海、江河奔流的畫面。陳列在大理石廠的「蒼洱大觀」座屏，精美地再現了銀蒼玉洱、風花雪月的大理四景。這兩件作品可稱為大理石製品的稀世之寶。

雲南少數民族的婚俗趣聞知多少

雲南民族眾多，歷史上所形成的婚姻習俗也是豐富多彩的。

各民族的婚姻基本上是一夫一妻制，但聚居在川滇交界處的寧蒗縣永寧摩梭人（屬納西族的支系）和一部分的普米族，母系制，實行「男不娶，女不嫁」對偶婚俗，男方只要徵得女方的同意，晚上就可到女方家同宿，雙方都不受約束。

多數民族實行血緣外婚制，但獨龍族則普遍實行「非等輩婚」，即在固定婚姻集團內的嫁娶，可不考慮年齡大小和輩分長幼，親姐妹可分嫁另一家父子。普米、景頗、納西、白、傈僳等民族，實行姑表、姨表優先婚。

兒女婚事，有的民族由父母包辦，有的自由戀愛，擇姻方式頗有奇趣。傣族常用「串姑娘」、「丟包」的方式來表明自己的心意。基諾族用吹樹葉約會情人，雙方對唱情歌，相愛即可同居，等生下第一個小孩再舉行婚禮。滄源的佤族則是以搶姑娘的項圈或手鐲來示愛，3天後被搶姑娘不來索取，即可稟告父母後完婚。拉祜族的男方則以搶女方頭巾來選對象，送煙草、蘆子等作為定情物。德昂族「背簍擇婚」則是姑娘在收到多個小夥送來的背水簍中，挑選哪個作為自己背水用，送這背簍的小夥就是佳婿了。

訂婚多同漢族，一般請媒人送酒、糖等禮物。普米族男女兩家都向對方贈送一半留另一半豬心，兩半合一，以示「永結同心」。婚禮多在秋收後至春耕前舉行。傣族接親，沿途要鳴槍驅邪，進門後，由老人將彩色絲線拴在新人手腕上，行拴線禮。香格里拉藏族結婚時，要給新人潑得通身透濕，表示婚後感情像泉水潔淨常流。

有的民族還有婚後「從妻居」的習俗。拉祜族的新郎要到妻方居住3年後再自立門戶，以示對岳父母的酬答。布朗族的新郎不僅在妻家住3年，待生育了子女後，還要舉行一次婚禮，才能接妻子回男家居住。怒族的婚禮就更為奇特，夫妻雙方共同生活數十年，直到年逾40歲，兒女成行才舉行婚禮。

有的民族還有搶婚的習俗。幾個景頗族小夥兒共同愛一個姑娘，於是某個男人搶先下手，強搶為妻，其後再請媒人周旋，重付聘金了結。不滿包辦婚姻的彝族姑娘自尋真愛時，男方即刻搶婚。以上是「真搶」，還有「假搶」。在傣、佤、哈尼族中，男女相愛如遇阻力，雙方商議、約好，待女方到達預約地點，男方的親朋搶女回家，姑娘佯呼假叫，最後男方請人圓場了之。

婚俗隨歷史的發展在變化。新中國成立後，各民族在不斷革除婚姻中一些陳舊落後的習俗，婚事新辦、文明進步的風尚正在不斷弘揚。

蠟染和紮染紡織品有什麼不同

蠟染是採用防染技術對織物染色的一種方法，此法源於中國，今天保存的最古老的蠟染實物為東漢的蠟染花布。宋代以後逐漸被新興的發展較快的印花技術排擠，失去了往日的顯赫。然而，由於西南邊疆地區，印染的原材料（靛、蜂蠟）容易獲取，加上特有的民族審美情趣，這一技術在中國西南的苗、瑤、壯、布依等民族中保留下來。

蠟染特別適宜染棉麻類織物。操作的技藝是這樣的，將蜂蠟加入適量的松脂（可增加蠟與棉麻織物的黏合性）放入蠟鍋，加微火使其熔化。用銅製的蠟刀蘸熔蠟在織物上按設計好的圖案上畫線，用竹籤繪點和彎鉤，得到具有花卉、樹木、人物等圖形的描蠟樣。染色的染料為靛（一種可以在自家庭院中種植的蘭草），把繪好蠟紋的織物浸入靛液中，反覆浸染數遍，晾乾，使靛染氧化穩定，再用熱水一燙，蠟被熱熔浮起，便得到織物原色的紋飾織物。染色的方法有單色染和複色染。單色染又有繃挺浸染和鬆弛冷凍入染之分，前者圖案古樸，色彩鮮明；後者生動活潑，趣味盎然。複色染是採用多次封蠟，每封一次就染一種不同的顏色，色彩豐富，加強了藝術效果。常用作服飾、壁掛、桌木、床罩等。

紮染又稱紮纈、撮纈和絞纈。從紮、撮、絞的技術動作來看，它與打結的關係十分密切。紮是用針來縫，是用手工操作的一種防染方法。紮染技藝源遠流長，早在西元 4 世紀就已運用，唐代發展到較高水準，北宋時印染技術興起，加上政府明令官辦作坊不生產紮染製品，紮染就流傳到民間，特別是雲南大理、巍山等地的少數民族中，以家庭作坊的形式生產。

紮染從紮制到入染全繫手工操作。先使用鋼針和紮線，用紮、縫、綴、串、捆等技法，使織物按設計的紋樣重疊、串聯、合併起來，撮成結狀和球形，將結紮好的織物入染。因結紮的織物部分緊實，染液不能正常滲透，使得結紮和未結紮部分產生色差，形成深淺不一、對比強烈的圖案。此外，在織物毛細作用下，在圖案周圍又會產生藝術化的色暈。這樣的圖案，拙中見巧，自然天成，色調柔和，層次豐富，有極好的觀賞價值和感染力。常用在絲棉織物上，以藍靛做染料，圖案多取材於蜜蜂、蝴蝶、梅花等動植物。

蠟染和紮染都是手工藝品，土鄉土色，帶有濃郁的民族特點，是非常暢銷的旅遊商品。

石林地區撒尼人刺繡品的特色是什麼

當你步入石林風景區時，一個個身著「阿詩瑪」服飾的導遊小姐，她們衣著上的每一塊點綴物都是精美的工藝品，絢麗多彩、令人眼花繚亂的圖案，都是撒尼婦女製作的刺繡佳作。

撒尼人是彝族的一個支系，幾百年來，在大自然賦予石林神韻的薰陶下，撒尼婦女以智慧的心靈和嫻熟的巧手，構製出一幅幅精緻的刺繡佳品，有規則中不規則，不規則中有規則，達到「不齊之齊」的和諧美。其特點有三。第一，物象突出，色彩豔麗。圖案題材廣泛，源於自然，來自生活，透過對自然景物、日月山川、飛禽走獸、花鳥魚蟲的觀察、揣摩，產生了構圖、線條、顏色、節奏方面的靈感，在挑選中以自然景物為素材，經過模擬、概括，使之規則化、抽象化、藝術化，從而再現了自然與生活。第二，藝術感強。撒尼刺繡結構完整，工藝精細，紋理清晰，圖案豐富而又單純，錯雜而又有序；參差又顯得整齊，多彩又透出淡雅，在變化中求得統一。第三，撒尼刺繡為手工製作，經久耐用。刺繡是一項手工藝術，手法有挑、繡、摳、納等，針

針線線，緊緊相扣，制物的耐磨性大大加強。姑娘從小就繼承了長輩的技藝，並把能否刺繡作為衡量婦女才能的「試金石」，姑娘把自己繡出的刺繡品作為送給戀人的禮物。

在沿石林湖的「撒尼一條街」上，佈滿了琳瑯滿目的撒尼刺繡品，傳統的手工產品有衣服、包頭、圍腰、掛包、傘套等；也有用機器製作、具有現代特徵的沙發巾、壁掛、背心、錢包等物，這些工藝精湛、民族色彩濃郁、觀賞價值高的產品，頗受中外遊客的青睞。

雲南錦和筒帕知多少

傣錦是雲南傣族一種傳統的民間織錦，傣家婦女人人會織。傣錦以單色棉紗為經，五色絲線為緯，用木機織成。產在西雙版納的傣錦，多用白色或淺色為底色，以動植物、建築、人物為題材，顯得圖案活潑，色彩絢麗；而產在德宏的傣錦，則多用黑色和深色為底色，紅、綠、黃、藍色線為紋，以菱形、方形、六角形為圖案，紋飾古雅，立體感強。各種色彩和圖案都有一定含義，紅綠相間筒裙表示對祖先的懷念，孔雀象徵吉祥，大象代表五穀豐登……

傣錦必不可少的原材料是棉紗。說到紡紗卻頗為有趣，每當夜幕降臨，明月當空，傣家姑娘把紡車搬到涼臺上，一邊輕搖紡車，一邊期盼著小夥子的到來。隨著琴聲和歌聲的臨近，姑娘中意的小夥，在默許下就可登上涼臺，利用吹奏的技藝和殷勤的語言，博取姑娘的歡心。假若姑娘敞開心扉，把小凳讓給小夥坐，愛情就算有眉目了。

筒帕即挎包，是傣族日常生活中的一種工藝裝飾品，常用傣錦來加工，也可自己紡織，由絲毛、棉混紡，在竹木機上手工織成。筒帕圖案鮮豔多彩，紋樣精美，至今已有1000多年的歷史了，是傣族悠久燦爛文化藝術的組成部分。此外，筒帕也是傣族青年表達愛情的信物，對於自己中意的小夥子，姑娘一定會送一個親手製作的筒帕給他，以示自己的心靈手巧。

為什麼藏民視「天葬」為吉祥

　　中華民族的喪葬形式頗多，有火葬、土葬、水葬、天葬等。明清以前，雲南居民火葬為盛，其後大都同中原漢制，採用棺木土葬。喪藏的形式，一般與各民族的經濟生活、地理條件、民族關係和宗教信仰有關。有的民族用一種葬俗；有的幾個民族用相同的一種葬俗；有的民族有多種葬俗；就是同一種葬俗，不同民族對它的使用和含義也是不相同的。比如天葬，藏族認為它代表吉祥，可景頗族卻把它用在死於非命者和幼殤者上。

　　天葬亦稱「鳥葬」，是將死者遺體置於露天讓飛鳥啄食的葬法。主要流行於喜馬拉雅山區，伊朗和印度的拜火教徒以及東非的馬賽人也行天葬之俗，中國在藏族中則比較普遍。藏族葬式以靈塔葬、火葬為高貴，次為天葬。天葬通行於貴族和普通藏民。天葬場在村落附近山谷裡，就地選一塊大石頭，在石上插經幡為標誌。葬時將屍體運至葬場，遺體一般不著衣物，且頭向西俯臥於地，經喇嘛焚香誦經完畢，從事天葬者加以肢解切割，內臟被取出拋於四周，然後走下高臺，呼喚幾聲，早已等候的雕鷹群集而至，爭相食之。剩下骨骸砸碎，拌以糌粑，讓鳥類啄食淨盡，待日出前焚化柏樹枝後即刻離去。

　　天葬之俗認為死者遺體被飛鳥食盡後，其靈魂可以隨鳥升天，從而得到來世幸福。藏族多信佛教，相傳他們視天葬為吉祥，與「捨身飼虎，割肉買鴿」的佛教故事有關。當然，它也受地理環境和遊牧經濟的影響。

　　中國古代文明的瑰寶——十月太陽曆

　　曆法是推算年、月、日的長度和它們之間的關係，制定時間序列的法則。世界的文明古國，對曆法的觀察和使用存在著差異。有以太陽在黃道上的視運動來定年節的太陽曆（現行西曆）；有以月亮圓缺變化為中心的太陰曆（伊斯蘭教曆）；有以太陽在黃道上的視運動來定年節，以月亮圓缺變化定月的陰陽合曆（中國農曆）。實際上，中國古代在夏朝以前還使用過十月太陽曆，但長期以來，十月太陽曆幾乎被淹沒，僅在雲南彝族中還在流傳，故稱彝族十月太陽曆。

　　據考證，雲南彝族來自於伏羲部落，在曆法上，他們傳承了中原文化。把一年分為 10 個時段（月）來計算，每月 36 天，10 個月共 360 天，剩下 5~6

天為「過年日」。紀日以 12 屬相來輪迴，一月輪 3 次，「過年日」不輪，每一輪的第一日屬相為「虎」，依次按屬相順序命名以下各日。

一年的開始是以觀察太陽的運動來確定，日出日落時太陽北行的端點是夏至，夏至之後 3 日過大年；太陽南行端點是冬至，冬至後 3 日過小年。也可按北星運動來定新年，北繞極星一週便是一年，傍晚鬥柄正上指時（時為大暑，農曆六月）和正下指時（時值大寒，農曆臘月）為兩個星回節。此節在南詔國時還奉行，西元 794 年，南詔王異牟尋接受唐朝冊封並接受中原的陰陽曆後，十月太陽曆才流傳於民間。有了這個曆法，才有了特定的民族節日火把節。

十月太陽曆的顯著特點是易記，每年 10 個月，日數、月數整齊不變；每兩個月為 1 季（兩個月分雌雄），一年內有 5 季，即陰陽與五行相配，帶有強烈的中華文化的特點；「過年日」為 5~6 日。這樣，一年總天數為 10（月）×36（天）+5（或 6）天 =365（或 366）天，與現在一年的天數一樣準確。彝族十月太陽曆充分體現了中國古代先民的聰明才智。

哪一種花是昆明的市花

「冷豔爭春喜爛然，山茶按譜甲於滇。樹頭萬朵齊吞火，殘雪燒紅半個天。」這是明末詩人擔當寫的七絕，詩中描繪了茶花凌霜傲雪、爭春吐豔，寄濃情於清冷中，如朝霞而冠於滇。

山茶是山茶科山茶屬常綠灌木或喬木。雲南山茶屬木本花卉，又稱滇山茶、大茶花，最早生長在騰衝、大理一帶，稱紅油茶花，經馴化栽培漸漸遍及全中國，傳到世界各地。雲南山茶以花大葉茂、色彩豔麗、花形豐滿、枝幹挺拔而著稱於世。其花朵碩大如牡丹，燦如雲霞，葉片光亮滴翠，恍如綠玉；花色有粉紅、朱紅、桃紅、紫紅、白色以及紅白條紋或斑點相間等色，其花形層次分明，可分曲瓣、六角、繡球、蝶翅、五星、喇叭等 10 多種；花期隨品種略有早遲，但多集中於 12 月至翌年 4 月。

雲南山茶栽培歷史久遠，早在唐代就已引入庭院，繁衍至今，品種已達 150 餘個，其中珍品甚多。如「童子面」，色如少兒白裡透紅的面頰，楚雄

紫溪山一棵「童子面」，樹齡已達 650 多年；「恨天高」，色豔如桃紅，花瓣層出不窮，可是年逾花甲卻高不盈天；「松子鱗」，色銀紅，瓣如絹，光亮可人，晉甯盤龍寺的一棵「松子鱗」樹齡已達 640 多年；「紫袍茶」，色紫而近黑，清奇古樸；「牡丹茶」，花朵碩大勝牡丹，宛如秋水芙蓉，枝葉並茂；「蝶翅」，似蝴蝶展翅欲飛，窈窕柔美……品種眾多，絢麗紛彩，各有獨特的風姿。這裡值得一提的是，號稱環球第一山茶花的「茶花之王」，該樹在麗江玉峰寺，由「獅子頭」、「早桃花」兩個品種的山茶生長在一起合抱生長，主幹直徑 30 公分，樹冠面積 56 平方米，花期達 3 個月，前後開花兩萬餘朵，花呈玫瑰紅和粉紅兩色，花朵成團成簇，燦如晚霞，令人稱絕。

雲南山茶甲天下。大文學家郭沫若飽覽了雲南茶花後，即興揮毫：「豔說山茶是省花，今來始見泛紅霞。人人都道牡丹好，我道牡丹不如茶。」鑒於茶花在雲南人民心目中的地位，昆明市已將山茶列為「市花」。

昆明人常用的方言有哪些

從歷史源流來看，除土著民族，昆明市的居民大都來自中原，因此，昆明地區的方言語音和語義的形成，都與中原地區有著密切的關係。按清代道光年間纂修的《昆明縣誌》和戴炯孫的調查、整理，昆明特色的方言大體可分為：

天文氣象方面雲叫做雲彩。初生的月稱月牙。日叫做日頭。元巳叫三月三。七夕稱七月七。中元叫七月半。冬至稱過冬。每天白天 12 點叫做晌午。稱初夜為定更。霧稱罩子。細雨綿綿叫雯凇雨。閃電稱扯閃。雷鳴叫聲雷。冬天早晨屋外的結冰稱下凌。

地理方面平地稱壩子。山巔叫山尖。山麓稱山腳。山之陽叫面。山之陰謂背。山頂有霧稱山戴帽。積水成潭叫海子。集市貿易叫趕街子。鹵水稱為城。

親屬稱謂方面呼祖父為老爹，祖母為奶。稱伯父和叔父，按排行分別稱幾大爹和幾爺。呼外祖父和外祖母，分別叫外公、外婆，亦稱公公、婆婆。

媳婦稱丈夫的兄和弟分別為大伯和小叔。兩女婿相稱姨老，也叫連襟。對父親的好朋友稱世伯或世叔。

身體方面咽喉叫嗓子。眼翳不明叫眊。把露齒稱為齙。多須叫絡腮鬍。手指紋叫腡。把冬天皮膚開裂叫皴。稱跛行為拐。駝背叫背鍋。把人長相英俊叫子弟。身體疲憊叫嫩。生病稱不自在。做噩夢稱魘。發瘧疾叫打擺子。死人稱為壞。容光煥發叫神抖抖。過分緊張叫驚頭綠耳。不整齊叫歪巴斜扭。

飲食方面米粉叫米線。杵粳米做成的餅稱餌塊。果核叫核兒。肉泥成團氽湯叫元子。把豬項間肉叫槽頭。豬脾叫連貼。肥豬肉叫膘。雞鴨的胃叫肫。雞梟尾叫尻。

動作方面手採叫捋。給物稱塞。兩手指取東西叫撚。用手掌打臉稱打耳刮。把推的動作叫搡。用腳踏叫做踹。發怒稱姿。應聲稱款。口吃叫結巴。聲音不清圓稱嘎。耳語叫悄悄話。用力摔物稱攢。跌跤叫攢跤。大小便稱解手。笨拙叫憨包氣喘。擺架子稱拿俏。出風頭叫抖草。潑辣稱嘟。耍潑叫嗐。快快地稱嚓嚓地。趕集叫趕街子。趕集日稱街子天。

居住方面稱正房為屋，旁屋為廈，大的稱間，小的謂廈；正房的數目稱幾間，廂房的數目稱幾耳。屋簷稱簷口。木檻叫門限。石階稱石限。門扣叫老鴰嘴。

用器方面盛物的竹器叫籮。掃帚稱條除。把甑底的篾笆叫甑閉。茶杯和酒杯稱盅。打穀器叫連枷。碾輪叫碾砣。泥牆的工具叫膩壁。線條叫綹。糨糊叫面漿。騾馬所載東西統稱馱子。把點燈叫發燭。樟腦丸稱臭蛋。

事物方面把農事稱莊稼。百工叫手藝。東西多叫夥，少稱丁丁。小叫咪喳。追趕稱為攆。顏色鮮明謂翠，反之稱蔫。榨物品中的汁叫潷。稱汙穢為惡濁。水往上湧叫冒。用篾束物叫箍。樹枝稱丫把。襯物裡子叫胎。用手衡物體輕重叫掂。做某事有成功的希望稱有點油香味了。

常用語方面呼尊長者為老人家（或你家）。向尊長者問好謂你家可請好好呢！稱人聰明伶俐為辣造。不清潔叫邋遢。把慚愧叫害羞。仔細謂把穩。

行走快叫竄。自稱謂我們。是不是叫咯是。說話口氣大稱大口馬牙。胡說亂講叫扯混閒。

由於地理環境和歷史等原因，每地都有本土的方言。上述昆明的方言也只是現今還常用的部分而已，隨著歲月的流逝，有的方言已經被人們淡忘。在當前的資訊時代裡，相互的交流和溝通加強了，方言帶來的障礙在逐漸縮小，特別是國家強調推廣普通話，這將使得各地區、各民族間的往來和瞭解變得更加容易了。

冬日昆明市水域上人鷗和諧靚麗的一景

11月，北方早已是冰封地凍的世界了，可南國的昆明卻是天高暖融的金秋時節。自1985年以來，每年11月至翌年3月初，總有一批遠方的「客人」——紅嘴鷗僑居在昆明市區，好「客」的昆明人把它們當做自己家庭的一員，盛情款待，結下了友好的情緣。

紅嘴鷗的「老家」在西伯利亞，夏秋它們在那裡生活，「生兒育女」，隨著寒冬的到來，為生存計，它們提前離開「故土」向南跋涉，從中國東北入境，順著沿海地區光臨昆明，棲息在滇池，活動在這裡水域的上空。清晨，紅嘴鷗以每小時70公里的速度飛臨翠湖公園、大觀樓公園、海埂公園、盤龍江等水面的上空，陣陣鷗鳴親切悅耳，片片白羽雪花翻飛。等候在水邊的觀鷗者、喜鷗者、護鷗者，有年逾古稀的老人，也有剛脫稚嫩的幼童，大家手捧食物，或拋向空中，或撒向水面。數以萬計的海鷗，有的爭接食於明媚的陽光下，有的啄食於碧綠的湖水中；為了對主人的盛情表示謝意，它們在水面擊浪遨遊，嬉戲表演；突然一聲「胡哨」，群鷗從水面騰飛而起，它們在水面四周環繞，翱翔在人群上空，嗷嗷的鷗鳴表達了它們對大眾的依戀。藍天綠水，紅嘴鷗與愛鷗者，交融成一幅幅天人合一的詩情畫卷。當你看到海鷗搧動翅膀短暫地停留在空中，當你看到它展翅在空中滑行，這不正是人類花了幾千年的時間，才設計製造出來的「直升機」和「滑翔機」嗎？紅嘴鷗天生就具有這種本領，人類向紅嘴鷗、大自然要學習的東西太多了，它給我們以這樣的啟迪，人與自然要和諧相處。

　　為了保護海鷗、留住海鷗，昆明市人民政府多次召開了保護紅嘴鷗的會議，並撥出專款護鷗，定點投食餵鷗，不少公私企業和個人也加入到護鷗的隊伍中來。春城人民的愛鳥護鳥意識日益加強，一處處男女老幼情真意切地餵鷗，充分展示了人鳥親善共處、靚麗動人的和諧景觀。

趣闻雲南

名人雲南

偉大的航海家和外交家——鄭和

鄭和的故鄉在昆明滇池南岸晉甯縣昆陽鎮。鄭和原姓馬，小字三保，「鄭」為明成祖朱棣賜姓。鄭和 10 歲被召進皇宮，近 30 歲時，他已經是一個儀表堂堂、學識淵博的太監總管。在近 10 餘年的戎馬生涯中，他深得明成祖朱棣的器重和喜愛，朱棣遂派鄭和下西洋。

西元 1405 年 7 月 11 日，鄭和帶領 200 多艘戰船，載著 27000 多名壯士，開始了七下西洋史詩般的航程。首次運航，船隊從蘇州出發，沿中國東海、南海而下，先後到達占城（今越南南部）、爪哇（今印尼）、暹羅（今泰國）、錫蘭（今斯里蘭卡），最後經古裡（今印度西岸）返回中國，歷時兩年零兩個月。到西元 1433 年，他的船隊遠涉太平洋、印度洋，最遠到達紅海和非洲東海岸，航跡遍及 30 多個國家和地區，總航程達 70000 多海里，可繞地球 3 周。這位航海先行者，以智慧為舵，意志為槳，揚起和平的風帆，飲風餐浪 28 載，犁波耕瀾數十萬里，篳路藍縷，不畏艱險，創造了世界航海史上的壯舉，比哥倫布遠航美洲早 87 年，比麥哲倫環球航行早 116 年。

鄭和的航行開創了「中國封建社會裡一次帶有開放色彩的外交活動」。直至今日，他所去過的許多國家和地區，都還有三保井、三保山、三保廟……鄭和的航隊承擔了中外貿易和文化交流的媒介。鄭和這位偉大的外交家、航海家以非凡的胸懷與氣魄，超人的膽識和勇氣，卓越的才能和智慧，完成了一個人對國家的貢獻，一個民族對人類歷史的貢獻。征帆如碑，濃縮了中華民族的精華，矗立在 5000 年如鐵的長風中，雄峙汪洋瀚海 600 年。

孫髯翁與「海內第一長聯」有何典故

昆明的大觀樓公園，因其懸掛著一副長達 180 字的對聯，被海內外譽為「海內第一長聯」。文因樓起，樓因文名，長聯使大觀樓名揚中國外，成為中國第四大名樓。

　　大觀樓長聯為昆明清代寒士孫髯翁撰寫。孫髯翁原籍陝西三原，因其父在滇任職，幼時隨父來到昆明。孫髯翁生而聰穎，自幼喜讀古詩文，精研詩詞格律和楹聯，名震一時。成年應試，因進考場要搜身，孫髯翁憤然說道：這是以盜賊對待學子，我不能受辱！立誓從此不再應考。當時主管雲南科舉考試的張東閣，曾示意雲南府知府徐鐸、五華書院主講孫潛村催促他參加考試，他都婉拒，寧願以布衣落拓一生。年輕時住昆明水晶宮梅園巷，喜種梅花，自號「萬樹梅花一布衣」。中年時家道衰落，寄寓於圓通寺的咒蛟臺，更號蛟臺老人，以卜筮賣藥為生，有時還得斷炊，過著貧困的日子。晚年（西元 1774 年），其子接他到彌勒安度晚年，因年事已高，經不住顛簸勞累，病逝於途中。

　　孫髯翁沒有任一官半職，卻關心國計民生，尋求根除昆明水患的良方。他雖是詩賦名家，卻不侷限於文化天地，時時關心百姓疾苦。孫髯翁傳世著述中有《盤龍江水利圖說》《永言堂文集》《金沙詩抄》《孫髯翁詩殘抄本》和《滇南詩略》，所收 20 首詩中，影響最大的是大觀樓長聯。長聯問世，不脛而走。道光年間的雲貴總督阮元曾煞費苦心篡改長聯，改變了長聯的原意，遭到了滇中人士的恥笑，民謠傳說：「軟（阮）煙袋（藝臺——阮元字）不通，韭菜蘿蔔蔥，擅改古人對，笑煞孫髯翁。」

　　長聯以歷代王朝存亡興衰的史實，融進作者的切身感受，表現出一種意味深長的歎息和對歷史居高臨下的俯視，對仗工整，字句精練，情景交融，氣勢不凡。毛澤東曾評價為「從古未有，別創一格」。

　　楊升庵為何被譽為「明代三百年間第一人」

　　楊升庵（西元 1488—1559 年），名慎，字用修，號升庵，四川新都人，出身於世宦人家，是明代正德辛未年（西元 1511 年）狀元，授翰林院修撰，任皇帝老師。嘉靖年間，因「議大禮」（反對追封皇帝親生父母）觸範當朝，遭廷杖，充軍雲南，老死滇省。楊升庵才高八鬥，《明史》稱他「明世記之博，著作之富，惟慎為第一」。其詩文不計其數，雜著 100 餘種，多在雲南寫成，其足跡遍及雲南各地，對雲南學術文化貢獻甚大。

雲南成了楊升庵的第二故鄉。在其謫居雲南的漫長歲月裡，作為文學家、史學家和詩人的楊升庵，在傳播中原文化，促進雲南文化的發展，推動內地與邊疆、漢族文化與兄弟民族文化交流融合等方面，做出了傑出的貢獻。因而在雲南各地，一直流傳著有關他的神奇多彩的逸聞傳說，被雲南當地人譽為「明代三百年間第一人」。直到今天，人民群眾對他仍不忘懷。

楊升庵創作了近 3000 首記錄雲南的詩歌，如寫昆明氣候的名句：「天氣常如二三月，花枝不斷四時春。」他的詩中有「春城風物近元宵」、「君侯載酒過春城」等句，楊慎是雅稱昆明為「春城」的第一人。同時，升庵題安寧溫泉「天下第一湯」，題華亭寺「一水抱城西」楹聯等，遐邇聞名。楊慎居滇 34 年，遍訪大理、保山、開遠、安寧等地。他廣集史籍，採訪人物，整理文獻，著作多達 400 餘種。

楊慎一直得不到赦免和重新起用。西元 1559 年 7 月去世。今天在雲南各地還保留著不少關於楊升庵的遺蹟。他數十年居住的「碧嶢精舍」，現改名為紀念這位歷史名人的「升庵祠」。

錢南園為何被稱為「瘦馬禦史」

錢灃（西元 1740—1795 年），字東注，號南園，昆明人，清乾隆年間進士，官至通政司副使，湖南學政、湖廣通禦史，後任軍機大臣行走。錢灃「性剛直，遇事無所遜忌」，一生既以彈劾權臣貪官而馳響全中國，也以詩書畫聞名於世，尤擅畫瘦馬，被稱為「瘦馬禦史」。

錢南園以科舉入仕，當時清廷官場貪腐成風，甘肅「昌賑折捐」案敗露，上下受訴及流放者數百人，獨陝甘總督畢沅逍遙法外。錢灃在江南道監察禦史任上，上疏彈劾畢沅，「得旨查辦」，畢沅降三級頂戴。錢南園加入政壇，即彈劾重臣，一反官場明哲保身之風，被譽為「鳴鳳朝陽」。56 歲時，錢南園不畏權勢，數次彈劾和坤，名聲震天下，卻突然病逝於北京雲南會館。錢南園死後，歸葬於昆明龍泉鎮羊腸村之北山。

錢南園詩、文、書、畫、聯皆有名氣。詩文有《錢南園遺集》《南園詩存》《南園文存》等，其「所著詩文，蒼鬱勁厚，獨往獨來」。錢南園的畫，

以畫馬為主，尤其喜歡瘦馬。前人畫馬，多較圓活豐潤，筆法秀麗。而錢南園的瘦馬，著重表現馬的神姿，給予人的印像是蒼渾有力。他畫的馬是其嚴峻剛正人格的反映。

錢南園精於書法，集諸家之長，結構嚴謹，筆力遒勁，魄力雄渾，「師古而邁古，卓然自立」，別具一格，是清代最負盛譽的書法大師，為世人所珍視。昆明名勝，多有存留，如筇竹寺中二聯，都是珍品。

《徐霞客遊記》中有多少寫的是雲南，他到過雲南的哪些地方

徐霞客（西元 1587—1641 年），名弘祖，別號霞客，江蘇江陰人，為馳名世界的地理學家、旅行家。他拋棄仕途，情寄中國名山大川，遊歷考察了今 19 個省、市、自治區。雲南是徐霞客魂牽夢縈的地方，也是他一生最後傾全力熱情考察的省份。在那個年代，不為政治、宗教、商業等功利目的，僅為求知而探險旅行的人很難找到。他於西元 1638 年入滇，從雲南最東邊的勝境關，一直走到西部的中緬邊界，橫穿整個雲南，遊歷考察 30 餘縣。其考察情況以日記記錄，經友人整理成《徐霞客遊記》，全書 63 萬字，其中《滇遊日記》13 卷 25 萬字，占全書 40%，居各省之冠。突出的成果有：對岩溶地貌分類比歐洲人早 130 年；論證了金沙江是長江的正源；《盤江考》查明了珠江源等。

《滇遊日記》是一本引人入勝的散文，又是一部詳實確切的風物誌，還是一本內容豐富的地理著作。徐霞客以高度的熱情、細緻的觀察、敏銳的感覺、生動活潑的文字，真實地描繪了雲南的山川風物，為後世留下了一幅幅珍貴的歷史畫卷。如果前人稱徐霞客為「千古奇人」，其遊記是「千古奇書」，其文字是「真文字，大文字，奇文字」，那麼《滇遊日記》則是這本「奇書」中最瑰麗的篇章。

你知道比《本草綱目》還早的《滇南本草》嗎

提起中國的藥物學著作，眾人皆推明代李時珍的《本草綱目》。然而早於《本草綱目》142 年，在偏僻的雲南，卻產生過一部獨具特色被藥物學界

奉為至寶的《滇南本草》。作者蘭茂（西元 1397—1476 年），字廷秀，號芷庵，昆明嵩明縣人，明代著名醫學家、音韻學家和詩人。

蘭茂才氣超群，學識淵博，無意仕途，隱居鄉里，採藥行醫，設館授徒。他常常走鄉串寨，虛心詢問父老，蒐集藥物單方，不畏嚴寒酷暑，跋山涉水，嚐百草，辨藥性，采標本，繪圖形，積數十年的艱辛，著成《滇南本草》。全書約 10 萬字，共載藥物 544 種，半數以上為雲南地方中草藥。書中圖文並茂，糾正了前人許多錯誤。論述以臨床運用為中心，藥物與方劑結合，便於使用。以「親嚐百草，解世濟困」的精神撰寫的《滇南本草》，至今仍有較高的學術和實用價值。它繼承中國《神農本草》以來的藥物學傳統，是一部有濃厚地方特色和創造性的藥物專著。

蘭茂除在醫學上有突出貢獻外，詩詞歌賦修養頗深，軍事、宗教也研究深厚。他一生詩作甚多，《芷庵詠稿》《玄壺集》是其代表。在音韻學上，蘭茂著有《聲律發蒙》和《韻略易通》兩書，造詣頗深，通俗易懂，語言精練，韻律鏗鏘，流傳甚廣。蘭茂還是現今所知的雲南第一個劇作家，他寫的傳奇《性天風月通玄記》，文辭優美，閃耀著雲南高原的獨特光彩，不僅有戲曲美學價值，而且也是研究雲南風物的珍貴資料，為雲南第一個南曲劇本。

為紀念這位有多方面貢獻的傑出歷史人物，嵩明縣建有「蘭公祠」，祠堂內懸掛一聯為世人傳頌：古滇真名士，玄壺老詩人。

雲南歷史上唯一的狀元是誰

清光緒二十九年（西元 1903 年），石屏人袁嘉穀取得了經濟特科狀元，成為雲南開科取士以來的唯一狀元。

西元 1872 年 8 月 23 日，袁嘉穀出生在一戶商人家，他自幼聰慧，從 16 歲開始，參加科考，歲試三度奪魁，被作為高材生選送到昆明經正書院深造。幾年後，袁嘉穀受保薦參加全中國的經濟特科考試，高中經濟科狀元。當時的雲貴總督魏光燾為了表彰他並勉勵雲南學子以他為榜樣，親筆題寫了一塊「大魁天下」的金匾，懸掛在昆明城南的聚奎樓上，人們稱之為狀元樓。

　　西元 1904 年，任翰林院編修的袁嘉穀被政府派往日本考察學政，為期一年。歸國後，他先任學部副提調，主持教育改革，又任編譯圖書局局長，延攬了翻譯家嚴復、金石學家羅振玉、大學問家王國維等一批學貫中西的知名學者。在短短 4 年內，為中國大、中、小學編譯出版了大量新式的教材與參考書。

　　西元 1911 年辛亥革命後袁嘉穀回滇，曾任省參議員、鹽運使、東陸大學教授，把主要精力用於學術研究和文化教育上，主編《滇詩叢錄》，著有《滇繹》《臥雪堂文集》《臥雪堂詩話》《石屏縣誌》等許多學術著作，在史學、文學、書法等方面做出了顯著成就。袁嘉穀投身教育事業，為雲南培養了不少有用之才，創作了大量詩歌，成為雲南地方文化史上一顆璀璨之星。

　　孫中山為什麼題贈「飲和食德」

　　「飲和食德」是孫中山先生為浦在廷兄弟食品罐頭公司的題詞。「飲和食德」的意思是：給人吃（喝）後感覺到自在與和樂，享受到先人的德澤。孫中山以此讚譽宣威火腿，把人們品嚐宣威火腿後爽口回味、舒服安逸的情態惟妙惟肖地描繪出來。同時，孫中山用這一讚語褒獎浦在廷「以和為人，以德經商」的美德，對浦在廷把宣威火腿製成罐頭並推向中國外，振興民族工商業，支持革命的功績作了肯定。

　　浦在廷，西元 1873 年生於宣威縣，自幼天資聰明，性格倔強，14 歲時就入夥馬幫，足跡遍佈雲南。西元 1909 年 8 月，浦在廷成立了「宣威火腿股份有限公司」。他赴廣州、香港購回了製造罐頭的成套設備，學到了全盤技術。一年後，宣威火腿上市，一炮打響，有了銷路。可惜好景不長，一場無情大火燒垮了公司。浦在廷重新集資，另起爐灶，成立了「兄弟食品罐頭公司」。他認真摸索火腿加工、儲存、發酵的最佳工藝，使新投產的「雙豬牌」火腿罐頭的色香味更上一層樓。1915 年，在巴拿馬博覽會上拿到了金質獎，成為雲南最早進入國際市場的名特食品。1923 年，又再次獲得食品博覽會金質獎。之後，「雙豬牌」罐頭暢銷亞洲和歐美，在中國形成了宣威火腿罐頭與浙江金華、江蘇如皋火腿罐頭鼎足而立之勢。

　　雲南抗戰時期著名的愛國將領有哪幾位

雲南人民對抗日戰爭做出過巨大的貢獻，著名的愛國將領有龍雲、盧漢、唐淮源、寸性奇、陳鐘書等。

抗日戰爭時期，龍雲任雲南省政府主席等職，他積極抗戰，組織第60軍、第58軍、新3軍等參加中原抗戰，戰功卓著。最激烈的是血戰臺兒莊和保衛中條山兩大戰役。在堅守台兒莊近1個月的戰鬥中，第60軍傷亡1.8萬人，其中殉國軍官少將旅長陳鐘書、團長5人及營連排長172人，在抗戰史上寫下悲壯的一頁。在1941年5月晉西南的中條山保衛戰中，新3軍殲敵8000多人，中將軍長唐淮源、少將師長寸性奇以及數千官兵壯烈犧牲。

抗戰爆發後，日寇封鎖了沿海通道。在龍雲的建議和領導下，國民政府決定加速修建昆明至緬甸仰光的滇緬公路。1937年12月，省政府調集沿線民工，全線展開工程，雲南兒女夜以繼日，僅用9個月就完工通車，是「中華民族繼長城運河之後的又一巨大工程」。在8年抗戰中，滇軍參加重大戰役近20次，傷亡官兵10餘萬人。巨大的犧牲化為巨大的貢獻，也贏來了民族的光榮。1945年8月15日，日寇投降，新3軍軍長在九江接受日軍投降，第58軍軍長在南昌接受日軍投降。特別突出的是，中國陸軍第一方面軍總司令盧漢率滇軍開赴越南，在河內接受日軍投降，這是中國唯一的出境接受日軍投降，也是中華民族史上從來未有過的無上光榮。

蔡鍔革命事蹟知多少

蔡鍔的一生雖然像流星般短暫，但卻在中國近代歷史上留下了不可磨滅的光輝。蔡鍔一生在雲南做了兩件驚天動地的大事——領導辛亥雲南重九起義和反袁護國運動，不僅為國民爭人格，而且鼎立共和於狂瀾之中。

蔡鍔，字松坡，湖南邵陽人，生於西元1882年12月28日，日本士官學校畢業。西元1911年初，蔡鍔調至雲南，任新軍第19鎮37協協統，成為昆明駐軍的高級指揮官。西元1911年10月30日（農曆九月初九），蔡鍔與李根源、唐繼堯等策動辛亥昆明重九起義，被推為雲南軍政府都督。1913年調京，任全中國經界局督辦、陸海軍大元帥統率辦事處辦事員。1915年，袁世凱加緊復辟帝制的活動，蔡鍔以治病為名，化裝後輾轉潛回昆明。1915年12月25日，唐繼堯、蔡鍔、李烈鈞等聯合通電全中國，宣佈雲南獨

立，聲討袁世凱。雲南起義後，立即組織護國軍，實行武裝討袁。1916 年初，蔡鍔以抱病之身，率軍進入川南敘府（宜賓）、納溪、瀘州，與裝備優良、兵力眾多的袁世凱北洋軍展開激戰。3 月中旬，護國軍進行反攻，北洋軍遭到沉重打擊，同時各省紛紛響應。袁世凱被迫於 1916 年 3 月 22 日宣佈取消帝制。6 月，袁世凱病死，反袁護國運動取得勝利，為結束幾千年的封建帝制立下了汗馬功勞。

護國戰爭結束後，蔡鍔的病情已嚴重惡化，1916 年 9 月 20 日，蔡鍔抵達日本看病。11 月 8 日，病逝於日本福岡醫院，時年僅 34 歲。

騰越州主要的文化名人有哪幾位

騰衝古稱騰越，被稱為極邊第一城，歷史悠久，文化發達，是雲南省級歷史名城，全中國文化模範縣，素有「文獻名邦」、「禮儀之鄉」、「文物大縣」的美譽。歷史上曾出現過名人薈萃、燦若群星的興盛時期，明清兩代考中進士、舉人的有 60 餘人，清末民初到海外留學的達 40 多人。近現代著名的辛亥革命元老李根源、騰越辛亥起義領導人張文光、被孫中山先生譽為「華僑旗幟，民族光輝」的寸海亭、宣導革新精神的教育家寸樹聲、馬克思主義哲學家艾思奇、抗戰縣長張問德、榮獲英國皇家勳章的梁正中等，就是眾多文人學者、愛國志士的代表人物。

李根源和艾思奇是騰衝文化名人的傑出代表。李根源字印泉，出生於西元 1879 年，青年時即有愛國志向，曾留學日本學習軍事。西元 1905 年參加同盟會，回國後任雲南陸軍講武堂監督、總辦，培養了大批革命人才。辛亥武昌起義爆發後，李根源與蔡鍔等人組織發動了昆明「重九起義」，先後出任滇西總司令、陝西省省長、代國務總理。1942 年，日寇侵入滇西，李根源以雲貴監察使身份，襄助軍務，誓與保山共存亡。滇西抗戰勝利後，李根源倡議並主持修建了「國殤墓園」。李根源在戎馬倥傯、政務繁忙之際，還主纂撰寫了大量的歷史、考古、金石專著，創作了不少詩歌，留下了許多珍貴的書法作品。1965 年病逝於北京。

你知道熊慶來執掌雲南大學的故事嗎

　　1937 年夏，雲南省主席龍雲聘請清華大學著名數學家熊慶來擔任雲南大學校長。熊慶來是雲南彌勒人，留法博士。1921 年回國，先後參加創辦東南大學、西北大學和清華大學三校算學系。1932 年赴蘇黎世參加國際數學家代表大會，後留法國從事數學研究，撰寫了《關於整函數與無窮極的亞純函數》等論文，其創見被國際學界稱為「熊氏定律」。1934 年回國，重主清華大學算學系，被推為中國數學會理事長、中央研究院院士，是中國高等數學教育和研究的先驅。

　　熊慶來任雲南大學校長 12 年，成績卓著。首先，將雲大改為國立，然後，「慎選師資，提高學校地位」。於是，趙忠堯、顧頡剛、吳晗、施哲存、陳省身等一批大師名家成了雲大的教授和院系負責人。1938 年 4 月，清華、北大、南開到昆明組成西南聯大，大師雲集，名家薈萃。熊慶來抓住機遇，在幾年之間，為雲大增添了一批又一批著名的專、兼職教授：吳文藻、鄭天挺、白壽彝、徐嘉瑞、呂叔湘、費孝通、羅庸、尚鉞、周新民、楚圖南、嚴濟慈、華羅庚等。從此，這裡「文運天開，風虎雲龍際會；賢關地啟，碧雞金馬光輝」。

　　隨著師資隊伍的不斷增加，雲大規模也不斷擴大。至 1946 年，雲大有 5 個學院 18 個系，學生達 858 人，為抗戰前夕的 2.8 倍，已經是一所門類比較齊全的高等學府。1949 年出版的《大英百科全書》收錄 15 所著名的中國大學，雲南大學名列其中。

　　1949 年，熊慶來到巴黎參加國際會議，在法國治病並參加研究。1957 年回國，在中科院數學研究所任研究員，直至 1969 年去世。他熱情關心後學，培養了華羅庚、陳省身、楊樂等著名的數學家。

抗戰期間西南聯大做出多大貢獻

　　抗戰期間，遷入雲南的北京大學、清華大學和南開大學聯合成立西南聯大。1938 年 5 月 4 日開始上課，至 1946 年 5 月 4 日結束，在滇整 8 年。聯大 8 年，辦學條件極其艱苦。但大師雲集，名家薈萃。在聯大前後任教的 300 多位教授，都是各個學科、專業的泰和頂級專家。再加上有很好的辦學體制以及高品質的生源，西南聯大培養出大批傑出人才，因而馳譽世界。

　　據統計，聯大 8 年學生有 8000 人，畢業近 4000 人。聯大人傑，群星燦爛

　　西南聯大短暫的 8 年，不僅為中國抗戰史，也為中國教育史乃至世界教育史寫下了光輝的篇章。

國家圖書館出版品預行編目（CIP）資料

趣聞雲南 / 陶犁 編著 . -- 第一版 .
-- 臺北市：崧博出版：崧燁文化發行 , 2019.06
面；　公分
POD 版

ISBN 978-957-735-897-4(平裝)

1. 旅遊 2. 人文地理 3. 雲南省

673.56　　　　　　　　　　　　　　　108009272

書　　名：趣聞雲南

作　　者：陶犁 編著

發 行 人：黃振庭

出 版 者：崧博出版事業有限公司

發 行 者：崧燁文化事業有限公司

E - m a i l：sonbookservice@gmail.com

粉 絲 頁：　　網址：

地　　址：台北市中正區重慶南路一段六十一號八樓 815 室

8F.-815, No.61, Sec. 1, Chongqing S. Rd., Zhongzheng

Dist., Taipei City 100, Taiwan (R.O.C.)

電　　話：(02)2370-3310 傳　真：(02) 2370-3210

總 經 銷：紅螞蟻圖書有限公司

地　　址：台北市內湖區舊宗路二段 121 巷 19 號

電　　話：02-2795-3656 傳真：02-2795-4100　　網址：

印　　刷：京峯彩色印刷有限公司（京峰數位）

本書版權為旅遊教育出版社所有授權崧博出版事業股份有限公司獨家發行電子
書及繁體書繁體字版。若有其他相關權利及授權需求請與本公司聯繫。

定　　價：400 元

發行日期：2019 年 06 月第一版

◎ 本書以 POD 印製發行